형법총론 I

김 선 복 저

PUKYONG NATIONAL UNIVERSITY PRESS
부경대학교 출판부

형법총론 I

2012년 2월 25일 인쇄
2012년 2월 29일 발행

저　자 I 김 선 복
발행인 I 박 맹 언
발행처 I 부경대학교 출판부
주　소 I 부산광역시 남구 용소로 45
전　화 I (051) 629-6914
F A X I (051) 629-6917
E-Mail I upress@pknu.ac.kr

값 17,000원

ISBN 978-89-88583-24-1 94360
978-89-88583-26-5

머리말

저자는 유학시절 슈트라텐베르트(Stratenwerth)교수의 스위스 형법(Schweizerisches Strafrecht) 교과서로 공부하면서 난해한 형벌이론을 쉽게 이해할 수 있었다. 슈트라텐베르트 교수는 목적적 행위론의 창시자인 벨첼(H. Welzel) 교수의 제자로서 독일뿐만 아니라 스위스 형법학의 발전에도 크게 기여한 학자이다. 이 교과서는 그렇게 두껍지 않으면서도 형법해석에 필요한 기본이론을 예를 들어 쉽게 설명하는 특징을 가지고 있다. 이때부터 저자는 언젠가 이와 같은 형법교과서를 써야겠다는 바램을 가져 왔고 오늘에서 이 책을 출간하게 되었다.

저자는 20여년의 형법총론에 대한 강의와 연구를 토대로 1년에 걸쳐 형법총론교과서를 집필하였다. 이 책의 취지는 학생들이 어려운 형벌이론을 쉽고 정확하게 이해할 수 있게 하는 것이다. 그래서 이 책은 다음과 같은 것에 중점을 두고 집필되었다.

첫째, 책의 두께를 대폭 줄였다. 형법을 공부하는 학생들에게 필요한 것은 형법에 대한 기초지식이다. 복잡하고 난해한 형법이론은 학생들에게 형법은 어려운 과목이라는 인상을 주어 결국은 형법을 포기하게 만들 수 있다. 어렵고 장황한 설명이나 이론의 소개는 가능한 한 피하도록 하였다.

둘째, 이 책에서 기존의 교과서가 다루고 있는 형법총론의 문제를 거의 전부 다룸으로써 이 책 한 권으로 기초지식을 얻는 데 부족함이 없도록 하였다.

셋째, 중요한 대법원판례를 소개하여 형법이론을 쉽고 정확하게 이해할 수 있도록 하였다. 판례를 통하여 구체적 사건에 적용되는 형법이론을 배울 수 있기 때문이다.

넷째, 형법총론의 문제를 논할 때 판례와 학설을 비판적으로 검토하여 다른 시각으로 문제를 바라보고 해결함으로써 학생들이 비판적 사고능력을 키울 수 있도록 하였다.

책을 쓰는 동안 내내 저자의 능력이 많이 부족하다는 것을 느꼈고 괜찮은 형법총론교과서를 쓸 수 있을까 고민을 많이 하였다. 부족하고 미흡한 점이 있겠으나, 이는 연구를 통하여 계속 보완해 나갈 것이다. 이 책이 법을 공부하는 학생들에게 조금이라도 도움이 되기를 기대해 본다.

이 책을 집필하는 데 많은 도움을 준 박단비 양에게 감사의 말을 전한다. 그리고 묵묵히 이해하고 응원해준 사랑하는 나의 가족에게도 미안함과 함께 고마움을 전한다.

2012. 2.

저 자

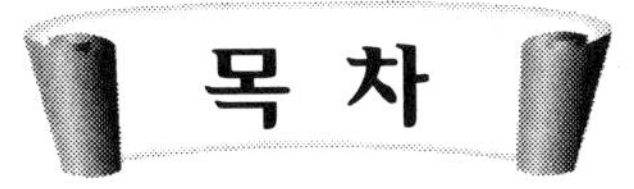

목 차

제 1 편 형법의 일반이론

제 1 장 형법의 개념, 임무 및 본질

제 2 장 죄형법정주의

제 3 장 형법의 적용범위

제 4 장 형법이론

제 2 편 범죄론

제 1 장 범죄론 일반

제 2 장 구성요건이론

제 3 장 위법성

제 5 장 미수와 예비

제 1 편

형법의 일반이론

제 1 장 형법의 개념, 임무 및 본질

I. 형법의 의의

1. 형법의 개념

형법이란 범죄행위와 이에 대한 법률효과로서의 형벌을 규정한 법규범의 총체를 말한다. 즉 형법은 범죄와 형벌에 관한 법률이다. 여기의 형벌은 협의의 형벌(제41조)뿐 아니라 보안처분도 포함한다.

형법은 실체법이면서 공법에 속한다. 형법에는 형식적 의미의 형법과 실질적 의미의 형법이 있다. 형법이라는 명칭을 가진 형법전(1953년 9월 18일 제정)을 형식적 의미의 형법이라고 한다. 일반적으로 형법이라고 할 때에는 형식적 의미의 형법을 지칭한다. 실질적 의미의 형법은 형식적 의미의 형법, 특별형법과 행정형법을 의미한다. 특별형법으로는 국가보안법, 폭력행위등처벌에관한법률, 군형법, 특정범죄가중처벌등에관한법률, 성폭력범죄처벌및피해자보호등에관한법률, 특정강력범죄의처벌에관한법률, 특정경제범죄가중처벌등에관한법률 등을 들 수 있다. 행정형법에는 도로교통법, 환경범죄의단속에관한법률, 마약류등관리에관한법률, 부정수표단속법, 정보통신망이용촉진및정보보호등에관한법률 등이 있다.

2. 형법의 성격

(1) 평가규범과 의사결정규범

형법은 가치에 반한 것으로 평가한 행위를 범죄로 규정하고 이에 대하여 형벌을 과하고 있다. 이러한 의미에서 형법은 평가규범에 해당한다. 범죄가 저질러진 경우에 법관은 평가규범인 형법에 따라 형벌을 부과한다. 또 형법은 일반국민에게 반가치하다고 평가한 행위를 결정해서는 안 된다는 것을 요구한다. 따라서 형법은 의사결정규범이 된다. 즉 형법은 평가규범과 의사결정규범의 성격을 모두 가지고 있다고 할 수 있다.

(2) 행위규범과 재판규범

형법은 행위규범임과 동시에 재판규범이 된다. 먼저 형법은 일반국민에게 일정한 행위를 금지하거나 명령함으로써 국민의 행위준칙이 된다. 예를 들면 절도죄는 절취행위를 금지하고, 퇴거불응죄는 주거권자의 퇴거요구에 응할 것을 명령한다. 이러한 관점에서 형법은 행위규범에 해당한다. 한편 형법은 법관에게 어떤 행위가 범죄이고 이에 대하여 어떤 형벌을 부과할 것인지에 대한 일정한 기준을 제시해 준다. 이 경우에는 형법은 재판규범에 해당한다.

II. 형법의 임무

형법의 임무는 법익을 보호하는 것이다. 법익이란 공동체에서의 인간의 공동생활을 위하여 필수적이고 법에 의하여 보호되어야 하는 가치 또는 이익을 말한다. 형법은 법익을 보호하는 임무를 수행하기 때문에 입법자는 법익을 침해하는 행위를 금지하여야 한다. 따라서 범죄란 법익을 위태롭게 하거나 침해하는 행위를 말한다. 이를 실질적 범죄개념이라고 한다. 형법은 법익을 보호함으로써 법질서를 유지·확립할 수 있다. 무엇을 법익으로 보호할 것인가 여부는 헌법적 가치질서를 토대로 결정된다.

1. 사회보호의 임무

형법의 임무는 공동체에서의 인간의 공동생활을 보호하는 것이다. 우선 인간의 공동생활은 사회질서를 구성하는 전래된 규범에 의하여 보장된다. 이 규범의 효력은 외부강제가 아니라 내재적 제재에 의하여 보호된다. 그러나 사회가 주체인 사회질서만으로는 공동체에서의 인간의 공동생활을 보호할 수 없다. 국가강제를 수단으로 하는 법질서가 사회질서를 보충하고 강화하여야 한다. 법질서는 모든 법규범의 구속력을 보장하고 법위반에 대하여 제재를 가하여야 한다. 형법은 최후에 국가강제를 통하여 법질서를 유지하여야 한다. 이 경우에 국가권력은 형벌이라는 수단을 사용한다. 형법이 더 이상 질서와 안전을 보장할 수 없을 때에는 피해자는 자력구제를 선택하게 되고 강자가 약자를 지배하는 무질서의 상태가 초래될 수 있다.

형법은 과거의 범죄를 형벌로 처벌하거나 장래의 범죄를 예방함으로써 사회를 보호한다. 즉 형법은 과거의 범죄를 처벌함으로써 장래의 범죄를 예방하기 때문에 억압적 기능(Die repressive Funktion)과 예방적 기능(Die präventive Funktion)을 동시에 수행한다.

2. 법익보호의 임무

형법의 특별한 임무는 법익을 보호하는 것이다. 즉 형법은 사회적으로 중대한 이익을 강력한 제재수단으로 보호하는 임무를 수행한다. 법익이란 인간의 공동생활에 있어서 필수 불가결하고 그래서 형벌이라는 국가의 강제력으로 보호되어야 하는 가치 또는 이익을 말한다.[1] 모든 형벌규정은 하나 또는 수개의 법익보호를 목적으로 한다.

법익으로는 생명, 신체, 자유, 명예, 소유권, 재산, 직무집행의 공정성, 문서에 대한 신용, 국가의 내적 안전, 공공의 안전과 평온 등을 들 수 있다. 법익은 개인적 법익, 사회적 법익 및 국가적 법익으로 나뉜다. 형법각칙은 국가적 법익에 대한 죄(제87조-제157조), 사회적 법익에 대한 죄(제158조-249조) 및 개인적 법익에 대한 죄(제250조-제372조)의 순으로 규정되어 있다.

보호법익은 행위객체와 구별되어야 한다. 보호법익은 관념적 가치인 반면, 행위객체는 행위의 구체적 대상이다. 예를 들면 사람은 살인죄의 행위객체이고 생명은 그것의 보호법익이 된다. 살인죄의 경우에는 행위객체와 보호법익은 밀접한 관계를 가진다. 따라서 사람이 살해되면 곧바로 법익인 생명이 침해되는 것이다. 그러나 행위객체와 보호법익이 완전히 분리된 경우도 있다. 예를 들면 문서위조죄의 행위객체인 문서는 문서거래의 안전과 신용이라는 법익을 보유하는 것이 아니다. 따라서 문서를 위조하는 행위는 직접 문서거래의 안전과 신용을 침해하지 않는다. 그 밖에 보호법익은 있으나 행위객체가 없는 범죄도 있다. 예를 들면 위증죄는 행위객체 없이 국가의 사법기능을 보호법익으로 한다.

법익은 형법뿐 아니라 민법과 행정법에 의해서도 보호된다. 형법은 법익보호를 위해 가장 강력한 제재수단인 형벌을 사용하므로 헌법상의 비례성

---

1) Jescheck/Weigend, S. 7.

의 원칙 또는 과잉금지의 원칙이 적용된다. 따라서 형벌보다 가벼운 민법상 또는 행정법상의 제재수단 등으로 법익보호라는 목적을 달성할 수 없는 경우에 한하여 형법은 최후의 수단(ultima ratio)으로 적용된다. 이 경우에도 가벼운 형벌로 법익을 충분히 보호할 수 있을 때에는 무거운 형벌을 과하여서는 안 된다. 무거운 형벌은 가벼운 형벌로 목적의 달성이 불가능할 때에만 과하여질 수 있다.

3. 기본권보장의 임무

형벌은 국민의 자유와 권리를 침해하는 형사제재에 속하므로 국가의 형벌권은 제한적으로 행사되어야 한다. 따라서 형법은 국가형벌권의 한계를 규정하여 자의적인 형벌권행사를 방지함으로써 국민의 기본권을 보장하는 임무를 수행한다. 형법의 보장적 임무는 일반국민의 입장과 범죄인의 입장에서 생각해 볼 수 있다.[2] 우선 형법은 일반국민들에게 형법에 규정되어 있는 범죄 이외의 행위는 자유롭게 할 수 있다는 것을 보장한다. 또한 형법은 범죄인에 대하여도 형법이 규정하고 있는 형벌보다 중한 형벌로 처벌하지 못한다고 함으로써 범죄인의 기본권도 보장한다. 이 때문에 형법을 범죄인의 마그나 카르타라고 한다.[3]

2) 유기천, 8면; 오영근, 17면; 이재상, 7면.
3) 유기천, 8면.

제 2 장 죄형법정주의

I. 죄형법정주의의 의의

"법률이 없으면 범죄도 없고 형벌도 없다(nullum crimen, nulla poena sine lege)", 즉 범죄와 형벌은 미리 성문의 법률에 규정되어 있어야 한다는 원칙을 죄형법정주의라고 한다. 이 원칙에 의하면 국가는 사회적으로 유해한 행위라고 할지라도 법률이 이를 범죄로 규정하지 않는 한 범죄로 처벌할 수 없고, 또 그 범죄에 대하여 법률에 규정되어 있지 않은 형벌을 선고할 수 없다. 죄형법정주의는 국가의 형벌권남용으로부터 국민의 자유와 권리를 보장하기 위하여 도입되고 발전된 형법의 지도원리에 해당한다.

헌법과 형법은 국가형벌권의 자의적인 행사로부터 국민의 자유와 권리를 보장하기 위하여 죄형법정주의를 기본원칙으로 규정하고 있다.[1] 헌법 제12조 제1항은 "누구든지 ... 법률과 적법한 절차에 의하지 아니하고는 처벌·보안처분 또는 강제노역을 받지 아니한다"고 규정하고 있고, 제13조 제1항은 "모든 국민은 행위 시의 법률에 의하여 범죄를 구성하지 아니한 이유로 소추되지 아니한다"고 하여 죄형법정주의를 헌법상의 원칙으로 삼고 있다. 또 형법 제1조 제1항도 "범죄의 성립과 처벌은 행위 시의 법률에 의한다"고 하여 형법의 시간적 적용범위에 관한 원칙으로서의 행위시법주의를 규정함과 동시에 죄형법정주의를 선언하고 있다.

II. 죄형법정주의의 연혁

죄형법정주의의 기원은 1215년 영국 존(John) 왕의 대헌장(Magna Charta)으로 거슬러 올라간다. 대헌장 제39조는 "자유인은 누구나 그와 동등한 신분을 가진 자의 적법한 재판이나 국가의 법률에 의하지 아니하고는 체포·구금되지 아니하며 재산을 압수당하거나 법적 보호를 박탈당하지 아니하고 추방되지 않으며, 폭력이 가해지거나 투옥되지 아니한다"고 규정하였다. 이에 대하여 이 규정 자체는 법관에 의하여 재판을 받아야 한다는 절차법

---

1) 헌재결 1991. 7. 8, 91헌가4.

적 보장에 지나지 않고 실체법적 보장을 선언한 것은 아니기 때문에 죄형법정주의의 기원으로 보기 어렵다는 견해가 있다.[2] 그러나 마그나 카르타의 정신은 개인의 자유와 권리는 천부적이고 무제한적이라는 자연법사상과 결부되어 국가형벌권의 남용으로부터 국민의 자유와 권리를 보장할 것을 요청하므로 죄형법정주의의 사상적 기초가 된 것도 사실이다.[3]

근대적 의미의 죄형법정주의를 최초로 도입한 헌법은 1776년 미국 버지니아와 매릴랜드주 헌법이다. 1787년에는 미국 헌법 제1조 제9항이 "어떠한 형사사후법도 허용되지 않는다"고 명시하였고, 1789년 프랑스 인권선언 제8조는 "누구든지 범죄 이전에 제정·공포되고 적법하게 적용된 법률에 의하지 않고는 처벌되지 않는다"고 하여 죄형법정주의를 선언하였으며, 또 1791년 미국 헌법 수정 제5조는 "적법한 절차 없이는 생명·자유·재산을 박탈당하지 아니한다"고 하여 적법절차를 규정하였다. 그 후 죄형법정주의는 1810년 나폴레옹 형법(제4조), 1813년 포이에르바흐(Feuerbach)가 기초한 바이에른(Bayern)주 형법초안을 거쳐 1851년 프로이센 형법과 1871년 독일형법에 규정되었고, 세계 각국의 헌법과 형법에 채택되어 형법의 기본원리가 되고 있다. 또한 1948년 UN의 세계인권선언 제11조 제2항과 1950년 유럽인권협약 제7조 제1항도 이 원칙을 선언하였다.

III. 죄형법정주의의 사상적 배경

근대적 의미의 죄형법정주의의 형성에 지대한 영향을 미친 것으로는 계몽주의사상가인 몽테스키외의 삼권분립론과 포이에르바흐의 심리강제설을 들 수 있다.

1. 몽테스키외의 삼권분립론

몽테스키외(Montesquieu)는 국가권력의 남용으로부터 개인의 자유와 권리를 보장하기 위해서는 국가권력을 입법·행정·사법으로 나누어 이를 각각 독립된 국가기관에 맡겨야 한다는 삼권분립론을 주장하였다. 그에 의하면 사법부는 단순히 입법부가 제정한 법률을 적용하는 기계에 불과하다고

2) Jescheck/ Weigend, S. 131; 김일수/서보학, 59면; 박상기, 22면; 배종대, 76면; 이재상, 10면.
3) 유기천, 44면; 이재상, 10면; 이형국, 19면.

한다. 따라서 법관이 범죄인을 처벌하기 위해서는 범죄와 형벌은 미리 법률에 규정되어 있어야 한다. 이런 의미에서 몽테스키외의 삼권분립론은 죄형법정주의의 법이론적 기초가 된다고 할 수 있다. 그러나 삼권분립론은 국가권력의 남용을 방지하기 위하여 나온 이론으로서 국가형벌권의 자의적 행사로부터 국민의 자유와 권리를 보장하는 것을 목적으로 하는 죄형법정주의와는 직접적인 관련이 없다고 본다.

2. 포이에르바흐의 심리강제설

현대 형법학의 창시자인 포이에르바흐(Paul Johann Anselm von Feuerbach)는 형벌의 대상은 장래의 범죄가 아니라 과거의 범죄만이 될 수 있다고 한다. 범죄를 저지를 개연성이 있는 사람은 혐의자에 불과할 뿐이고 혐의만으로는 이성적 존재인 인간의 자유를 제한하고 그의 재산을 박탈할 수 없다고 한다.[4] 포이에르바흐(Feuerbach)에 의하면 형벌은 미리 법률에 규정된 때에만 예방의 목적을 달성할 수 있다고 한다. 그럴 경우에는 형벌을 과하는 목적은 바로 법률을 반드시 준수하게 하는 것이라고 한다. 이를 심리적 강제설이라고 부른다. 그는 물리적 강제는 범죄를 방지하기에 충분하지 않으므로 범죄를 방지하기 위해서는 물리적 강제 이외에 심리적 강제가 있어야 한다고 한다. 인간은 범죄를 행함으로써 누리는 쾌락 때문에 범죄를 저지른다고 한다. 따라서 범죄를 방지하기 위하여는 모든 사람들에게 범죄에 대하여 과해지는 해악이 범죄를 단념함으로써 느끼는 불쾌보다 훨씬 더 크다는 것을 알게 할 필요가 있다는 것이다.[5] 이로부터 포이에르바흐는 죄형법정주의(nullum crimen nulla poena sine lege)의 원칙을 도출하였다.[6] 이 원칙의 내용은 다음과 같다. ① 모든 형벌의 부과는 형법을 전제로 한다(nulla poena sine lege). 법률에 규정된 형벌만이 형벌의 개념과 법적 가능성을 정당화시키기 때문이다. ② 형벌을 부과하기 위하여는 형법에 규정된 범죄가 존재하여 한다(nulla poena sine crimine). 형벌은

---

4) Paul Johann Anselm von Feuerbach, Revision der Grundsätze und Grundbegriffe des positiven peinlichen Rechts, 1. Theil, 1799, 20f.
5) Paul Johann Anselm von Feuerbach, Lehrbuch des gemeinen in Deutschalnd gültigen peinlichen Rechts, 1801.
6) Georgios-Alexandros Mangahis, Über die Wirksamkeit des Satzes “nulla poena sine lege”, ZStW 81(1969), 997.

법률에 의하여 범죄에 부과되기 때문이다. ③ 범죄와 형벌은 법률에 규정되어 있어야 한다(nulla crimen sine poena legali). 법률에 의하여 법률효과로서의 형벌이 범죄에 대하여 과해지기 때문이다. 법치국가에서는 죄형법정주의가 형사사법의 최고의 원리가 된다.

IV. 죄형법정주의의 현대적 의의

현대적 의미의 죄형법정주의는 법치국가원칙의 파생원칙으로서 범죄인이 형법에 규정되지 않은 형벌로 처벌되는 것을 허용하지 않는 것은 물론 일반국민을 자의적인 형벌권행사로부터 보호한다는 점에서 범죄인의 마그나 카르타[7]인 동시에 일반국민의 마그나 카르타[8]도 된다고 해야 한다.

국가형벌권의 자의적 행사로부터 개인의 자유와 권리를 보장하기 위해서는 형법과 그 적용은 형식적인 법원리뿐 아니라 내용적으로는 실질적 법치국가원칙에 의하여 구현되는 정의의 요구에도 합치하여야 한다.[9] 법률의 형태로 포장된 불법은 법이 될 수 없다. 정의에 반하는 법률에 의하여 처벌하는 것은 죄형법정주의에 반한다. 따라서 현대적 의미의 죄형법정주의는 정당한 법률 없이는 범죄도 없고 형벌도 없다는 원칙, 즉 범죄와 형벌은 정의로운 성문형법에 미리 규정되어 있어야 한다는 원칙을 의미한다.[10]

V. 죄형법정주의의 내용

죄형법정주의는 ① 관습형법배제의 원칙(lex scripta), ② 소급효금지의 원칙(lex praevia), ③ 명확성의 원칙(lex certa), ④ 유추금지의 원칙(lex stricta), ⑤ 적정성의 원칙을 포함한다.

---

7) v. Liszt, Strafrechtliche Aufsätze und Vorträge, Bd. 2, 1905. S. 80.

8) Mezger, Lehrbuch, 3. Aufl., 1949, S. 77.

9) Jescheck/Weigend, S. 126.

10) 헌재결 1991. 7. 8, 91헌가4, "죄형법정주의는 이미 제정된 정의로운 법률에 의하지 아니하고는 처벌되지 아니한다는 원칙으로서 이는 무엇이 처벌될 행위인가를 국민이 예측 가능한 형식으로 정하도록 하여 개인의 법적안정성을 보호하고 성문의 형벌법규에 의한 실정법질서를 확립하여 국가형벌권의 자의적 행사로부터 개인의 자유와 권리를 보장하려는 법치국가 형법의 기본원리이다."

1. 관습형법배제의 원칙

(1) 관습형법배제원칙의 의의

관습법이란 오랫동안 계속·반복되어 행해진 관행이 국민의 법적 확신에 의하여 법으로 인정된 관습을 말한다. 죄형법정주의의 법률은 성문법을 의미하고 관습법은 성문법이 아니므로 관습법에 의하여 처벌하거나 형을 가중하는 것은 죄형법정주의에 반한다. 관습형법배제의 원칙은 범죄와 형벌은 국회가 제정한 법률에 규정되어 있어야 한다는 법률주의(Gesetzlichkeitsprinzip)를 의미한다.[11] 이에 의하면 명령이나 규칙에 의하여 범죄와 형벌을 규정하는 것은 금지된다. 그러나 법률이 형벌만을 규정하고 구성요건은 명령에 위임하는 백지형법이나 벌칙의 제정을 명령이나 조례에 위임하는 경우에는 법률이 처벌대상인 행위와 형벌의 종류 및 그 상한과 폭을 명백히 규정하여야 한다.[12]

(2) 관습형법배제원칙의 예외

관습형법배제의 원칙은 관습법으로 새로운 범죄를 인정하거나 기존의 범죄에 대한 형을 가중하는 것과 같이 행위자에게 불리한 관습법의 적용을 금지한다. 그러므로 관습법으로 성문의 형벌법규를 폐지하거나 범죄의 성립범위를 축소하거나 형을 감경하는 등 행위자에게 유리한 관습법의 적용은 허용된다.[13] 예를 들면 관습법에 의하여 새로운 위법성조각사유, 책임조각사유, 객관적 처벌조건 등을 신설하거나 확대하는 것은 제한 없이 허용된다.

(3) 해석의 기준으로서의 관습법

관습형법배제의 원칙은 범죄와 형벌을 규정하는 관습법을 금지한다. 따라서 관습법이 간접적으로 형법해석에 영향을 미치는 것은 관습형법배제의 원칙에 반하지 않는다. 예를 들면 부진정부작위범의 보증인지위, 원인에 있어서의 자유로운 행위의 책임근거, 수리방해죄(제184조)의 수리권 등을 해석할 때 관습법을 간접적으로 적용할 수 있다.[14] 이러한 관습법을 보충적 관습법(ergänzendes Gewohnheitsrecht)이라고 하다.[15] 그러나 관습법은

---

11) 김일수/서보학, 77면; 박상기, 26면; 이재상, 15면.
12) 헌재결 1991. 7. 8, 91헌가4; 대판 2000. 10. 27, 2000도1007.
13) 김일수/서보학, 80면; 배종대, 82면; 이재상, 16면.
14) 이재상, 16면.

법률해석의 보충적 근거가 되기 때문에 형법규정에 의하여 정해진 범위 내에서만 적용되어야 한다.[16]

2. 명확성의 원칙

(1) 명확성원칙의 의의

명확성의 원칙(Bestimmtheitsgebot)은 법률이 처벌하고자 하는 행위가 무엇이며 그에 대한 형벌이 어떠한 것인지를 누구나 예견할 수 있고, 그에 따라 자신의 행위를 결정할 수 있도록 구성요건을 명확하게 규정할 것을 요구하고 있다.[17] 따라서 형법은 범죄와 이에 대한 법률효과인 형벌을 명확하게 규정해야 한다. 형법이 명확하지 않으면 법관의 자의적 해석이 가능하게 되어 개인의 자유와 권리를 보장할 수 없다. 헌법재판소도 "형사처벌의 대상이 되는 범죄의 구성요건은 형식적 의미의 법률로 명확하게 규정되어야 하며, 만약 범죄의 구성요건에 관한 규정이 지나치게 추상적이거나 모호하여 그 내용과 적용범위가 과도하게 광범위하거나 불명확한 경우에는 국가형벌권의 자의적인 행사가 가능하게 되어 개인의 자유와 권리를 보장할 수 없으므로 죄형법정주의의 원칙에 위배된다"고 판시한다.[18] 범죄구성요건과 형벌이 불명확한 때에는 소급효의 문제는 발생하지 않고 유추금지의 원칙도 적용되지 않기 때문에 명확성의 원칙은 죄형법정주의의 상위원칙에 해당한다.[19] 즉 명확성의 원칙은 소급효금지원칙과 유추금지원칙의 전제가 된다. 형법이 명확성의 원칙에 일치하는가 여부는 일률적으로 정할 수 없고 각 구성요건의 특수성과 그러한 법적 규제의 원인이 된 여건이나 처벌의 정도 등을 고려하여 종합적으로 판단하여야 한다.[20]

(2) 범죄구성요건의 명확성

명확성의 원칙은 범죄구성요건이 명확할 것을 요구한다. 즉 입법자는 누

15) 이정원, 25면.
16) 이재상, 16면; 이정원, 25면.
17) 헌재결 2000. 6. 29, 98헌가10.
18) 헌재결 1995. 9. 28, 93헌바20.
19) Baumann/Weber/Mitsch, § 9 Rn. 6.
20) 헌재결 1990. 1. 15, 89헌가103; 1997. 3. 27, 95헌가17; 2000. 2. 24, 99헌가4.

구나 법률이 처벌하고자 하는 행위가 무엇이며 그에 대한 형벌이 어떠한 것인지를 예견할 수 있고 그에 따라 자신의 행위를 결정할 수 있도록 구성요건을 명확하게 기술하여야 한다. 불명확한 범죄구성요건은 입법자의 가치판단임무를 법관에게 떠넘기는 결과를 초래한다. 형벌법규의 내용이 모호하거나 추상적이어서 불명확하게 되면 형벌법규에 대한 법관의 자의적인 해석이 가능해져 국민의 자유와 권리를 보장하려는 죄형법정주의에 반한다.[21)]

판례에 의하면 외국환관리규정 제6-15조의4 2호 (나)목의 "도박 기타 범죄 등 선량한 풍속 및 사회질서에 반하는 행위",[22)] 전기통신사업법 제53조의 "공공의 안녕질서 또는 미풍양속을 해하는 통신",[23)] 미성년자보호법 제2조의2 1호의 "음란성 또는 잔인성을 조장할 우려"·"범죄의 충동을 일으킬 수 있는 만화"·"아동의 덕성을 심히 해할 우려"[24)]는 명확성의 원칙에 위배된다.

구성요건이 명확하기 위하여는 일의적·서술적인 개념으로 구성요건을 기술하여야 할 것이다. 그러나 언어는 다의적이므로 이는 입법기술상 불가능할 뿐만 아니라 범죄구성요건을 지나치게 구체적이고 복잡하게 정형화하여 다양한 생활과 개개 사건의 특수성을 제대로 규정할 수 없다. 따라서 형법의 구성요건요소로 일반조항, 불특정한 개념, 규범적 개념을 사용하는 것은 불가피하다. 형법 제20조의 "기타 사회상규", 형법 제21조와 제22조의 "상당한 이유", 형법 제251조의 "특히 참작할 만한 동기", 형법 제366조 "기타 방법으로 그 효용을 해하는 행위" 등과 같은 일반조항과 형법 제243조의 음란한 문서·도화, 형법 제329조의 "타인의 재물" 등의 규범적 개념은 명확성의 원칙에 반하지 않는다. 그러나 일반조항이나 규범적 개념들은 입법기술상 명확한 개념을 사용할 수 없거나 규범적 가치판단에 의한 해석에 의하여 그 의미를 충분히 파악할 수 있는 경우에 한하여 허용된다고 해야 한다.[25)]

---

21) 헌재결 2002. 5. 30, 2001헌바5.
22) 대법원 1998. 6. 18, 97도2231.
23) 헌재결 2002. 6. 27, 99헌마480.
24) 헌재결 2002. 2. 28, 99헌가8.
25) 배종대, 86면; 이정원, 27면.

□ 판례(헌법재판소 2005. 9. 29, 2003헌바52)

처벌법규의 구성요건이 명확하여야 한다고 하더라도 입법권자가 모든 구성요건을 단순한 의미의 서술적인 개념에 의하여 규정하여야 한다는 것은 아니다. 처벌법규의 구성요건이 다소 광범위하여 어떤 범위에서는 법관의 보충적인 해석을 필요로 하는 개념을 사용하였다고 하더라도 그 점만으로 헌법이 요구하는 처벌법규의 명확성의 원칙에 반드시 배치되는 것이라고 볼 수 없다. 즉 건전한 상식과 통상적인 법감정을 가진 사람으로 하여금 그 적용대상자가 누구이며 구체적으로 어떠한 행위가 금지되고 있는지 충분히 알 수 있도록 규정되어 있다면 죄형법정주의의 명확성의 원칙에 위배되지 않는다고 보아야 한다. 그렇게 보지 않으면 처벌법규의 구성요건이 지나치게 구체적이고 정형적이 되어 부단히 변화하는 다양한 생활관계를 제대로 규율할 수 없게 될 것이기 때문이다.

□ 판례(대법원 2003. 11. 17, 2003도3600)

헌법 제12조 제1항이 규정하고 있는 죄형법정주의 원칙은 범죄와 형벌을 입법부가 제정한 형식적 의미의 법률로 규정하는 것을 그 핵심적 내용으로 하고, 나아가 형식적 의미의 법률로 규정하더라도 그 법률조항이 처벌하고자 하는 행위가 무엇이며 그에 대한 형벌이 어떠한 것인지를 누구나 예견할 수 있고 그에 따라 자신의 행위를 결정할 수 있도록 구성요건을 명확하게 규정할 것을 요구하므로, 처벌법규의 입법목적이나 그 전체적 내용, 구조 등을 살펴보아 사물의 변별능력을 제대로 갖춘 일반인의 이해와 판단으로서 그의 구성요건 요소에 해당하는 행위유형을 정형화하거나 한정할 합리적 해석기준을 찾을 수 있어야 죄형법정주의가 요구하는 형벌법규의 명확성의 원칙에 반하지 않는다.

판례는 형법 제243조의 "음란한 문서 · 도화"와 제244조의 "음란한 물건",[26] 형법 제314조의 "위력" · "업무" · "방해",[27] 형법 제122조의 "직무" · "유기",[28] 형법 제349조 제1항의 "궁박" · "현저하게 부당한 이익",[29] 형법 제123조의 "직권을 남용하여 사람으로 하여금 의무 없는 일을 하게 하거나"[30] 등의 구성요건은 명확성의 원칙에 반하지 않는다고 한다.

---

26) 대법원 1995. 6. 16, 94도2413.
27) 헌재결 1998. 7. 16, 97헌바23.
28) 헌재결 2005. 9. 29, 2003헌바52.
29) 헌재결 2006. 7. 27, 2005헌바19.

(3) 형벌의 명확성

명확성의 원칙은 범죄에 대한 법률효과인 형벌도 명확하게 규정할 것을 요구한다. 입법자는 형벌의 종류와 범위를 정확히 규정하여야 한다. 구성요건에 처벌되는 행위를 명확하게 규정하더라도 형벌이 불명확하다면 법관의 자의적인 해석을 방지할 수 없게 된다. 부정기형은 절대적 부정기형과 상대적 부정기형으로 나누어진다. 형기가 전혀 특정되지 아니한 절대적 부정기형은 명확성의 원칙에 위배되므로 허용되지 않는다. 그러나 형의 장기와 단기가 정해져 있는 상대적 부정기형은 소년범이나 상습법에 대하여 허용된다. 소년범이나 상습범의 경우에는 수형자의 교화 또는 개선에 의한 범죄예방을 위하여 장기와 단기가 정해져 있는 부정기형을 과할 필요가 있기 때문이다. 소년법은 "소년이 법정형 장기 2년 이상의 유기징역에 해당하는 죄를 범한 때에는 그 형의 범위 안에서 장기와 단기를 정하여 선고한다. 다만 장기는 10년, 단기는 5년을 초과하지 못한다"고 하여 소년범에 대하여는 상대적 부정기형을 규정하고 있다(소년법 제60조 제1항). 따라서 단기가 지난 소년범이 교화·개선되었다고 인정되는 경우에는 그 형의 집행을 종료시킬 수 있다(제60조 제4항).

보안처분에 대해서도 절대적 부정기처분이 허용되는가에 대하여 긍정설과 부정설이 대립한다. 긍정설은 보안처분은 장래의 위험성에 대한 합목적적 처분이므로 위험성이 계속되는 동안 집행해야 하는 것을 이유로 한다.[31] 반면 부정설은 보안처분도 자유를 박탈하는 형벌과 다르지 않으므로 국민의 기본권을 보장한다는 이유로 이를 부정한다.[32] 부정설이 타당하다고 생각한다. 치료감호법은 치료감호의 기간을 15년 이하로 제한하고 있다(치료감호법 제16조 제2항).

3. 소급효금지의 원칙

(1) 소급효금지원칙의 의의

소급효금지의 원칙이라 함은 범죄의 성립과 처벌은 행위 시의 법률에 의

---

30) 헌재결 2006. 7. 27, 2004헌바46
31) 이재상, 25면.
32) 배종대, 87면; 박상기, 29면; 오영근, 56면.

하여 결정되며 형법을 그 시행 이전의 행위에 소급적용해서는 안 된다는 것을 말한다. 형법의 소급적용을 인정하는 경우에는 법적 안정성이 침해될 뿐만 아니라 법률에 대한 예측가능성도 담보될 수 없다. 소급효금지의 원칙은 입법자에 의한 소급입법은 물론 법관에 의한 소급적용도 금지한다.[33] 따라서 법률시행 이전의 행위를 처벌하기 위한 신법의 제정과 법률시행 이전의 행위에 대한 신법의 소급적용은 허용되지 않는다. 여기에는 형법각칙상의 구성요건을 신설하거나 사후에 형을 가중하는 경우뿐만 아니라 형법총칙의 규정개정에 의하여 처벌범위를 확대하는 것도 포함된다.[34] 소급효금지의 원칙은 행위자에게 유리한 경우에는 적용되지 않는다. 따라서 형법 제1조 제2항과 제3항도 행위자에게 유리한 경우에는 형법의 소급효를 인정하고 있다.

(2) 소급효금지의 원칙과 보안처분

소급효금지의 원칙은 보안처분에 대해서도 적용되는가가 논란이 된다. 소급효부정설이 통설[35]이다. 형사제재인 보안처분도 자유제한의 정도에 있어서는 형벌 못지않은 효과가 있으므로 보안처분에 대하여 소급효금지의 원칙이 적용되지 않으면 형벌불소급의 원칙은 무의미해진다는 것을 그 이유로 든다. 반면 대법원은 보안처분은 과거의 불법에 대한 책임에 기초하는 제재가 아니라 장래의 위험성으로부터 행위자를 보호하고 사회를 방위하기 위한 합목적적 조치이므로 형법개정 이전의 행위에 대하여 보안처분인 보호관찰을 명하는 것은 소급효금지의 원칙에 반하지 않는다고 한다.[36] 독일 형법 제2조 제6항은 “개선과 보안의 처분에 관하여는 법률에 특별한 규정이 없는 한 재판 시의 법률에 의하여 결정한다”고 규정하여 보안처분에 대해서는 소급효금지의 원칙을 부정하고 있다.

생각건대 헌법 제12조 제1항이 “... 법률과 적법한 절차에 의하지 아니하고는 처벌, 보안처분 또는 강제노역을 받지 아니한다”고 규정하여 보안

33) 배종대, 92면; 박상기, 30면; 이형국, 25면.
34) 배종대, 93면; 이재상, 17면.
35) 배종대, 93면; 박상기, 31면; 오영근, 59면; 이재상, 18면; 이정원, 18면; 임웅, 21면; 정성근/박광민, 17면.
36) 대법원 1997. 6. 13, 97도703.

처분과 형벌을 구별하지 않고 있으므로 소급효금지의 원칙은 보안처분에 대해서도 적용되어야 한다.

□ **판례(대법원 1997. 6. 13, 97도703)**

개정 형법 제62조의2 제1항에 의하면 형의 집행을 유예를 하는 경우에는 보호관찰을 받을 것을 명할 수 있고, 같은 조 제2항에 의하면 제1항의 규정에 의한 보호관찰의 기간은 집행을 유예한 기간으로 하고, 다만 법원은 유예기간의 범위 내에서 보호관찰의 기간을 정할 수 있다고 규정되어 있는바, 위 조항에서 말하는 보호관찰은 형벌이 아니라 보안처분의 성격을 갖는 것으로서 과거의 불법에 대한 책임에 기초하고 있는 제재가 아니라 장래의 위험성으로부터 행위자를 보호하고 사회를 방위하기 위한 합목적적인 조치이므로 그에 관하여 반드시 행위 이전에 규정되어 있어야 하는 것은 아니며 재판시의 규정에 의하여 보호관찰을 받을 것을 명할 수 있다고 보아야 할 것이고, 이와 같은 해석이 형벌불소급의 원칙 내지 죄형법정주의에 위배되는 것이라고 볼 수 없다.

(3) 소급효금지의 원칙과 형사소송법

형법 이외에 형사소송법에 대해서도 소급효금지의 원칙이 적용되는가에 대하여는 견해가 대립한다. 통설[37]인 소급효긍정설은 소급효금지의 원칙은 실체법인 형법에 대해서만 적용되는 원칙이므로 절차법인 형사소송법에 대해서는 적용되지 않는다고 한다. 헌법 제13조 제1항은 "모든 국민은 행위시의 법률에 의하여 범죄를 구성하지 않는 행위로 처벌되지 아니한다"고 규정하고 있고, 형법 제1조 제1항은 "범죄의 성립과 처벌은 행위시의 법률에 의한다"고 규정하고 있기 때문이라고 한다. 이에 대하여 소급효부정설은 헌법 제12조 제1항은 절차법적 사항과 실체법적인 사항을 함께 규정하고 있기 때문에 소급효금지의 원칙은 형사소송법에 대해서도 적용되어야 한다고 한다.

생각건대 죄형법정주의는 범죄와 형벌은 미리 법률에 규정되어 있어야 한다는 원칙을 의미하므로 소급효금지의 원칙은 범죄와 형벌에 관한 법률이 아닌 소송법에 대해서는 적용되지 않는다고 해야 한다.

따라서 친고죄를 비친고죄로 변경하는 법률과 공소시효를 연장하는 법률

37) 김일수/서보학, 62면; 배종대, 94; 박상기, 31면; 이재상, 19면; 임웅, 22면.

을 소급적용하는 것은 소급효금지의 원칙에 반하지 않는다. 그러나 이미 고소의 기간의 경과하였거나 고소시효가 완성된 때에는 소급효금지의 원칙이 적용된다.[38)]

헌법재판소는 헌정질서파괴사범에 대한 공소시효진행정지를 규정한 "5·18민주화운동등에관한특별법" 제2조는 소급효금지의 원칙에 반하지 않는다고 결정하였다.[39)] 대법원도 같은 입장을 취하고 있다.[40)]

ㅁ 판례(헌재결 1996. 2. 16, 96헌가2, 93헌바7·13)

형벌불소급의 원칙은 행위의 가벌성, 즉 형사소추가 언제부터 어떠한 조건하에서 가능한가의 문제에 관한 것이고 얼마동안 가능한가의 문제에 관한 것은 아니므로 과거에 이미 행한 범죄에 대하여 공소시효를 정지시키는 법률이라 하더라도 그 사유만으로 헌법 제12조 제1항 및 제13조 제1항에 규정한 죄형법정주의의 파생원칙인 형벌불소급의 원칙에 언제나 위배되는 것으로 단정할 수는 없다.

(4) 소급효금지의 원칙과 판례변경

행위시의 판례에 의하여 죄가 되지 아니하는 행위를 판례를 변경하여 처벌할 수 있는가에 대하여는 견해가 대립하고 있다. 소급효긍정설[41)]은 무엇이 금지되고 무엇이 허용되는 행위인가는 법률만이 결정할 수 있고, 판례는 법을 제정하는 것이 아니라 법을 인식하는 것이며, 그릇된 판례를 신뢰한 행위자를 보호할 필요가 없고, 판례에 대한 국민의 신뢰는 법률의 착오에 의하여 보호될 수 있으며, 상고심에서 무죄를 선고하면서 판례를 변경하는 것은 상고심의 구조에 비추어 적절하지 않으므로 판례변경에 대해서는 소급효금지의 원칙이 적용되지 않는다고 한다. 이에 대하여 소급효부정설[42)]은 소급효금지의 중심사상인 신뢰보호는 소급입법과 마찬가지로 판례의 소급적 변경에 의해서도 침해되고, 법률과 법관의 법적용은 일체로서 허용되는 행위와 금지되는 행위의 한계를 밝혀야 한다는 것을 이유로 한다. 판례는 소급효긍정설의 입장을 취하고 있다.[43)]

---

38) 배종대, 95면; 박상기, 31면; 이재상, 19면; 임웅, 22면.
39) 헌재결 1996. 2. 16, 96헌가2, 93헌바7, 13.
40) 대법원 1997. 4. 17, 96도3376.
41) 김일수/서보학, 64면; 박상기, 32면; 오영근, 61면; 이재상, 20면; 임웅, 23면; 정영일, 44-45면.
42) 배종대, 98면; 이정원, 37-38면; 정성근/박광민, 18면.
43) 대법원 1999. 9. 17, 97도3349.

□ 판례(대법원 1999. 9. 17, 97도3349)

형사처벌의 근거가 되는 것은 법률이지 판례가 아니고, 형법 조항에 관한 판례의 변경은 그 법률조항의 내용을 확인하는 것에 지나지 아니하여 이로써 그 법률조항 자체가 변경된 것이라고 볼 수는 없으므로, 행위 당시의 판례에 의하면 처벌대상이 되지 아니하는 것으로 해석되었던 행위를 판례의 변경에 따라 확인된 내용의 형법 조항에 근거하여 처벌한다고 하여 그것이 헌법상 평등의 원칙과 형벌불소급의 원칙에 반한다고 할 수는 없다.

생각건대 판례는 법관의 법적용에 의한 개별적인 규범으로서 실질적으로 법률과 일체를 이루고 있고, 판례변경에 의한 소급처벌은 판례에 대한 국민의 신뢰와 법적 안정성을 침해하며, 형법 제16조(법률의 착오)의 법령에 판례를 포함시킬 수 없기 때문에 판례에 대한 국민의 신뢰보호는 법률의 착오에 의하여 보호될 수 없다. 따라서 판례변경에 대해서도 소급효금지의 원칙이 적용된다고 해야 한다.[44]

4. 유추금지의 원칙

(1) 유추금지원칙의 의의

유추(Analogie)란 어떤 법규범을 그것에 의하여 직접적으로 규정되지 않은 유사한 개별사안에 적용하는 것을 말한다.[45] 죄형법정주의는 유추에 의하여 새로운 구성요건을 창조하거나 기존의 구성요건을 확대하는 것뿐 아니라 형벌을 가중하는 것도 금지한다.[46] 이를 유추금지의 원칙이라고 한다. 그러므로 해석에 의하여 파악될 수 있는 형법규범의 의미내용을 벗어난 법적용은 허용되지 않는다. 아무리 형벌법규가 명확하더라도 법을 적용할 때 법관이 법률에 구속되지 않으면 그 명확성은 아무런 의미가 없을 것이기 때문이다. 예를 들면 장난전화를 거는 것을 주거침입죄로 처벌하거나 공범종속성의 요건이 구비되지 않았음에도 불구하고 방조범으로 처벌하기 위하여 간접정범에 관한 규정을 원용하는 것은 유추금지의 원칙에 반한

44) 이에 대하여 자세한 것은 김선복, 판례변경 시 소급효금지의 원칙, 비교형사법연구(제10권 제2호), 2008, 193면 이하.
45) 금지되는 유추는 허용되는 해석이 아니므로 유추해석이라는 표현은 타당하지 않다.
46) Jescheck/Weigend, S. 134; 이재상, 25면; 박상기, 32면.

다.[47] 유추금지의 원칙은 법을 해석하고 적용하는 법관에 대해서만 적용된다. 따라서 다른 법영역에서 보다 형법에서 법관은 법률의 문언과 의미에 더 엄격하게 구속된다. 유추금지의 원칙은 법관의 자의적인 법적용으로부터 국민의 자유를 보장하는 데 존재의의가 있다.

유추금지의 원칙은 범죄성립요건, 형벌 및 보안처분에 대하여 적용된다. 또한 이 원칙은 형법총칙에 대해서도 적용된다. 위법성조각사유, 책임조각사유, 인적 처벌조각사유 및 객관적 처벌조건의 배제는 처벌범위의 확대를 의미하기 때문이다.[48] 소송법에 대해서는 행위자에게 불리하더라도 원칙적으로 유추가 허용된다.[49] 그러나 판례는 소송법규정에 대해서도 유추금지의 원칙이 적용된다고 판시한다.[50]

□ 판례(대법원 2010. 9. 30, 2008도4762)

독점규제 및 공정거래에 관한 법률 제71조 제1항은 "제66조 제1항 제9호 소정의 부당한 공동행위를 한 죄는 공정거래위원회의 고발이 있어야 공소를 제기할 수 있다."고 규정함으로써 그 소추조건을 명시하고 있다. 반면에 위 법은 공정거래위원회가 같은 법 위반행위자 중 일부에 대하여만 고발을 한 경우에 그 고발의 효력이 나머지 위반행위자에게도 미치는지 여부 즉, 고발의 주관적 불가분원칙의 적용 여부에 관하여는 명시적으로 규정하고 있지 아니하고, 형사소송법도 제233조에서 친고죄에 관한 고소의 주관적 불가분원칙을 규정하고 있을 뿐 고발에 대하여 그 주관적 불가분의 원칙에 관한 규정을 두고 있지 않고, 또한 형사소송법 제233조를 준용하고 있지도 아니하다. 이와 같이 명문의 근거 규정이 없을 뿐만 아니라 소추요건이라는 성질상의 공통점 외에 그 고소·고발의 주체와 제도적 취지 등이 상이함에도, 친고죄에 관한 고소의 주관적 불가분원칙을 규정하고 있는 형사소송법 제233조가 공정거래위원회의 고발에도 유추적용된다고 해석한다면 이는 공정거래위원회의 고발이 없는 행위자에 대해서까지 형사처벌의 범위를 확장하는 것으로서, 결국 피고인에게 불리하게 형벌법규의 문언을 유추해석한 경우에 해당하므로 죄형법정주의에 반하여 허용될 수 없다.

---

47) Schönke/Schröder/Eser, § 1 Rn. 26.

48) Maurach/Zipf, § 10 II Rn. 21; Schönke/Schröder/Eser, § 1 Rn. 26; 대법원 2010. 9. 30, 2008도4762.

49) Schönke/Schröder/Eser, § 1 Rn.34.

50) 대법원 2010. 9. 30, 2008도4762.

□ **판례(대법원 1997. 3. 20, 96도1167)**

유추해석금지의 원칙은 모든 형벌법규의 구성요건과 가벌성에 관한 규정에 준용되는데(당원 1992. 10. 13. 선고 92도1428 전원합의체 판결 참조), 위법성 및 책임의 조각사유나 소추조건에 관하여 그 범위를 제한적으로 유추적용하게 되면 행위자의 가벌성의 범위는 확대되어 행위자에게 불리하게 되는바, 이는 가능한 문언의 의미를 넘어 범죄구성요건을 유추적용하는 것과 같은 결과가 초래되므로 죄형법정주의의 파생원칙인 유추해석금지의 원칙에 위반하여 허용될 수 없다고 할 것이다.

유추금지의 원칙은 행위자에게 불리한 유추(ananlogie in malam partem)만을 금지하기 때문에 행위자에게 유리한 유추(ananlogie in bonam partem)는 허용된다고 해야 한다.[51] 따라서 유추를 통하여 형벌감경사유, 형벌조각사유 및 형면제사유를 확대하는 것은 가능하다.

(2) 해석과 유추의 구별

법적용은 법률을 해석하고 구체적 개별사안을 구성요건에 포섭하는 활동이다. 해석은 법적용의 전제가 되므로 모든 법규범은 해석을 요한다. 해석이란 법규범의 의미를 확인 또는 파악하는 것을 말한다. 형법에서 해석은 허용되는 반면 유추는 죄형법정주의에 의하여 금지된다. 허용되는 해석과 금지되는 유추를 구별하는 기준은 원칙적으로 해석의 한계인 단어의 가능한 의미(Der mögliche Wortsinn)이다. 모든 법개념은 본래의 의미(개념의 핵)와 가능한 의미(개념의 폭)를 가진다. 예를 들면 원래 총이나 대검 등과 같이 본래 인명살상의 목적으로 만들어진 도구를 의미하는 흉기에 맥주병, 낫 또는 도끼 등을 포함시킨다면 전자는 흉기의 본래의 의미가 되고, 후자는 흉기의 가능한 의미에 속한다고 할 수 있다. 다만 일반조항이나 불특정한 법개념 등 때문에 단어의 의미가 분명하지 않은 때에는 예외적으로 법률의 목적(목적론적 해석)이 해석의 한계가 된다고 해야 한다.[52] 따라서

---

51) 김일수/서보학, 76면; 배종대, 99면; 박상기, 34면; 오영근, 65면; 이재상, 26면; 이정원, 13면; 임웅, 27면; 정성근/박광민, 15면; Jescheck/Weigend, S, 136.

52) 김선복, 형법상 해석과 유추, 비교형사법연구(제3권 제2호), 2001, 86면; 대법원 1998. 7. 28, 98도1395, "국가보안법의 규정을 그 법률의 목적에 비추어 합리적으로 해석하는 한 국가보안법이 정하는 각 범죄의 구성요건의 개념이 애매모호하고 광범위하여 죄형법정주의의 본질적 내용을 침해하는 것이라고 볼 수 없다."

단어의 가능한 의미를 벗어나거나 법률의 목적에 합치하지 않은 해석은 법창조로서 유추에 해당한다.

확장해석이 허용되는가가 논란이 되고 있다. 판례는 확장해석을 금지되는 유추와 동일시하고 있다.[53] 그러나 확장해석이 허용되는가 여부는 확정해석의 의미에 달려 있다. 확장해석을 단어의 가능한 의미 내에서 법률의 목적에 따라 해석하는 것이라고 한다면 확장해석은 허용되는 해석에 포함된다.[54] 이와는 달리 확장해석이 해석의 한계인 단어의 가능한 의미를 벗어난 해석을 의미한다고 할 경우에는 허용되지 않는 유추에 해당한다.[55]

ㅁ 판례(대법원 1994. 12. 20, 94모32)

형법 제170조 제2항에서 말하는 '자기의 소유에 속하는 제166조 또는 제167조에 기재한 물건'이라 함은 '자기의 소유에 속하는 제166조에 기재한 물건 또는 자기의 소유에 속하든 타인의 소유에 속하든 불문하고 제167조에 기재한 물건'을 의미하는 것이라고 해석하여야 하며, 제170조 제1항과 제2항의 관계로 보아서도 제166조에 기재한 물건(일반건조물 등) 중 타인의 소유에 속하는 것에 관하여는 제1항에서 규정하고 있기 때문에 제2항에서는 그중 자기의 소유에 속하는 것에 관하여 규정하고, 제167조에 기재한 물건에 관하여는 소유의 귀속을 불문하고 그 대상으로 삼아 규정하고 있는 것이라고 봄이 관련조문을 전체적, 종합적으로 해석하는 방법일 것이고, 이렇게 해석한다고 하더라도 그것이 법규정의 가능한 의미를 벗어나 법형성이나 법창조행위에 이른 것이라고는 할 수 없어 죄형법정주의의 원칙상 금지되는 유추해석이나 확장해석에 해당한다고 볼 수는 없을 것이다.

그 밖에 판례는 경합범 중 가장 중한 죄의 법정형에서 무기징역형을 선택하고 작량 감경하는 경우에 경합범가중사유나 누범가중사유가 있다고 하여 유기징역의 상한선인 15년을 넘는 징역형을 선고하는 것,[56] 공직선거법의 자수를 범행발각 전의 신고로 한정하는 풀이,[57] 군용물을 편취당한 경우를 군용물분실죄(군형법 제74조)에 포함시키는 것[58]은 유추에 해당한다고 판시한다.

53) 대법원 1994. 12. 20, 94모32; 2007. 6. 14, 2007도2162; 2010. 5. 13, 2009도1333.
54) 김일수/서보학, 72면; 임웅, 25면.
55) 이재상, 27면.
56) 대법원 1992. 10. 13, 92도1428.
57) 대법원 1997. 3. 20, 96도1167.

> **□ 판례(대법원 1992. 10. 13, 92도1428)**
>
> 죄형법정주의는 국가형벌권의 자의적인 행사로부터 개인의 자유와 권리를 보호하기 위하여 죄와 형을 법률로 정할 것을 요구하고, 이로부터 파생된 유추해석금지의 원칙은 성문의 규정은 엄격히 해석되어야 한다는 전제 아래 피고인에게 불리하게 성문규정이 표현하는 본래의 의미와 다른 내용으로 유추해석함을 금지하고 있다. 형법 제38조 제1항 제1호는 경합범 중 가장 중한 죄에 정한 형이 사형 또는 무기징역이나 무기금고인 때에는 가장 중한 죄에 정한 형으로 처벌하도록 규정하고 있으므로, 경합범 중 가장 중한 죄의 소정형에서 무기징역형을 선택한 이상 무기징역형으로만 처벌하고 따로이 경합범가중을 하거나 가장 중한 죄가 누범이라 하여 누범가중을 할 수 없음은 더 말할 나위도 없고, 위와 같이 무기징역형을 선택한 후 형법 제56조 제6호의 규정에 의하여 작량감경을 하는 경우에는 같은 법 제55조 제1항 제2호의 규정에 의하여 7년 이상의 징역으로 감형되는 한편, 같은 법 제42조의 규정에 의하여 유기징역형의 상한은 15년이므로 15년을 초과한 징역형을 선고할 수 없다.

5. 적정성의 원칙

(1) 적정성원칙의 의의

적정성의 원칙이란 법률의 내용이 실질적 정의에 합치하여야 한다는 원칙을 말한다. 우리나라에서는 적정성의 원칙을 죄형법정주의의 파생원칙에 포함시키는 것이 일반적이다. 법률의 내용이 정당하지 않을 경우에는 범죄와 형벌을 법률에 규정하는 것만으로는 국가의 형벌권행사로부터 국민의 자유와 권리를 보장한다는 죄형법정주의의 이념을 실현할 수 없다는 것을 그 이유로 든다.[59] 헌법은 국가의 형벌권행사로부터 인간의 존엄과 가치를 존중하고 보호하여야 한다고 규정하고 있다(헌법 제10조). 국민의 자유를 실질적으로 보장하기 위해서는 범죄와 형벌을 규정하는 법률의 내용이 실질적 정의에 일치하여야 한다. 따라서 현대적 의미의 죄형법정주의는 내용이 적정한 법률이 없으면 범죄도 없고 형벌도 없다는 원칙을 의미한다. 입법자는 법률에 실질적 법원리에 일치하는 범죄와 형벌을 규정하여야 한다.

---

58) 대법원 1999. 7. 9, 98도1719.

59) 배종대, 106면; 박상기, 35면; 이재상, 29면.

따라서 형벌의 필요성이 없거나 형벌의 타당성이 없는 행위를 범죄로 하거나 불법과 책임에 비례하지 않는 형벌을 규정하는 것은 죄형법정주의에 위배된다고 해야 한다.

(2) 적정성원칙의 내용

1) 형벌의 타당성과 형벌의 필요성

어떤 행위를 범죄로 처벌하려면 우선 합리적인 근거가 있어야 한다. 즉 범죄와 형벌은 형벌의 타당성을 요한다.[60] 형벌의 타당성은 보호법익의 가치에 의하여 인정된다. 따라서 형법은 공동체에서의 인간의 공동생활을 위해 필수적인 가치, 즉 법익을 침해하는 행위를 범죄로 규정하여야 한다. 법익을 침해하지 않는 행위를 처벌하는 것은 죄형법정주의에 반한다.

또 법률의 내용이 적정하다고 하기 위하여는 형벌의 타당성 이외에 형벌의 필요성이 있어야 한다.[61] 모든 법규범은 법익보호를 임무로 하기 때문에 가벼운 제재수단을 사용하는 법규범에 의하여 법익을 충분히 보호할 수 있을 때에는 형법이 적용되어서는 안 된다. 즉 형법은 범죄로부터 법익을 충분히 보호하기 위한 유일한 수단이어야 한다.

□ 판례(헌법재판소 2008 10. 30, 2007헌가17, 21, 2008헌가7, 2008헌바21, 47 병합)

간통 및 상간행위는 혼인관계의 파탄을 야기하고, 혼인관계를 파탄시키는 정도에 이르지 아니하는 때에도 근대 혼인제도의 근간을 이루는 일부일처주의에 대한 중대한 위협이 되며, 배우자와 가족구성원의 유기 등 사회문제를 야기한다. 간통 및 상간행위가 우리 사회가 요구하는 건전한 성도덕에 반함은 두말할 필요가 없다. 사회질서를 유지하고, 개인의 존엄과 양성평등에 기초한 혼인과 가족생활이 유지될 수 있도록 보장할 국가의 의무(헌법 제36조 제1항 참조)에 비추어 위와 같은 간통 및 상간행위에 대한 규제의 필요성은 충분히 수긍 가능하고, 바로 이 점에서 이 사건 법률조항의 입법목적의 정당성이 인정된다. 나아가 간통 및 상간행위가 개인의 성적 자기결정으로서 내밀한 사생활의 영역에 속하는 것이라 하더라도 성적 욕구나 사랑의 감정이 내심에 머무른 단계를 떠나 외부에 행위로 표출되어 혼인관계에 파괴적인 영향을 미치게 된 때에는 법

---

60) Jescheck/Weigend, S. 50.

61) Jescheck/Weigend, S. 51.

이 개입할 수 없거나, 법적 규제가 효과를 발휘할 수 없는 순수한 윤리와 도덕적 차원의 문제만은 아니다. 따라서 이 사건 법률조항이 개인과 사회의 자율적 윤리의식의 제고를 촉구하는데 그치지 아니하고 형벌의 제재를 동원한 행위금지를 선택한 것은 입법목적 달성에 기여할 수 있는 수단으로서 적절하다.

2) 범죄와 형벌의 균형

법률의 내용이 적정해야 한다는 적정성의 원칙은 범죄와 형벌 사이의 균형성을 요구한다.[62] 형벌은 범죄의 불법과 책임과 비례하여야 한다. 책임이 없으면 형벌도 없다(nulla poena sine culpa)는 원칙은 죄형법정주의의 내용이 된다. 따라서 책임에 일치하지 않는 형벌은 책임원칙, 과잉금지원칙(헌법 제37조 제2항) 및 죄형법정주의에 반한다. 예를 들면 형법이 상해죄의 법정형을 살인죄의 법정형보다 중하게 규정하는 것은 허용되지 않는다.

□ 판례(헌법재판소 2006. 4. 27, 2006헌가5)

법정형의 종류와 범위를 정할 때에는 형벌 위협으로부터 인간의 존엄과 가치를 존중하고 보호하여야 한다는 헌법 제10조의 요구에 따라야 하고 헌법 제37조 제2항이 규정하고 있는 과잉입법금지의 정신에 따라 형벌개별화의 원칙에 적용될 수 있는 범위의 법정형을 설정하여 실질적 법치국가의 원리를 구현하도록 하여야 하며 형벌이 죄질과 책임에 상응하도록 적절한 비례성을 지켜야 한다.

헌법재판소는 특정범죄가중처벌등에관한법률 제5조의3 제2항 1호가 사람을 과실로 상해에 이르게 한 운전자가 피해자를 구호하지 않고 도주하거나 고의로 유기함으로써 치사의 결과에 이르게 한 경우에 살인죄와 비교하여 그 법정형을 무겁게 한 것은 형벌체계상의 정당성과 균형을 상실한 것으로 헌법 제37조 제2항의 과잉금지의 원칙에 반하고,[63] 단순매수나 단순판매목적소지의 마약사범에 대하여도 사형·무기 또는 10년 이상의 징역에 처하도록 하는 규정이 지나치게 과도한 형벌로서 책임과 형벌간의 비례성원칙에 어긋나며,[64] 야간에 흉기 기타 위험한 물건을 휴대하여 형법 제283조 제1항의 협박죄를 범한 자를 5년 이상의 유기징역에 처하도록 규정

62) 배종대, 면; 박상기, 면; 오영근, 면; 이재상, 면.
63) 헌재결 1992. 4. 28, 90헌바24.
64) 헌재결 2003. 11. 27, 2002헌바24.

한 폭력행위등처벌에관한법률 제3조 제2항 부분이 형벌과 책임간의 비례성원칙에 위반되고,[65] 상관을 살해한 경우 사형만을 유일한 법정형으로 규정하고 있는 군형법 제53조 제1항이 형벌과 책임 간의 비례원칙에 위배된다[66]고 결정하였다.

VI. 형법의 해석

1. 해석의 의의

형법은 추상적인 규범이므로 구체적인 사안에 적용되기 위해서는 해석을 필요로 한다. 법률해석은 법적용자의 임무에 속한다. 법의 해석이란 그 적용을 위해 법률의 의미를 파악하는 활동을 말한다. 예를 들면 절도죄(제329조)에 부동산절도죄가 포함되는가를 판단하기 위하여 재물의 의미를 파악하는 것이 그것이다. 해석에 의하여 당해 구성요건요소의 의미가 파악되면 사실관계가 그 구성요건요소에 일치하는가를 검토해야 한다. 이를 포섭이라고 한다. 법률의 적용은 해석과 포섭을 전제로 하는 것이다. 해석과 포섭은 완전히 구분되는 것이 아니라 병행해서 연속적으로 행해진다. 법적용자는 해석과 포섭에 의하여 규범에 사실관계를 대입함으로써 법을 적용한다.

2. 해석의 방법

전통적으로 해석의 방법에는 네 가지가 있다. 문리적 해석, 체계적(논리적) 해석, 역사적 해석 및 목적론적 해석이 그것이다. 확장해석 · 축소해석 · 반대해석 · 유추해석 · 물론해석 · 보정해석 등은 위의 해석방법에 포함된다.

(1) 문리적 해석방법

문리해석이란 단어의 의미를 기준으로 법률의 의미를 파악하는 것을 말한다. 예컨대 절도죄의 객체인 재물을 유체물 가운데 동산 및 관리할 수 있는 동력으로 정의함으로써 부동산절도와 권리절도는 절도죄에 해당하지 않는다는 결론에 이르는 것이 문리적 해석방법이다. 문리적 해석은 법률해석의 출발점이며 단어의 의미는 해석의 한계가 된다. 단어의 의미를 벗어

65) 헌재결 2004. 12. 16, 2003헌가12.
66) 헌재결 2007. 11. 29, 2006헌가13.

나는 것은 해석이 아니라 유추로서 법창조에 해당한다. 형법의 해석에 있어서 유추와 법창조는 죄형법정주의에 반한다.

(2) 체계적 해석방법

체계적 해석은 법률규정의 체계적 연관에 따라 논리적으로 그 의미를 파악하는 것을 말한다. 예를 들면 공범과 신분에 관한 규정(형법 제33조)이 간접정범(형법 제34조)에 대해서도 적용되는가에 관하여 제33조 본문은 "전 3조(공동정범, 교사범 및 종범)를 적용한다"고 규정하고 있고, 간접정범을 공범과 신분에 관한 규정에 이어 제34조에 규정하고 있는 법률체계에 비추어 볼 때 제33조는 간접정범에는 적용되지 않는다고 해석하는 것이 체계적인 해석방법에 해당한다. 이 해석방법은 법률에서의 법률규정의 위치를 기준으로 한다. 하나의 법률규정의 개념을 다른 법률규정의 동일하거나 유사한 개념과 비교하여 해석하는 것도 여기에 속한다.[67)]

(3) 역사적 해석방법

역사적 해석방법은 법률제정 시의 입법자의 의사를 기준으로 해석하는 것이다. 여기서는 입법자가 법률을 제정할 때 또는 일정한 개념을 사용하거나 생략할 때 생각하였던 것이 해석의 기준이 되는 것이다. 입법자가 일정한 법률규정에서 보호하려고 했던 법익을 기준으로 해석하는 것은 역사적 해석이면서 동시에 목적론적 해석이기도 하다.

역사적 해석방법은 주관적 · 역사적 해석방법과 객관적 · 역사적 해석방법으로 구별된다. 주관적 · 역사적 해석방법은 입법자의 의사에 따라 해석하는 것이고, 객관적 · 역사적 해석방법은 현행 법률의 목적을 기준으로 해석한다. 법률의 목적은 입법자의 의사가 아니라 법률의 의사와 의미이다.[68)] 그래서 라드브루흐(Radbruch)는 법률을 항구에서 출항한 때부터 스스로 항해하는 배와 같다고 하였다. 두 해석방법의 해석결과가 상이한 경우에는 객관적 · 역사적 해석방법에 따르는 것이 타당하다. 예를 들면 간접정범(제34조)이 정범인가 아니면 공범인가의 문제에 관하여 입법자는 간접정범을 공범으로 보았다는 근거를 들어 공범으로 해석하는 것을 말한다.

---

67) Baumann/Weber, § 9 Rn. 80.
68) Baumann/Weber, § 9 Rn. 76.

(4) 목적론적 해석방법

목적론적 해석이란 법률의 목적 또는 취지에 따라 해석하는 것을 말한다. 목적론적 해석은 법률해석의 왕관이라는 지위를 차지할 정도로 중요한 해석방법이다.[69] 형법의 임무는 법익보호이고 형법각칙의 규정은 이러한 법익의 보호를 목적으로 하므로 각각의 법률규정에 의하여 보호되는 특정한 법익이 해석의 기준이 된다. 예를 들면 절도죄의 목적은 소유권보호이고 소유권의 대상은 물건이므로 물건이 아닌 권리는 절도죄의 행위객체가 될 수 없다고 해석하는 것이 그것이다.

법률의 목적에 따라 해석할 때 법관은 항상 헌법의 목적 또는 가치판단을 존중하여야 한다. 이와 같이 헌법의 목적에 따라 해석하는 것을 헌법합치적 해석이라고 한다.

□ 판례(대법원 2010. 4. 29, 2009도1343)

형벌규정의 문언내용 및 형식, 형벌법규를 해석함에 있어 법률문언의 통상적인 의미를 벗어나지 않는 한 그 법률의 입법취지와 목적, 입법연혁 등을 고려한 목적론적 해석이 배제되는 것은 아니지만 형벌법규의 해석은 엄격하여야 하고 명문규정의 의미를 피고인에게 불리한 방향으로 지나치게 확장해석하거나 유추해석하는 것은 죄형법정주의의 원칙에 어긋나는 것으로서 허용되지 않는다.

69) Jescheck/Weigend, S. 156.

제3장 형법의 적용범위

I. 형법의 시간적 적용범위

1. 행위시법주의

형법의 시간적 적용범위는 형법이 시행된 때부터 폐지될 때까지이다. 그러나 법률의 변경에 의하여 행위시법(구법)과 재판시법(신법)이 다른 경우에는 어느 법률을 적용할 것인가가 문제된다. 이에 대하여 행위시법주의와 재판시법주의가 대립한다. 재판시법주의는 신법의 소급효를 허용하는 반면, 행위시법주의는 구법의 추급효를 인정하는 결과를 가져온다.

형법 제1조 제1항은 "범죄의 성립과 처벌은 행위 시의 법률에 의한다"고 규정하여 행위시법주의를 기본원칙으로 선언하고 있다. 형법의 시간적 적용범위를 규정하는 행위시법주의는 소급효금지의 원칙을 의미한다. 따라서 재판시법을 그 시행 이전의 행위에 대하여 소급적용하는 것은 허용되지 않는다(소급효금지의 원칙). 그러나 형법 이외의 법률에서는 신법인 재판시법이 적용된다(신법우선주의).

2. 행위시법주의의 예외

행위시법주의와 소급효금지의 원칙은 국가의 형벌권으로부터 국민의 자유와 권리를 보장하는 데 존재의의가 있으므로 행위자에게 불리한 법률의 소급적용을 금지한다. 이는 행위자에게 유리한 법률을 소급적용하는 것은 허용된다는 것을 의미한다. 이를 경한 법 우선의 원칙이라고 한다.[1] 형법 제1조 제2항은 "범죄 후 법률의 변경에 의하여 그 행위가 범죄를 구성하지 아니하거나 형이 구법보다 경한 때에는 신법에 의한다"고 규정하고 있고, 또 동조 제3항은 "재판확정 후 법률의 변경에 의하여 그 행위가 범죄를 구성하지 아니하는 때에는 형의 집행을 면제한다"고 선언하여 이를 명백히 하고 있다. 형사소송법 제326조 4호도 범죄 후 법령의 개폐로 형이 폐지되었을 때에는 면소판결을 하도록 규정하고 있다.

---

1) Jescheck/Weigend, S. 140; Schönke/Schröder/Eser, § 2 Rn.16.

3. 신법을 적용하기 위한 요건

형법 제1조 제1항에 의하면 범죄 후 법률변경에 의하여 범죄를 구성하지 아니하거나 형이 구법보다 경하여야 한다.

(1) 범죄 후 법률의 변경

범죄 후는 행위종료 후를 의미하고 결과의 발생 여부는 중요하지 않다. 따라서 구성요건적 행위를 계속 행하고 있는 동안에 법률이 변경된 경우에는 신법이 행위시법이 되므로 형법 제1조 제1항의 행위시법주의에 의하여 신법이 적용된다. 형법 부칙 제3조는 "1개의 행위가 이 법 시행 전후에 걸쳐 이루어진 때에는 이 법 시행 이후에 행한 것으로 본다"고 규정하고 있다. 또 판례도 "포괄일죄로 되는 개개의 범죄행위가 법 개정의 전후에 걸쳐서 행하여진 경우에는 신·구법의 법정형에 대한 경중을 비교하여 볼 필요도 없이 범죄 실행 종료 시의 법이라고 할 수 있는 신법을 적용하여 포괄일죄로 처단하여야 한다"고 판시한다.[2] 따라서 "1개의 죄가 본법 시행 전후에 걸쳐서 행하여진 때에는 본법 시행 이전에 범한 것으로 간주한다"의 부칙 제4조 제1항은 형법과 구 형법과의 관계에서 그 적용범위를 규정한 경과법으로서 형법 제1조 제1항의 행위시법주의를 배제하므로 타당하지 않다.[3] 법률은 총체적인 법률상태를 의미하므로 명령을 포함한다.[4] 변경은 개정과 폐지를 포함하는 개념이다.

(2) 경한 신법

법률의 변경에 의하여 범죄를 구성하지 아니하거나 신법의 형이 구법보다 경하여야 한다. 법률의 변경이 있더라도 형의 경중에 변화가 없을 때에는 행위시법인 구법이 적용된다.[5] 형의 경중은 제50조에 결정한다. 형의 경중의 비교는 법정형을 표준으로 하고 법정형 중 병과형 또는 선택형이 있는 경우에는 이 중 가장 중한 형을 기준으로 하여 다른 형과 경중을 정한다.[6] 형의 가중 또는 감면사유가 있을 때에는 가중·감경한 형을 비교

---

2) 대법원 1998. 2. 24, 97도183.
3) 대법원 1986. 7. 22, 86도1012.
4) 배종대, 124면; 이재상, 34면; 이정원, 37면.
5) 대법원 1960. 11. 13, 4293형상445.
6) 대법원 1992. 11. 13, 92도2194.

하여야 한다.[7] 범죄 후 여러 차례 법률이 변경되어 행위시법과 재판시법 사이에 중간시법이 있는 경우에는 그 중 형이 가장 경한 법을 적용하여야 한다.[8] 벌금 등 임시조치법에 의하여 벌금액이 증액된 경우에는 형이 변경된 때에 해당한다.[9]

4. 한시법

(1) 한시법의 의의

한시법이 무엇인가에 대해서는 견해가 대립하고 있다. 협의의 한시법설은 형벌법규에 유효기간이 명시되어 있는 법을 한시법이라고 한다.[10] 이 견해가 다수설이다. 그 이유로는 ① 형법은 한시법에 관한 명문규정을 두고 있지 않으므로 가능한 한 한시법의 개념을 좁게 해석하여야 하고, ② 일시적이라는 개념이 모호하므로 일시적 사정에 대응하기 위한 법률인지 아닌지 구별할 수 없어서 법적 안정성이 침해될 우려가 있으며, ③ 유효기간을 명시하고 있는 형벌법규는 유효기간이 지난 후에도 처벌하겠다는 입법자의 의사가 명시된 것이므로 유효기간이 없는 법률과 구별되어야 한다는 것을 든다. 반면 광의의 한시법설은 협의의 한시법 이외에 법규의 내용과 목적이 일시적 특수사정에 대응하기 위한 것이기 때문에 유효기간이 사실상 정해져 있는 법령을 한시법으로 이해한다.[11] 그 이유는 한시법이론과 한시법의 추급효를 인정하는 것은 유효기간이 지난 후에도 처벌하겠다는 입법자의 의사 때문이 아니라 행위에 대한 사회윤리적 평가가 변경되지 않고 일시적 사정변경 때문에 법령이 개폐되었다는 데에 있다고 한다. 독일형법 제2조 제4항은 "일정한 기간 동안 유효한 법률은 그 법률이 폐지된 경우에도 그 유효기간 중에 행하여진 행위에 대하여 적용된다. 다만 법률이 다르게 규정하고 있는 때에는 그러하지 아니하다"고 규정하고 있다. 독일의 통설은 일시적 사정에 대응하기 위해 제정된 법률은 그 사정이 소멸함으로써 실효되므로 사실상 유효기간이 정해진 협의의 한시법과 다르지

7) 대법원 1961. 12. 28, 4293형상664.
8) 대법원 1968. 12. 17, 68도1324.
9) 대법원 1960. 11. 16, 4293형상445.
10) 김일수/서보학, 47면; 박상기, 44면; 오영근, 83면; 이형국, 59면; 정성근/박광민, 46면.
11) 이재상, 35면; 이정원, 39면; 임웅, 52면.

않다는 이유로 한시법을 광의로 이해하고 있다.[12)]

생각건대 한시법의 추급효는 한시법의 실효성을 보장하기 위하여 인정된다. 한시법의 실효성은 법률에 날짜나 특정한 장래의 사건에 의하여 유효기간이 명시되어 있는 협의의 한시법의 경우에만 문제가 된다. 유효기간이 명백한 협의의 한시법의 경우에 유효기간의 종료가 다가오면서 법위반행위가 증가하게 되고 실효 후에는 법위반행위를 형법 제1조 제2항에 의하여 처벌할 수 없게 되기 때문이다. 그러나 법규의 목적과 내용이 일시적 사정에 대응하기 위한 것으로서 유효기간이 사실상 정해져 있는 법률은 영구법과 같이 그 실효를 예측할 수 없거나 막연히 예측할 수 있으므로 실효성의 문제가 발생하지 않는다. 또한 형법 제1조 제2항의 예외로서 한시법의 추급효를 인정하는 것은 처벌범위를 확대하는 것이므로 명확성의 원칙에 따라 유효기간이 명시되어 있는 법률만을 한시법으로 보는 협의의 한시법설이 타당하다고 본다.[13)]

(2) 한시법의 추급효

명시되어 있는 유효기간의 경과로 실효 또는 폐지된 한시법의 추급효를 인정할 것인가에 대하여는 견해가 대립하고 있다. 추급효인정설, 추급효부정설 및 동기설이 그것이다.

1) 추급효인정설

추급효인정설은 실효된 한시법이 유효기간 중의 위반행위에 적용된다고 한다.[14)] 이 견해는 ① 형법 제1조 제2항은 행위시법주의의 예외규정인 바이 예외규정의 적용범위는 입법취지에 다른 해석을 통하여 정해지는 것이므로 반드시 법률에 규정되어 있어야 하는 것은 아니고, ② 한시법은 일정기간 동안 수범자가 준수하여야 하는 법이므로 실효된 경우에도 이를 유효기간 중의 위반행위에 적용하는 것은 한시법의 본질에 반하지 않으며, ③ 추급효를 인정하지 않을 때에는 유효기간의 종료가 가까워지면서 위반행위가 증가하여도 이를 처벌할 수 없게 되어 한시법의 실효성을 보장할 수 없

12) Jescheck/Weigend, 141; Rudolphi, SK, § 2 Rn.15.
13) 김선복, 한시법의 추급효, 형사판례연구(I), 지송 이재상교수화갑기념, 2003, 103면.
14) 유기천, 37면; 정영석, 65면.

게 된다는 것에 근거한다. 추급효인정설에 대해서는 한시법의 추급효를 인정하는 예외적인 특별규정이 없고, 그럼에도 불구하고 추급효를 인정하는 것은 죄형법정주의에 반한다는 비판이 가해진다.

2) 추급효부정설

추급효부정설은 형법 제1조 제2항에 따라 한시법도 그 유효기간의 경과로 실효되면 추급하여 적용될 수 없다는 견해이다.[15] 우리나라의 다수설이다. 그 이유로 ① 형법 제1조 제2항을 배제하는 특별규정이 없는 한 법폐지 후에 행위시법에 의한 처벌은 있을 수 없고, ② 형법 제1조 제2항에도 불구하고 한시법의 추급효를 인정하는 것은 처벌의 확장으로서 실질적 죄형법정주의에 반한다는 것을 든다. 이 견해에 대해서는 한시법의 추급효를 부정할 경우에는 유효기간 중에 처벌되어 형의 집행 중에 있는 자도 제1조 제3항에 의하여 유효기간이 경과하면 모든 형의 집행을 면제하여야 하는 불합리한 결과를 가져오고,[16] 형법 제1조 제2항은 동조 제1항에 규정되어 있는 행위시법주의의 예외규정인 바 예외규정의 적용범위는 그 취지에 비추어 해석하면 족하고 반드시 법적근거가 있어야 하는 것은 아니라는 비판이 제기된다.[17]

3) 동기설

동기설은 법률변경의 동기를 법적 견해의 변경에 기인하는 경우와 단순히 사실관계의 변화에 기인하는 경우를 구별하여 전자의 경우에는 행위의 가벌성이 소멸되었으므로 처벌할 수 없지만 후자의 경우에는 가벌성이 없어지지 않았으므로 한시법의 추급효를 인정한다는 견해이다.[18] 판례는 동기설의 입장을 취하고 있다.[19] 동기설에 대해서는 법률변경이 사실관계의 변화에 기인하는 것인지 또는 법적 견해의 변경에 기인하는지는 항상 명확하게 구별할 수 있는 것은 아니고 입법자의 동기는 입법자의 의사보다 더 주관적인 것이므로 법적 안정성의 관점에서 타당하지 않으며,[20] 법률이념

---

15) 김일수/서보학, 49면; 박상기, 46면; 배종대, 132면; 손동권, 51면; 오영근, 80면; 이형국, 86면; 임웅, 55면; 정성근/박광민, 51면.

16) 이정원, 40면.

17) 이재상, 38면.

18) 이재상, 40면; 이정원, 43면.

19) 대법원 1985. 5. 14, 85도273; 1997. 12. 9, 97도2682; 2003. 10. 10, 2003도2770; 2005. 12. 23, 2005도747; 2010. 3. 11, 2009도1293.

의 변경과 사실관계의 변화는 독립적이 아니라 상호 관련적이라는 점을 도외시한 것[21]이라는 비판이 가해진다.

□ **판례(대법원 1984. 12. 11, 84도413)**

형법 제1조 제2항의 규정은 형벌법령 제정의 이유가 된 법률이념의 변천에 따라 과거에 있어서 범죄로 본 행위에 대한 현재의 평가가 달라짐에 따라 이를 범죄로 인정하고 처벌한 그 자체가 부당하였다거나 또는 과형이 과중하였다는 반성적 고려에서 법령을 개폐하였을 경우에 적용되어야하고 이와 같은 법률이념의 변경에 의한 것이 아닌 다른 사정의 변천에 따라 그때그때의 특수한 필요에 대처하기 위하여 법령을 개폐하는 경우에는 이미 그 전에 성립한 위법행위를 현재로서 관찰하여도 행위당시의 행위로서는 가벌성이 있는 것이어서 그 법령이 개폐되었다 하여도 그에 대한 형이 폐지된 것이라고는 할 수 없다.

판례는 대한 수입냉동감자에 대한 유통기한의 규정이 자율화하도록 변경된 경우,[22] 공기업의경영구조개선및민영화에관한법률에서 한국전기통신공사를 더 이상 정부투자기관관리기본법상의 '정부투자기관'으로 보지 아니하도록 정한 경우,[23] 일반음식점에 대한 영업시간제한 규정이 폐지된 경우,[24] 부동산 중개보조원 고용인원수제한의 규정이 폐지된 경우,[25] 사용이 금지되었던 식품첨가물이 '건강기능식품에 관한 법률' 및 이에 의하여 고시된 '건강기능식품의 기준 및 규격' 등에 의하여 그 제한적 사용이 가능하도록 법률이 변경된 경우,[26] 개발제한구역의 지정 및 관리에 관한 특별조치법상의 법조항의 신설로 허가나 신고 없이 개발제한구역 내 공작물 설치행위를 할 수 있도록 법령이 개정된 경우,[27] 일정한 금원대여결정에 대한 법인의 신고의무를 규정한 유가증권의 발행 및 공시 등에 관한 규정이 삭제된 경우[28]에는 추급효를 인정하고 있다.

---

20) 김일수/서보학, 50면; 장영민, 한시법의 효력, 형사판례연구(1), 8면.
21) 박상기, 46면.
22) 대법원 1997. 2. 28, 96도2247.
23) 대법원 1997. 12. 9, 97도2682.
24) 대법원 2000. 6. 9, 2000도764.
25) 대법원 2000. 8. 18, 2000도2943.
26) 대법원 2005. 12. 23, 2005도747.
27) 대법원 2007. 9. 6, 2007도4197.

4) 검토

동기설의 경우에는 법률의 변경이 사실관계에 기인하는 것인지 또는 법적 견해의 변경에 기인하는지 여부는 항상 명확하게 구별할 수 있는 있는 것이 아니므로 행위자에게 불리한 한시법규정의 적용범위가 법관에 의하여 자의적으로 확대되어 법적 안정성이 침해될 수 있고 법적 견해의 변경에 의하여 형을 폐지한 법률도 한시법에 해당한다고 하는 오류를 범하고 있다.

그러나 추급효부정설은 다음과 같은 이유로 타당하지 않다.

① 형법 제1조 제2항이 범죄 후 법률의 변경으로 그 행위가 범죄가 되지 않거나 경한 형으로 처벌되었을 때 신법을 적용하도록 규정하는 것은 범죄에 대한 사회윤리적 평가의 변화로 인하여 그 행위를 범죄로 하거나 중하게 처벌할 필요가 없다는 것에 근거하므로 동조 제2항은 한시법에는 적용되지 않는다고 해야 한다. ② 법의 임무는 인간의 공동생활을 규율하여 질서를 유지하는 것이다. 이러한 법의 임무를 수행하기 위해서는 법의 실효성이 보장되어야 한다. 실효성이 없는 법은 실제로 준수되지 않고 집행되지 않은 죽은 법이기 때문이다. 형법 제1조 제2항에 의하여 실효를 예측할 수 있는 한시법을 그 유효기간 중의 범죄에 적용할 수 없다고 한다면 행위자는 그 법을 지키지 않을 것이고 그럴 경우에 그 실효성은 유지될 수 없을 것이다. 한시법처럼 일시적 사정의 변화로 실효된 법률에 있어서는 법의 실효성을 유지하기 위해서는 형법 제1조 제2항의 적용을 배제하여야 한다. ③ 법의 실효성을 보장하기 위하여 실효된 한시법의 추급효를 인정하는 것은 국가의 형벌권남용이 아니므로 죄형법정주의에 반하는 것은 아니다. ④ 형법에 한시법의 추급효에 관하여 명문의 규정을 두고 있지 않은 국가들도 그 실효성의 보장을 위하여 한시법의 추급효를 인정하고 있는 점에 비추어 볼 때 명문의 규정이 없기 때문에 추급효를 인정할 수 없다는 주장은 근거가 없다. 추급효긍정설이 타당하다고 생각한다. 물론 여기의 한시법은 일시적 사정에 대응하기 위하여 유효기간이 명시된 법률을 가리킨다.

---

28) 대법원 2010. 6. 24, 2007도9051.

5. 백지형법

(1) 백지형법의 의의

백지형법이란 일정한 형벌만을 규정해 놓고 구성요건의 전부나 일부는 다른 법령, 행정처분 또는 고시 등에 의해 보충되어야 하는 형벌법규를 말한다. 예를 들면 형법 제112조(중립명령위반죄)와 대부분의 경제통제령이 여기에 해당한다.[29] 백지형법의 공백을 보충하는 규정을 보충규범이라고 한다.

(2) 백지형법의 시간적 적용범위

1) 보충규범의 변경 또는 폐지

백지형법에 있어서 형벌법규는 변경하지 않고 보충규범만 개폐하는 경우에 형법 제1조 제2항의 법률의 변경에 해당하는가 여부가 문제된다. 이에 대하여는 긍정설, 부정설 및 절충설이 대립하고 있다.

(i) 긍정설

긍정설은 보충규범의 개폐도 형법 제1조 제2항의 법률의 변경에 포함된다고 한다.[30] 우리나라의 다수설이다.

(ii) 부정설

부정설은 보충규범의 개폐가 있을지라도 백지형법 그 자체에는 개폐가 없기 때문에 형법 제1조 제1항의 행위시법이 적용된다고 한다.[31]

(iii) 절충설

절충설은 보충규범의 개폐가 구성요건 자체를 정하는 법규의 개폐에 해당하는 때에는 법률의 변경이 되나 단순히 구성요건에 해당하는 사실면에서 법규의 변경에 해당할 때에는 법률의 변경이 아니라고 한다.[32]

(iv) 검토

형법 제1조 제2항이 규정하는 법률의 변경은 전체로서의 법률의 변경을 의미하고 보충규범은 백지형법의 전부 또는 일부를 형성하기 때문에 보충

29) 김일수/서보학, 50면; 배종대, 133면; 이재상, 40면.
30) 김일수/서보학, 51면; 박상기, 48면; 배종대, 134면; 오영근, 82면; 이재상, 41면; 이정원, 45면; 이형국, 87면; 임웅, 57면; 정성근/박광민, 54면.
31) 황산덕, 35면.
32) 강구진, 형법의 시간적 적용범위에 관한 고찰, 형사법의 제문제, 1983, 16면.

규범이 개폐되면 백지형법의 내용이 변경된다고 해야 한다.[33] 따라서 보충규범의 개폐도 형법 제1조 제2항의 법률의 변경에 해당한다는 긍정설이 타당하다고 생각한다. 이 경우에는 경한 신법이 적용된다.

(3) 보충규범의 개폐와 한시법의 추급효

보충규범의 개폐가 법률의 변경을 의미한다고 하는 경우에 보충규범의 추급효를 인정할 수 있는가가 문제된다. 즉 백지형법이 한시법인 경우에 보충규범을 개폐 전의 행위에 추급하여 적용할 수 있는가의 문제이다. 보충규범이 유효기간이 명시되어 있는 협의의 한시법인 경우에는 그 추급효를 인정하여야 한다.

II. 형법의 장소적 적용범위

형법의 효력은 어느 장소에서 발생한 범죄에 대하여 미치는가의 문제가 형법의 장소적 적용의 문제이다. 형법의 장소적 적용범위는 형법 제2조 내지 제6조에 규정되어 있다.

1. 속지주의(제2조)

형법 제2조는 "본법은 대한민국 영역 내에서 죄를 범한 내국인과 외국인에게 적용한다"고 규정하여 속지주의를 기본원칙으로 하고 있다. 대한민국 영역이란 대한민국의 영토 · 영해 · 영공을 말한다. 북한도 대한민국 영토에 포함되는지에 대해서는 이를 긍정하는 학설[34]과 판례[35]도 있으나 헌법상으로는 북한이 대한민국 영토에 속한다고 하더라도 대한민국의 통치권이 실제로 행사되는 지역이 아니므로 형법이 적용되는 대한민국 영토가 아니라는 견해[36]가 타당하다. 대한민국 영역 내에서 "죄를 범한"의 의미에 관하여는 행위와 결과 중 어느 것이라도 대한민국 영역 내에서 발생하면 충분하다.[37] 형법은 속지주의의 특수한 경우로서 기국주의(제4조)를 규정하고

---

33) 김일수/서보학, 51면; 박상기, 48면; 이재상, 41면; 이정원, 45면.
34) 이재상, 43면; 정성근/박광민, 55면.
35) 대법원 1997. 11. 20, 97도2021.
36) 김일수/서보학, 54면; 박상기, 39면; 배종대, 137면.
37) 김일수/서보학, 54면; 배종대, 137면; 이재상, 43면; 이정원, 47면.

있다. 따라서 형법은 대한민국 영역 외에 있는 대한민국의 선박 또는 항공기 내에서 죄를 범한 외국인에게도 적용된다. 여기서 대한민국 영역 외는 외국의 영해 · 영공은 물론 공해도 포함한다.[38)]

2. 속인주의(제3조)

형법은 대한민국 영역 외에서 죄를 범한 내국인에게 적용된다. 이를 속인주의라고 한다. 내국인이란 대한민국 국민을 말하다. 속인주의는 속지주의를 보충하는 기능을 한다. 속인주의에는 외국에서 죄를 범한 대한민국 국민에게 형법을 적용하는 적극적 속인주의와 외국에서 대한민국 국민에 대하여 죄를 범한 외국인에게 형법을 적용하는 소극적 속인주의가 있다. 판례는 카지노의 외국인 출입이 허용되어 있다 하여도 필리핀국에서 도박을 한 피고인에게 우리나라 형법이 당연히 적용된다고 판시한다.[39)]

ㅁ 판례(대법원 1986. 6. 24, 86도403)

국제협정이나 관행에 의하여 대한민국 내에 있는 미국문화원이 치외법권지역이고 그 곳을 미국영토의 연장으로 본다 하더라도 그 곳에서 죄를 범한 대한민국 국민에 대하여 우리 법원에 먼저 공소가 제기되고 미국이 자국의 재판권을 주장하지 않고 있는 이상 속인주의를 함께 채택하고 있는 우리나라의 재판권은 동인들에게도 당연히 미친다 할 것이며 미국문화원측이 동인들에 대한 처벌을 바라지 않았다고 하여 그 재판권이 배제되는 것도 아니다.

3. 보호주의(제5조와 제6조)

보호주의란 외국인이 외국에서 자국 또는 자국민의 법익을 침해하는 범죄에 대하여 자국의 형법을 적용한다는 원칙을 말한다. 보호주의는 속지주의를 보충해 주는 기능을 수행한다. 따라서 형법은 대한민국 영역 외에서 ① 내란의 죄, ② 외환의 죄, ③ 국기에 관한 죄, ④ 통화에 관한 죄, ⑤ 유가증권 · 우표와 인지에 관한 죄, ⑥ 문서에 관한 죄 중 제225조 내지 제230조, ⑦ 인장에 관한 죄 중 제238조의 죄를 범한 외국인에게 적용된다(제5조). 또한 형법은 대한민국 영역 외에서 대한민국 또는 대한민국 국민에 대하

---

38) 김일수/서보학, 54면; 이재상, 43면.
39) 대법원 2001. 9. 25. 선고 99도3337.

여 제5조에 규정한 이외의 죄를 범한 외국인에게도 적용된다(제6조). 다만 이 경우에 행위지의 법률에 의하여 범죄를 구성하지 아니하거나 소추 또는 형의 집행을 면제할 경우에는 예외로 한다(제6조 단서). 보호주의에 따라 형법을 적용할 수 있기 위해서는 그 외국인이 대한민국 영역에 있을 것을 요한다.

4. 세계주의

세계주의(Weltrechtsprinzip)란 범인이나 피해자의 국적 또는 행위지를 불문하고 범인에 대하여 자국의 형법을 적용하는 원칙을 말한다. 세계주의는 국제적으로 중요한 법익을 침해하는 범죄에 모든 국가가 공동으로 대처하기 위해 인정된 것으로서 국제적 연대성의 표현이다. 세계주의가 적용될 수 있는 범죄로는 통화위조범죄 · 마약범죄 · 항공기납치범죄 · 테러범죄 · 폭발물범죄 · 해적범죄 · 국제인신매매범죄 · 전쟁범죄 · 인종학살범죄 등을 들 수 있다. 세계주의는 국제조약이나 협약에 그 근거를 두고 있다.[40] 형법은 세계주의를 규정하고 있지 않다. 형법이 외국통용 외국통화위조 · 변조죄 및 동행사죄(제207조 제3항, 제4항)와 외국의 유가증권 · 우표 · 인지 · 위조 · 변조죄(제214조, 제218조)를 규정하고 있고, 형법 제5조 4호가 외국인이 외국에서 범한 외국통화 또는 외국의 유가증권에 관한 죄에 대하여 형법을 적용한다고 규정함으로써 세계주의를 채택하고 있다는 견해[41]가 있으나 타당하지 않다. 외국인이 외국에서 외국통용 외국통화 또는 외국의 유가증권을 위조 · 변조하는 것은 대한민국 또는 대한민국의 법익을 침해하는 것이 아니므로 형법을 적용할 수 없기 때문이다.

5. 외국에서 받은 형의 집행

형법 제7조는 "범죄로 인하여 외국에서 형의 전부 또는 일부의 집행을 받은 자에 대하여는 형을 감경 또는 면제할 수 있다"고 규정하고 있다. 이는 법원의 재량에 의하여 형을 감경 또는 면제할 수 있다는 것이므로 외국에서

---

40) 대법원 1984. 5. 22, 84도39, "항공기내에서 범한 범죄 및 기타 행위에 관한 협약"(토오쿄협약) 제1조, 제3조, 제4조 "항공기의 불법납치억제를 위한 협약"(헤이그협약) 제1조, 제3조, 제4조, 제7조의 각 규정들을 종합하여 보면 민간항공기납치사건에 대하여는 항공기등록지 국에 원칙적인 재판관할권이 있는 외에 항공기착륙국인 우리나라에도 경합적으로 재판관할권이 생기어 우리나라 항공기운항안전법은 외국인의 국외범까지도 적용대상이 된다고 할 것이다.

41) 이정원, 49면.

형의 집행을 받은 자에 대하여 다시 형을 선고한 것은 형법 제7조에 위배되지 않는다.[42] 외국판결에 의하여 몰수추징의 선고가 있었던 경우에는 몰수할 수 없었던 때에 해당한다고 할 것이므로 그 가액을 추징하여야 한다.[43]

III. 인적 적용범위

1. 인적 적용범위의 의의

형법이 누구에게 적용되는가의 문제를 형법의 인적 적용범위의 문제라고 한다. 형법은 원칙적으로 시간적·장소적 효력범위에 있는 내국인 및 외국인에게 적용된다. 그러나 예외적으로 형법의 적용을 받지 않는 사람은 다음과 같다.

2. 국내법상의 예외

대통령은 내란 또는 외환의 죄를 범한 경우를 제외하고는 재직 중 형사상 소추를 받지 아니한다(헌법 제84조). 국회의원은 국회에서 직무상행한 발언과 표결에 관하여 국회 외에서 책임을 지지 아니한다(헌법 제45조).

3. 국제법상의 예외

국제법상 치외법권을 가진 외국의 원수, 외교관, 그 가족 및 내국인이 아닌 종사자에 대하여는 형법이 적용되지 않는다.[44] 외국영사의 직무상 행위에 대하여도 형법이 적용되지 않는다.[45]

대한민국과 협정이 체결되어 있는 외국군대에 대하여는 형법의 적용이 배제된다. 따라서 한·미 간의 군대지위협정(Status of Forces Agreement)에 의하여 공무집행 중 미군이 저지른 범죄에 대하여는 형법이 적용되지 않는다.

---

42) 대법원 1979. 4. 10, 78도831; 1988. 1. 19, 87도2287.
43) 대법원 1977. 5. 24, 77도629.
44) 1961년 4월 18일의 외교관계에 관한 빈협약.
45) 1963년 4월 23일의 영사관계에 관한 빈협약.

제 4 장 형법이론

형법은 범죄와 형벌을 규정하는 법률을 의미하므로 형법이론은 범죄에 관한 이론(범죄이론)과 형벌에 관한 이론(형벌이론)을 포함한다. 형벌이론은 형벌의 본질이 무엇인가를 묻는 이론인 반면, 범죄이론은 범죄란 무엇인가를 규명하는 이론이라고 할 수 있다. 형벌이론에는 고전학파 또는 구파와 근대학파 또는 신파가 대립한다. 고전학파 또는 구파를 응보형주의라고 하고, 근대학파 또는 신파를 목적형주의라고 부른다. 범죄이론에서는 주관주의와 객관주의가 대립한다.

I. 형벌이론

1. 응보형주의

응보형주의는 형벌의 본질은 범죄행위에 대한 응보에 있다고 하는 이론이다. 형벌은 다른 목적을 위한 수단이 아니라 그 자체가 목적이 된다는 것이다. 범죄를 저지른 자에게 형벌이라는 해악을 부과하여 고통을 주는 것은 그 자체 가치가 있다는 것이다. 응보형주의는 인간은 자유의사를 가지고 자유롭게 행동하는 이성적 존재라는 인간상을 전제로 한다. 범죄는 자유의사를 지니는 인간이 자유로운 의사결정에 의하여 저지르는 악행이므로 범죄인 대하여 그 범죄행위에 상응하는 형벌을 가하는 것이 곧 정의의 실현이라는 것이다. 응보형주의를 절대이론 · 정의이론 · 속죄이론이라고도 한다. 응보형주의의 대표적인 학자로는 칸트(Kant)와 헤겔(Hegel)을 들 수 있다.

(1) 칸트

칸트는 그의 저서 "도덕적 형이상학(Die Metaphysik der Sitten, 1797)"에서 형벌의 본질에 대하여 다음과 같이 설명하고 있다. "형벌은 다른 선을 촉진하는 수단으로서 범죄인 자신 또는 사회를 위한 수단으로서 과해질 수 있는 것이 아니라 오직 범죄인이 죄를 범하였기 때문에 그에 대하여 과해져야 하는 것이다. 왜냐하면 인간은 결코 다른 사람의 목적을 위한 수단으로 취급되고 물권법의 객체가 될 수 없기 때문이다. 형법은 정언명령이다.[1] 모든 국민이 타락하는 것보다 한 사람이 죽는 것이 더 낫다. 정의가 무너지면 인간이 세상에 살아갈 가치가 없기 때문이다. 처벌의 종류나 강도를 정하는 기준은 정의의 원칙이다. 네가 다른 사람에게 부당하게 해악을 가한다면 네 자신에게도 해악을 가하라. 네가 다른 사람을 모욕한다면 네 자신을 모욕하고, 타인의 물건을 훔친다면 네 물건을 훔치고, 다른 사람을 구타하면 네 자신을 구타하며, 다른 사람을 살해하면 네 자신을 죽여라. 오로지 응보의 법칙(탈리오법칙)만이 형벌의 질과 양을 명확하게 명시할 수 있다. 사람을 죽인 자는 죽어야 한다. 이 경우에 정의를 실현할 다른 대체물은 없다. 사회가 그 구성원의 합의에 의하여 해체되더라도(예를 들면 섬에 사는 국민들이 헤어져서 사방으로 뿔뿔이 흩어지기로 결정한 경우) 미리 감옥에 있는 최후의 살인자는 처형되어야 한다. 이로써 사람들은 죄를 범할 가치가 있다고 여기지 않을 것이고 처벌을 독촉하지 않은 국민이 살인의 책임을 지지 않아도 된다." 즉 칸트의 응보이론은 동해응보이론(同害應報理論)이 된다.

(2) 헤겔

헤겔은 형벌을 변증법적 원칙에 근거하여 설명하고 있다. 그는 범죄를 법의 부정으로 그리고 형벌을 이러한 부정의 부정, 범죄의 상쇄 및 법의 회복으로 이해한다. 응보가 침해의 침해라고 한다면 범죄를 상쇄하는 것은 응보이다.[2] 칸트와 함께 헤겔은 포이에르바흐의 일반예방이론을 인정하지 않는다. 그것은 개에 대하여 몽둥이를 드는 것 같이 인간을 그의 명예와 자유에 따라 다루는 것이 아니라 개처럼 취급한다고 한다.[3] 헤겔은 탈리오법칙(동해응보론)을 범죄와 형벌의 동가치응보이론(同價値應報理論)으로 대체하였다는 점에서 칸트와 구별된다.[4]

(3) 응보형주의의 장점 · 단점

응보형주의는 사회심리적 영향력을 가진다는 것과 형벌의 상한선을 정하는 척도가 된다는 것을 장점으로 한다. 따라서 형벌은 행위자의 책임의 정도에 일치하여야 하고 책임을 초과하는 형벌을 과하는 것은 허용되지 않는

1) 정언명령은 모든 행위자가 무조건 지켜야 하는 도덕률을 의미한다.
2) Roxin, S. 71.
3) Baumann/Weber, § 3 Rn. 51; Roxin, S. 72.
4) Roxin, S. 72.

다. 응보형주의는 국가권력을 제한함으로써 자유를 보장하는 기능을 한다.

그러나 응보형주의에 대해서는 다음과 같은 비판이 가해진다.

① 세상에서 절대적 도덕성을 실현하는 것이 국가의 임무는 아니다. 국가가 형벌을 과하는 이유는 법적 강제에 의하여 인간의 자유롭고 안전한 공동생활의 토대를 유지하기 위함이다. 따라서 형벌은 정의의 실현을 위하여가 아니라 사회보호를 위하여 불가피한 경우에만 과해진다. ② 책임이 있다고 해서 반드시 형벌을 과해야 하는 것은 아니다. 개인의 책임은 의사자유의 존재에 구속되지만 이를 입증할 수 없기 때문에 형벌의 근거로 적합하지 않다. ③ 국가는 정의의 형이상학적 관념을 실현할 능력도 없고 권한도 없다. 국가의 임무는 인간의 자유롭고 평화로운 공동생활을 보장하는 것에 국한되기 때문이다. ④ 응보형주의는 사회정책적으로도 바람직하지 않은 결과를 가져온다. 형벌부과를 전제로 하는 행형은 범죄의 원인이 되는 사회부적응을 치유할 수 없으므로 범죄를 예방하는 적합한 수단이 아니다.

2. 목적형주의

목적형주의는 응보형주의와는 반대되는 입장으로서 형벌의 목적은 장래의 범죄를 예방하는 데 있다고 하는 견해이다. 상대적 형벌이론이라고도 한다. 이 견해에 의하면 형벌은 그 자체가 목적이 아니라 장래의 범죄를 예방할 목적을 위한 수단에 지나지 않는다고 한다.[5)]

목적형주의의 사상적 기초는 계몽주의, 인간행위의 결정주의 및 합리주의이다. 목적형주의에는 일반예방주의와 특별예방주의가 있다.

(1) 일반예방주의

일반예방주의(Generalpräventionslehre)는 형벌의 목적은 일반인을 위하여 범죄를 예방하는 데 있다고 한다. 일반인, 즉 잠재적 범죄인에 대한 위하는 형벌을 규정하고 집행함으로써 이루어진다고 한다. 일반예방주의는 소극적 일반예방주의와 적극적 일반예방주의로 구별된다.

1) 소극적 일반예방주의

형벌의 목적은 일반인에 대한 위하에 의하여 장래의 범죄를 예방하는 데

5) Jescheck/Weigend, S. 71.

있다고 하는 것을 소극적 일반예방주의라고 한다. 소극적 일반예방주의는 19세기 독일형법을 지배한 이론으로서 그 대표적인 학자는 포이에르바흐(Feuerbach)와 베카리아(Beccaria)이다.

포이에르바흐는 근대 독일형법학의 창시자로서 심리적 강제설에 기초하여 일반예방주의를 확립하였다. 즉 범죄를 예방하기 위해서는 일반인이 범죄에 의한 쾌락보다 형벌에 의한 고통이 더 크다는 것을 아는 것이 매우 효과적이라고 하였다. 따라서 범죄와 형법을 형법에 미리 규정함으로써 일반인을 심리적으로 강제할 필요가 있다는 것이다. 이를 심리적 강제설(Theorie des psychologischen Zwangs)이라고 한다.

베카리아는 사회계약론과 공리주의에 근거하여 형벌의 목적은 형벌을 집행함으로써 일반인을 위하하여 일반인이 범죄를 범하지 않도록 하는 데 있다고 한다. 따라서 범죄와 형벌을 미리 법률에 명확하게 규정할 필요가 있다고 하였다.

2) 적극적 일반예방주의

잠재적 범죄인을 위하하여 범죄를 예방한다는 소극적 예방주의와는 달리 적극적 일반예방주의는 법질서의 존속과 효력에 대한 신뢰의 유지와 강화를 의미하므로 형벌은 사회에 법질서의 불가침성을 증명하고 이로써 국민의 준법정신을 강화하는 것을 임무로 한다.[6] 즉 형벌은 국민들의 규범의식을 강화시켜 줌으로써 법질서를 방어하는 기능을 한다. 적극적 일반예방주의의 목표와 효과는 세 가지로 구별될 수 있다. ① 형벌의 사회교육적 학습효과, 즉 준법훈련이다. 형사사법기관이 반복적으로 범죄인에게 형벌을 부과함으로써 국민의 준법정신을 강화시켜주는 기능을 한다. ② 형벌의 신뢰효과이다. 국민들이 법이 관철된다는 것을 알게 되면 법규범을 신뢰하는 효과가 생긴다. ③ 형벌의 만족효과이다. 범죄를 처벌함으로써 보편적인 법의식이 진정되고 범죄인과의 갈등이 해결된 것으로 본다.[7]

3) 일반예방주의에 대한 비판

일반예방주의에 대하여는 다음과 같은 비판이 제기된다.

---

6) Roxin, S. 80.
7) Roxin, S. 81.

① 범죄예방이라는 목적을 달성하려면 가능한 한 중한 형벌을 규정하는 것이 필요하다. 그러나 이는 헌법상의 과잉금지의 원칙과 헌법 제10조의 인간의 존엄과 가치에 위배된다. ② 범죄인을 타인의 범죄를 예방하기 위한 수단으로 취급하는 것은 헌법이 보장하고 있는 인간의 존엄과 가치에 반한다. ③ 일반예방주의가 전제하는 인간행위에 대한 영향력행사는 단지 부분적 효과만을 가질 뿐이다. 인간은 이익과 불이익을 합리적으로 교량하여 또는 사안별로 범죄의 실행 여부를 결정하지 않는다. 이러한 결정에 영향을 미치는 것은 잡혀서 처벌될 위험성의 정도이다. 인간은 충동적으로 또는 결코 발각되지 않을 것이라고 확신하고 범죄를 저지르기 때문이다. 따라서 무거운 형벌을 규정하기 보다는 범죄인을 빠짐없이 처벌하는 것이 범죄를 예방하는 효과가 더 크다. 규범의 효력을 강제로 관철하는 것은 법의 본질적 요소이고 전적으로 형법의 책무라고만 할 수 없으므로 적극적 일반예방은 결코 형법의 특수한 임무에 해당하지 않는다.[8] ④ 형벌의 목적이 일반인에 대한 위하에 있다고 할 때에는 범죄인의 재범을 방지할 수 없다는 문제가 발생한다.

(2) 특별예방주의

1) 특별예방주의의 의의

형벌은 범죄인 자체에 영향을 미쳐 범죄를 예방하는 기능을 한다. 이를 특별예방주의라고 한다. 즉 형벌의 목적은 형벌을 통하여 범죄인을 위하 · 교화하거나 사회로부터 격리함으로써 범죄인의 재범을 방지하는 데 있다고 한다. 이를 위해서는 두 가지 방법을 생각해 볼 수 있다. 범죄인을 위하하거나 교화 · 개선함으로써 범죄인의 범죄성향에 영향을 주는 방법과 외적 강제(예를 들면 장기간의 구금)에 의하여 범죄인의 재범을 방지하는 방법이 그것이다. 이로부터 두 가지 결론이 나온다. 첫째, 형벌의 특별예방목적은 형벌규정 그 자체가 아니라 실제로 부과되는 형벌에 의하여 달성될 수 있는 것이어야 한다. 둘째, 특별예방을 목적으로 하는 형벌은 개개의 범죄인에게 요구되는 영향을 주어야 한다. 특별예방주의는 이탈리아의 롬브로조(Lombroso), 페리(Ferri) 및 가로팔로(Garofalo)에 의하여 주장되어 독일의 유명한 형사정책학자인 리스트(Franz von Liszt)에 의하여 확립되었다.

8) Stratenwerth, S. 44.

특히 리스트는 칸트와 헤겔의 응보형주의를 비판하면서 형벌의 임무는 특별예방을 통한 범죄인의 재사회화와 사회방위에 있다고 하였다. 그에 의하면 범죄는 범죄인의 소질과 환경에 의하여 영향을 받는다고 한다. 따라서 특별예방은 격리를 통하여 범죄인으로부터 일반인을 보호하고, 형벌로 범죄인을 위하하며, 개선에 의하여 범죄인의 재범을 방지하는 세 가지 형태로 추진된다고 하였다. 리스트는 그의 Marburger Programm(1882)에서 범죄인의 유형에 따라 범죄인을 세 가지 종류로 구분하여 위하와 개선이 불가능한 상습범은 사회에서 제거하고, 순간범인은 위하하며, 개선 가능한 범인은 개선하는 데 형벌의 목적이 있다고 하였다.[9]

2) 특별예방주의에 대한 비판

① 형벌의 목적이 교화와 위하를 통하여 범죄인의 재범을 방지하는 데 있다고 하는 특별예방주의에 의하면 재범의 위험이 없는 중죄인은 처벌할 수 없는 반면, 재범의 위험이 있는 범죄인은 경미한 죄를 범하는 경우에도 개선될 때까지 처벌해야 한다. 이는 헌법상의 책임원칙과 과잉금지원칙에 반한다. ② 이 견해에 의하면 범죄인은 재사회화될 때까지 구금되어야 하므로 부정기형을 도입하여야 하고 경우에 따라서 재범의 위험이 있다면 경미한 죄를 범한 범죄인에 대하여도 장기의 자유형을 과하여야 한다. 이는 책임원칙에 반하고 개인의 자유를 현저히 침해한다. ③ 특별예방주의는 형벌을 치료감호로 대체하는 결과를 초래한다. 그 이유는 범죄인의 재사회화가 중요하다면 범죄를 윤리적으로 비난하는 형벌은 아무런 의미가 없을 것이기 때문이다. ④ 국가는 성인을 강제로 교육하고 교화할 권리가 없다. 이는 헌법상의 인간의 존엄과 가치에 반한다.[10]

3. 결합설

(1) 결합설의 의의

응보형주의, 일반예방주의 또는 특별예방주의는 모두 결함이 많은 형벌이론이므로 각 이론 단독으로는 형벌의 내용이나 목적을 적절하게 설명할 수 없다. 따라서 각 이론의 단점을 보완하여 형벌의 목적을 설명하기 위하

9) Liszt, Zweckgedanke im Strafrecht, ZStW 3(1883), 1.
10) Roxin, S. 76.

여는 응보형주의, 일반예방주의 및 특별예방주의를 결합하지 않으면 안 된다고 한다. 이를 결합설 또는 절충설이라고 한다. 이 견해에 의하면 응보, 일반예방과 특별예방이 전부 형벌의 목적이 된다. 이 견해는 형벌목적이 충돌할 때 어느 것을 우선적으로 고려할 것인가에 따라 응보에 우위를 두는 견해, 예방에 우위를 두는 견해 및 응보, 일반예방, 특별예방을 동등한 형벌목적으로 보는 견해로 나뉜다. 독일의 판례는 응보와 죄형의 균형원칙에 우위를 두고 특별예방과 일반예방은 불법과 책임에 일치하는 형벌을 훼손하지 않는 범위에서 고려된다고 판시한다.[11]

(2) 결합설에 대한 비판

결합설은 각 이론의 장점을 결합하고 단점을 상호 보완해 줄 수 있다는 점에서 다른 이론에 비하여 형벌의 목적을 제대로 설명할 수 있는 장점을 가지고 있다.

결합설에 대해서는 다음과 같은 비판이 가해진다.

① 재범의 위험이 없음에도 불구하고 응보목적으로 형벌을 부과해야 하는 것은 선고유예와 집행유예를 규정하고 있는 형법과 일치하지 않는다. ② 응보와 특별예방, 특별예방과 일반예방 그리고 보안과 개선의 형벌목적은 서로 충돌관계에 있기 때문에 이들을 절충한다는 것은 사실상 불가능하다.[12] ③ 결합설은 각 형벌이론의 결함을 제거하는 것이 아니라 오히려 증가시키고 또한 서로 다른 형벌목적 사이에서 우왕좌왕하는 결과를 초래한다.[13]

4. 검토

응보형주의, 일반예방주의, 특별예방주의 및 결합설은 모두 중대한 결함을 지니고 있으나 그 중에서 결합설이 다른 형벌이론에 비하여 비교적 결함이 적고 또 세 형벌이론의 관계를 어떻게 설정하는가에 따라 그 단점을 극복할 수 있기 때문에 결합설, 좀 더 자세하게 말하면 응보, 일반예방 및 특별예방을 동등한 형벌목적으로 이해하는 결합설이 타당하다고 생각한다. 이 견해는 형벌은 범죄 때문에 범죄인에게 부과되는 해악이라는 점에서 응

11) BGHSt 30, 150.
12) 배종대, 42면.
13) Roxin, S. 84면.

보이지만 책임원칙에 따라 책임의 범위 내에서 일반예방과 특별예방의 목적을 달성해야 한다는 것을 원칙으로 한다고 한다. 범죄인의 재범을 방지하거나 처벌하는 것이 오히려 범죄인에 악영향을 미친다면 응보나 일반예방보다 특별예방의 목적이 우선해야 한다. 이 견해에 의하면 책임은 형벌의 상한이 되고 일반예방과 특별예방은 형벌의 하한을 정하는 기준이 된다. 따라서 일반예방을 위하여 책임을 초과하는 형벌을 과하는 것은 허용되지 않는다. 우리나라의 다수설이다.[14] 이 응보적 결합설 이외에 형벌의 목적 중에서 일반예방과 특별예방을 우선시하는 예방적 결합설도 있다.[15] 이 견해는 범죄는 범죄인에 대한 영향력행사뿐 아니라 일반인에 대한 영향력행사에 의하여도 방지할 수 있다는 것을 전제로 한다.

II. 보안처분

1. 보안처분의 기능

형법은 형벌(제41조) 이외에 보안처분을 형사제재로 규정함으로써 이원주의를 채택하고 있다. 이 때문에 형벌은 책임원칙을 포기하면서까지 범죄를 예방할 임무를 수행할 필요가 없다. 또 통상의 형벌집행에 있어서는 허용되지 않는 치료와 교화에 의하여 위험한 범죄인의 범죄를 예방할 가능성이 열렸다. 형벌과 보안처분은 대립적 관계에 있는 것이 아니다. 형벌도 장래의 범죄를 방지하는 기능을 하며, 보안처분도 해악의 성질을 가지고 규범의 효력을 유지한다. 따라서 형벌과 보안처분을 상호 교환하여 집행할 수 있다. 보안처분에는 치료감호, 보안관찰 및 보호관찰이 포함된다. 보안처분의 기능과 정당성이 무엇인지를 살펴볼 필요가 있다.

2. 보안처분의 정당성

보안처분은 자유를 박탈하는 형사제재로서 국민을 범죄로부터 보호하는 것을 임무로 한다. 예를 들면 정신질환자를 정신병원에, 알코올 또는 약물중독자를 알코올중독자 또는 약물중독자치료시설에 입원시키는 것이 그것

14) 김성천/김형준, 39면; 이재상, 57면; 이정원, 41면; 이형국, 73면; 임웅, 48면; 황산덕, 15면.
15) Roxin, S. 85.

이다. 보안처분은 개선을 목적으로 하는 형사제재이다. 개선은 범죄인을 교육·치료·부양하는 것을 의미한다. 보안처분은 범죄인의 위험성, 즉 범죄인이 재범을 저지를 위험을 전제로 한다.

그러나 이러한 위험은 행위자를 장기간 구속하는 근거로는 충분하지 않다. 범죄를 범할 염려가 있다는 것은 구금이유가 될 수 없다. 또 범죄예방과 법익보호의 필요성만으로도 보안처분의 정당성은 인정되지 않는다. 보안처분은 합목적적이어야 할 뿐 아니라 정의원칙에 반하지도 않아야 한다. 중요한 것은 헌법상 보장되는 개인의 자유는 사회와 결부된 자유라는 사상이다. 범죄인이 사회에서 타인에게 범죄를 저지를 위험이 있는 경우에는 그는 자유박탈을 감수하여야 한다. 따라서 범죄행위에 의하여 정신적, 기술적 또는 성격적인 조건이 구비되지 않았다는 것이 증명된 경우에는 누구도 특정한 직업에 종사하게 하거나 자동차를 운전하게 해달라고 요구할 수 없다. 치료감호의 정당성은 범죄의 위험성이 있는 정신질환자 또는 알코올·약물중독자를 개선하기 위하여 의학적 또는 심리학적인 치료를 받게 하거나 구금할 국가의 임무로부터 나온다.[16]

보안처분을 위해 자유를 박탈하는 이유는 특별예방을 위해 자유를 박탈하는 이유와는 다르다. 보안처분의 목적은 약물중독의 경우에 특별한 치료방법으로 범죄인을 도와주는 것이다. 이는 통상의 형벌집행에서는 불가능한 것이다. 보안처분에 의한 자유박탈이 책임에 상응하는 형벌을 초과하는 때에는 재범의 위험성 이외에 추가적인 정당성이 필요하다. 여기서는 보안처분이 치료의 성격 또는 감호의 성격을 가지는가가 중요하다. 책임을 초과하는 보안처분은 공공의 이익원칙에 의해서 정당화된다. 제3자의 법익에 대한 범죄인의 위험이 그 방지를 위해 필요한 범죄인의 법익침해를 정당화시킬 정도로 중대한 것인가가 기준이 된다. 이는 장래의 범죄가 침해할 법익의 서열과 범죄인에 대한 자유제한의 정도와 성격에 달려 있다.

16) Jescheck/Weigend, S. 86.

제 2 편

범 죄 론

제 1 장 범죄론 일반

제 1 절 범죄의 개념과 종류

I. 범죄의 개념

1. 범죄의 의의

형법은 범죄개념에 관한 규정을 두고 있지 않다. 일반적으로 범죄의 개념은 형식적 범죄개념과 실질적 범죄개념으로 구별된다.

(1) 형식적 범죄개념

형식적으로 범죄란 형법이 처벌하는 행위, 즉 구성요건에 해당하고 위법하며 유책한 행위를 말한다. 형식적 범죄개념은 죄형법정주의에 의한 형법의 보장적 기능을 실현하는 범죄개념이다. 따라서 법적용자는 형법의 적용여부를 형식적 범죄개념을 기준으로 하여 결정한다. 그러나 형식적 범죄개념은 입법자는 어떤 행위를 범죄로 규정할 수 있는가에 대한 기준을 제시하지 못한다는 비판을 받는다.

(2) 실질적 범죄개념

실질적 범죄개념은 특정한 행위가 처벌되는 정당한 근거를 제시하는 범죄개념이다. 이 범죄개념은 특정한 행위를 범죄로 규정한 이유가 무엇인가 또는 어떤 행위를 범죄로 규정할 것인가를 판단하는 비판적 기준이 된다. 헌법은 인간의 자유를 보장하고 있으므로 범죄는 공동체에서의 인간의 공동생활을 보장하기 위하여 형벌에 의한 법질서보호가 요구될 때에만 규정되어야 한다.[1)]

실질적 범죄개념에 있어서는 범죄의 본질이 무엇인가가 문제된다. 이에 대하여 견해가 대립한다. 의무위반설은 범죄를 의무위반으로 보는 견해이다. 형법이 부과하는 의무의 위반이 범죄라는 것이다. 이 견해에 대하여는 모든 범죄를 의무위반으로 볼 수 없고[2)] 형법이 과하는 의무는 입법자에게

---

1) Jescheck/Weigend, S. 50.

어떤 행위를 범죄로 규정해야 하는가에 대한 기준을 제시하는 기능을 하지 못한다는[3] 비판이 가해진다. 절충설은 법익침해설과 의무위반설을 결합하여 범죄를 법익침해임과 동시에 의무위반으로 이해하는 견해이다.[4] 형법은 모든 국민에게 법익을 보호할 의무를 부과하여야 하기 때문이라고 한다. 그러나 이 견해는 의무위반설의 결함을 그대로 보유하고 있다는 비판을 받는다. 법익침해설은 범죄란 법익을 침해하거나 위태롭게 하는 행위, 즉 사회에 유해한 행위(Sozialschädliche Handlung)를 의미한다고 한다.[5] 법익이란 공동체에서의 인간의 공동생활을 위하여 필수적고 법에 의하여 보호되어야 할 사회적 가치 또는 이익을 말한다.

생각건대 의무위반설과 절충설은 입법자에게 판단기준을 제시하여 국가형벌권의 정당한 근거를 제시하는 실질적 범죄개념의 기능에 반하므로 법익침해설이 타당하다. 따라서 입법자는 법익을 침해하지 않거나 위태롭게 하지 않는 행위를 범죄로 규정해서는 안 된다. 형법이 성년자들 사이의 동성연애를 처벌하지 않는 것은 바로 이 때문이다. 법익침해 없는 범죄 내지 피해자 없는 범죄는 결코 허용되어서는 안 된다.

2. 범죄의 체계(범죄의 성립요건)

범죄인에 대하여 형벌을 과할 수 있기 위해서는 형법이 범죄와 형벌을 규정하고 있어야 한다. 형법의 각 법률조항이 추상적 · 유형적으로 규정하고 있는 범죄의 요건을 구성요건이라고 한다. 보통 구성요건에 해당하는 행위는 위법하고 유책한 것으로 추정되므로 범죄란 구성요건에 해당하고 위법하고 유책한 행위를 의미한다. 따라서 구성요건해당성, 위법성 및 책임이 범죄의 성립요건이 된다.

(1) 구성요건해당성

형법의 구성요건은 금지되거나 명령되는 행위를 추상적으로 기술하고 있다. 인간의 구체적 행위가 형법 각 법률조항이 규정한 구성요건에 해당하

2) 이재상, 68면.
3) 배종대, 9면.
4) 오영근, 96면; 이재상, 69면; 이정원, 60면; 임웅, 66면; 정성근/박광민, 66면.
5) 김일수/서보학, 16면; 배종대, 9면; 유기천, 6면.

는 것을 구성요건해당성이라고 한다. 구성요건해당성이 인정되면 위법성과 책임은 추정되므로 범죄는 성립한다. 그러나 구성요건에 해당하는 행위라도 위법하지 않거나 책임이 없는 때는 범죄가 되지 않는다.

(2) 위법성

구성요건에 해당하는 행위가 법률상 허용되지 않는 것을 위법성이라 한다. 구성요건은 사회에 유해한 행위를 추상적으로 규정한 것이므로 구성요건에 해당하는 행위는 원칙적으로 위법하다고 할 수 있다. 다만 구성요건에 해당하는 행위라고 하더라도 예외적으로 법률이 허용하는 경우가 있을 수 있다. 예를 들면 형법이 규정하고 있는 정당화사유(예를 들면 정당방위, 긴급피난 등)가 존재하는 경우가 그것이다. 따라서 정당화사유가 존재하지 않을 때에 비로소 구성요건에 해당하는 행위는 위법하다는 평가를 받는다.

(3) 책임

책임이란 구성요건에 해당하고 위법한 행위를 한 행위자에 대한 비난가능성을 의미한다. 구성요건에 해당하고 위법한 행위를 하더라도 행위자를 비난할 수 없는 때에는 범죄가 성립하지 않는다. 예를 들면 형사미성년자나 심신상실자 등의 구성요건해당행위가 책임이 없는 경우이다. 행위가 구성요건에 해당하고 위법한 때에는 원칙적으로 책임이 인정된다. 그러나 예외적으로 행위자가 책임무능력자이거나 정당한 사유가 있는 법률의 착오 또는 책임조각사유가 있는 경우(예를 들면 제12조)에는 행위자의 책임은 부정된다.

3. 범죄의 처벌조건

범죄의 처벌조건이란 성립요건이 구비된 범죄를 처벌하기 위해 필요한 조건을 말한다. 구성요건해당성, 위법성 및 책임이 구비되면 범죄가 성립하므로 원칙적으로 행위자에 대한 처벌이 가능하다. 그러나 범죄를 처벌할 수 있기 위해서는 범죄의 성립조건을 구비하여야 할 뿐 아니라 처벌조건이 필요한 경우도 있다. 범죄의 성립조건을 구비하지 않은 경우에는 무죄가 되지만 처벌조건이 없다면 형의 면제판결을 선고하여야 한다. 처벌조건에는 객관적 처벌조건과 인적 처벌조각사유가 있다.

(1) 객관적 처벌조건

범죄가 성립하더라도 외부적 · 객관적 조건이 갖추어져 있어야 처벌되는 경우가 있다. 이를 객관적 처벌조건이라고 한다. 예를 들면 사전수뢰죄(제129조 제2항)의 경우에 "행위자가 공무원 또는 중재인이 된 때"와 파산범죄(채무자회생및파산에관한법률 제650조, 제651조)에 있어서 "파산의 선고가 확정된 때"가 여기에 해당한다. 객관적 처벌조건을 조각하는 사유를 객관적 처벌조각사유라고 한다.

(2) 인적 처벌조각사유

행위자의 특별한 신분관계가 있을 때에는 이미 성립한 범죄에 대하여 형벌권이 발생하지 않는 경우를 인적 처벌조각사유라고 한다. 예를 들면 친족상도례(제328조, 제344조)의 경우에 직계혈족 · 배우자 · 동거친족 등의 신분, 국회의원의 면책특권에서의 국회의원, 형을 면제하는 중지미수에 있어서 자의로 중지한 자가 여기에 해당한다.

4. 범죄의 소추조건

범죄성립요건 또는 처벌조건이 갖추어져 있는 경우에도 공소를 제기하기 위하여 소송법상 필요한 조건을 소추조건 또는 소송조건이라고 한다. 예를 들면 친고죄에 있어서의 고소와 반의사불벌죄에 있어서의 피해자의 명시적 불처벌의사가 그것이다. 범죄의 성립조건이나 처벌조건은 실체법적 개념이지만 소추조건은 소송법적 개념에 해당한다. 범죄성립요건이나 처벌조건이 구비되지 않으면 무죄판결 또는 형면제의 실체재판을 하여야 하는 데 반하여, 공소제기의 유효조건인 소송조건이 결여되면 공소기각 등의 형식재판에 의하여 소송을 종결하여야 한다.

(1) 친고죄

친고죄란 피해자 기타 고소권자의 고소가 있어야 공소를 제기할 수 있는 범죄를 말한다. 고소권자의 고소라는 조건이 충족될 때에만 공소제기가 가능하다는 점에서 이를 정지조건부 범죄라고 한다. 친고죄에는 강간죄 등의 성범죄, 모욕죄, 간통죄 등이 있다. 친고죄를 도입한 이유로는 공소제기로

인하여 피해자의 사생활이 침해될 염려가 있다는 것과 법익침해가 경미하다는 것을 들 수 있다.[6)]

(2) 반의사불벌죄

반의사불벌죄란 피해자의 명시한 의사에 반하여 공소를 제기할 수 없는 범죄를 의미한다. 피해자의 의사를 고려하지 않고 공소를 제기할 수 있으나 피해자가 처벌을 원하지 않는다는 의사를 명백히 밝힌 때에는 처벌할 수 없다는 점에서 해제조건부 범죄라고 한다. 반의사불벌죄에는 폭행죄(제260조 제3항), 협박죄(제283조 제3항), 명예훼손죄(제312조 제2항), 과실치상죄(제266조 제2항) 등이 있다.

II. 범죄의 종류

범죄는 결과범과 형식범, 침해범과 위험범, 신분범과 일반범, 상태범과 계속범으로 구별될 수 있다.

1. 결과범과 형식범

결과범과 형식범은 객관적 구성요건으로서 결과발생을 요하는가에 의한 구별이다. 결과범이란 결과발생이 구성요건요소에 해당하는 범죄를 말한다. 예를 들면 살인죄 또는 상해죄가 여기에 속한다. 기본범죄인 고의범과 과실범이 결합한 결과적 가중범도 결과범의 일종이다. 이에 대하여 결과발생을 요건으로 하지 않고 구성요건적 행위를 행함으로써 성립하는 범죄를 형식범 또는 거동범이라고 한다. 예를 들면 폭행죄(제260조), 주거침입죄(제319조), 위증죄(제152조) 등이 형식범에 속한다. 결과범은 행위와 결과 사이에 인과관계를 요하고 미수범을 가능하게 한다는 점에서 형식범과 구별된다.

2. 침해범과 위험범

침해범과 위험범은 법익침해를 필요로 하는가에 따른 구별이다. 침해범은 법익침해를 요건으로 하는 범죄를 말한다. 예를 들면 살인죄는 사람의 생명을, 상해는 사람의 신체를 침해하는 침해범이다. 이에 대하여 위험범

---

6) 배종대, 149면; 이재상, 71면; 임웅, 70면.

은 법익을 위태롭게 하는 범죄이다. 위험범은 추상적 위험범과 구체적 위험범을 포함한다. 추상적 위험범은 경험칙상 법익을 침해할 위험이 있는 행위를 행함으로써 성립하는 범죄이다. 예를 들면 현주건조물방화죄(제164조), 공용건조물방화죄(제165조) 및 타인소유 일반건조물방화죄(제166조 제1항)가 여기에 속한다. 반면 구체적 위험범은 구체적 위험발생을 구성요건으로 하는 범죄이다. 예컨대, 자기소유일반건조물방화죄(제166조 제2항)와 일반물건방화죄(제167조)가 그것이다. 구체적 위험범은 위험이 발생하여야 성립하지만 추상적 위험범의 경우에는 위험이 발생할 필요가 없다. 따라서 구체적 위험범은 항상 결과범이다. 반면 추상적 위험범은 모두 형식범에 속한다.[7)]

3. 상태범과 계속범

계속범과 상태범의 구별은 위법상태가 시간적으로 계속되어야 하는가를 기준으로 한다. 상태범은 구성요건적 행위를 종료하거나 결과가 발생하면 즉시 성립하는 범죄이다. 살인죄, 상해죄 및 절도죄 등이 여기에 속한다. 반면 계속범은 구성요건적 행위가 야기한 위법상태가 일정한 시간 계속되어야만 성립하는 범죄이다. 체포감금죄(제276조) 또는 주거침입죄(제319조) 등이 그것이다.

상태범과 계속범의 구별실익은 공소의 기산점과 공범의 성립시기 및 정당방위의 허용시기에 있다. 공소시효는 범죄가 종료된 때부터 진행하므로 계속범의 경우에 공소시효의 기산점은 위법상태가 종료된 때이다. 계속범에 있어서는 기수 이후에도 위법상태가 종료될 때까지 공범성립이 가능하지만 상태범의 경우에는 범죄가 기수에 이르면 원칙적으로 공범은 성립할 수 없다. 또 계속범의 경우에는 기수 이후 위법상태의 종료 시까지 정당방위가 허용되지만 상태범에 있어서는 기수 이후에는 원칙적으로 정당방위를 할 수 없다. 그러나 절도범 등과 같이 형식적 기수와 실질적 종료를 구별하는 상태범에 있어서도 기수 이후 종료될 때까지 공범의 성립과 정당방위가 가능한 경우가 있다.

---

7) 이재상, 73면; 이정원, 67면.

4. 일반범, 신분범 및 자수범

일반범, 신분범 및 자수범은 행위주체가 될 수 있는 자의 범위에 따른 구별이다.

일반범은 누구나 행위주체가 될 수 있는 범죄를 말한다. 반면 신분범은 일정한 신분을 가진 자만이 행위주체가 될 수 있는 범죄를 말한다. 신분범은 진정신분범과 부진정신분범으로 나뉜다. 진정신분범이란 일정한 신분을 가진 자만이 범할 수 있는 범죄를 말한다. 예를 들면 횡령죄(제355조 제1항), 수뢰죄(제129조 제1항), 위증죄(제152조) 등이 여기에 해당한다. 부진정신분범이란 신분 없는 자도 정범이 될 수 있지만 신분을 가진 자가 범죄를 저지른 때에는 형이 가중되거나 감경되는 범죄를 말한다. 예를 들면 존속살해죄(제250조 제2항), 업무상 횡령죄(제356조), 영아살해죄(제251조)가 그것이다.

자수범이란 행위자 자신이 직접 구성요건을 실현하여야만 성립하는 범죄를 말한다. 예를 들면 위증죄(제152조), 준강간죄(제299조), 간통죄(제241조) 등이 여기에 속한다. 자수범은 자신이 직접 실행할 것을 요구하므로 타인을 이용하는 간접정범의 형태로는 성립할 수 없다. 또한 자수범에 있어서 직접 실행하지 않는 자는 정범인 단독정범 또는 공동정범도 될 수 없고 단지 공범(교사범, 종범)이 될 수 있을 뿐이다.

제 2 절 행위론

I. 행위론의 의의

범죄는 구성요건에 해당하고 위법하며 유책한 행위를 의미한다. 따라서 인간의 행위만이 형법의 평가대상이 되고, 형법은 인간의 행위만을 범죄로 규정하고 있다. 동물이나 물건은 행위를 할 수 없다. 형법의 대상이 되는 인간의 행위가 어떤 속성을 가지고 있는지를 살펴볼 필요가 있다. 행위론은 범죄론의 상위개념임과 동시에 출발점이라고 할 수 있다. 행위론이란 범죄의 전제가 되는 행위가 무엇인가를 논의하는 이론을 말한다. 행위개념은 작위범과 부작위범, 고의범과 과실범을 모두 포함할 수 있어야 한다. 형법상의 행위론에는 인과적 행위론, 목적적 행위론, 사회적 행위론, 인격적 행위론 및 소극적 행위론이 있다.

II. 행위개념의 기능

행위개념은 한계기능, 분류기능 및 결합기능을 수행하여야 한다.

1. 한계기능

행위개념은 결코 형법의 판단대상이 될 수 없는 행위를 형법적으로 의미 있는 행위와 구별하여 형법에서 제외하는 기능을 하여야 한다. 이를 한계기능(Abgrenzungsfunktion)이라 한다. 따라서 무의식적 행위, 동물의 행위, 신체반사행위 등은 형법의 대상에서 처음부터 제외된다.

2. 분류기능

행위개념은 한계기능을 하는 것만으로 족하지 않고 작위와 부작위, 고의행위와 과실행위를 전부 포괄할 수 있는 기능을 하여야 한다. 이를 분류기능(Klassifikationsfunktion)이라고 한다. 모든 범죄는 하나의 행위개념에서 나와야 한다.

3. 결합기능

행위개념은 형법의 체계개념인 구성요건해당성, 위법성 및 책임이 행위에 연결될 수 있도록 실체적 내용을 가져야 한다. 따라서 행위를 구성요건에 해당하는 위법하고 유책한 행위라고 말할 수 있어야 한다. 이를 정의기능(Definitionsfunktion) 내지 결합기능(Verbindungsfunktion)이라고 한다.

III. 행위론의 내용

1. 인과적 행위론

인과적 행위론은 자연과학의 영향을 받아 행위를 외적 · 자연적 과정, 즉 외부세계에서의 변화를 유의적으로 야기하는 것으로 이해한다.[8] 그러므로 행위를 의사에 의한 신체활동(Belling), 의욕된 작위 또는 부작위(Mezger)로 정의한다. 인과적 행위론에 의하면 행위는 유의성과 외적 결과야기의 두 요소로 구성된다. 유의성은 단지 근육의 긴장을 야기하는 심리적 작용

8) v. Liszt, Lehrbuch des deutschen Strafrechts, 10.Aufl., 1900, 102ff.

에 지나지 않는다. 따라서 행위는 인간의 의사활동에서 기인하고 의사의 내용은 행위요소가 아니라 책임요소가 될 뿐이다. 인과적 행위론의 입장을 취하는 학자는 인과적 행위론은 모든 형태의 형법적으로 중요한 의사표시를 작위, 부작위, 고의행위 또는 과실행위로서 파악할 수 있다고 한다.

그러나 인과적 행위론은 다음과 같은 비판을 받는다.

① 부작위는 결과의 원인이 되지 못하므로 인과성을 요구하는 행위개념은 부작위를 행위로 볼 수 없다. 따라서 인과적 행위론은 작위와 부작위를 두 개의 독립적 형태의 의사표시로 이해하고 상위개념인 행태(Verhalten)에 포함시킨다. ② 인과적 행위론은 외적 결과의 야기(신체활동)를 행위의 요소로 파악하므로 신체활동이라고 할 수 없는 부작위를 행위에 포함시킬 수 없다. 따라서 신체활동을 작위와 부작위의 공통적인 행위의 요소로 파악하는 것은 불가능하다. ③ 인과적 행위론은 의사의 내용을 묻지 않으므로 미수개념을 규정하기 어렵다. 예를 들면 사람에 상해를 가한 경우에 살인미수, 상해죄 또는 폭행치상의 죄 가운데 어떤 죄에 해당하는지를 판단할 수 없다. ④ 인과적 행위론은 의사내용을 묻지 않기 때문에 형법상의 행위의 범위를 무제한 확대하여 행위론의 한계기능을 다하지 못한다.

2. 목적적 행위론

목적적 행위론은 형법상의 행위를 유의적 신체활동이라고 이해하는 인과적 행위론을 부정하고 행위를 목적적 의사에 의하여 지배된, 목적을 향하여 조종된 작용, 즉 자기결정의 작용 또는 목적활동성의 작용으로 파악한다. 목적적 행위론의 창시자는 벨첼(Welzel) 교수이다. 그는 "행위는 목적적 활동을 하는 것이다. 따라서 행위는 목적적 행위이지 인과적 행위가 아니다. 행위의 목적성 또는 합목적성은 인간이 그의 인과적 지식에 근거하여 자기의 활동의 가능한 결과를 일정한 범위에서 예견하여 다양한 목표를 설정하고 목표달성을 위하여 자기활동을 계획적으로 조종할 수 있다는 데 근거한다. 목적성은 일정한 범위에서 인과적 활동의 결과를 예견하고 이를 목표달성을 위해 계획적으로 조종하는 의사능력에 근거하므로 목적을 의식한, 인과적 사건을 조종하는 의사는 목적적 행위의 중추가 된다."[9] 목적적 행위는 두 단계로 나뉘어 행해진다. 처음에는 충동, 열망 또는 관심에 의하여 목표를 설정하고 목표달성을 위하여 적합한 것으로 보이는 수단을 선택하며 발생할 수 있는 부수효과를 고려하고, 그 다음에는 선택된 수단을 사용하여 자신의 행위를 현실세계에 실현한다. 목적적 행위론은 형법상의 행위를 목적적 활동의 수행으로 정의하므로 목적성 내지 의사는 행위요소가 된다. 즉 행위는 주관적 요소와 객관적 요소로 구성되므로 고의는 행위의 중추로서 행위와 함께 구성요건에 속한다. 또한 불법은 구성요건에 해당하고 위법한 행위를 의미하므로 행위요소인 고의는 주관적 불법요소가 된다.

목적적 행위론에 대해서는 다음과 같은 비판이 가해진다.

① 목적적 행위론은 과실행위를 형법상의 행위에 포함시킬 수 없다. 행위자는 행위를 형법상 중요한 결과를 향해 조종하지 않기 때문이다. 그러나 Welzel은 과실행위도 목적적 행위로 본다. 과실행위도 주의의무를 위반하는 행위이기 때문이라고 한다. 예를 들면 운전자가 과실로 사람을 치여 사망에 이르게 한 경우에 운전행위가 주의의무를 위반하는 목적적 행위라는 것이다. 이에 대하여는 행위의 조종은 행위목적과 관련하여서만 목적적이라고 할 수 있음에도 불구하고 조종과정의 부주의는 목적성의 요소가 될 수 없다는 비판이 제기된다. ② 목적적 행위론은 부작위범에는 적합하지 않다. 부작위범의 경우에 목표달성을 위한 행위조종이 없기 때문이다. ③ 목적적 행위론은 인간의 행위에는 고도의 충동적 또는 격정적 자극에 의한 행위도 있다는 것을 간과하고 있다. 이 경우에 행위가 의식적으로 조종되었거나 의욕되었다고 할 수 없다.

3. 사회적 행위론

사회적 행위론은 인과적 행위론과 목적적 행위론을 절충하여 행위개념을 존재론적 개념인 동시에 목적론적 개념으로 파악한다. 이 견해는 객관적 또는 잠재적 목적성에 근거하여 행위를 사회적으로 의미 있는 사회생활관계의 유의적 결과야기,[10] 객관적으로 지배가능한 행위의 유의적 야기,[11] 객관적으로 예견가능한 사회적 결과를 야기하는 지배가능한 행태,[12] 사회

9) Welzel, S. 33f.

10) Eb. Schmidt, Soziale Handlungslehre, Festschrift für K. Engisch, S. 340.

11) Engisch, Der finale Handlungsbegriff, Festschrift für Kohlrausch, 1944, S. 164.

적으로 중요한 인간의 행태,[13] 인간의 의사에 의하여 지배되거나 지배될 수 있는 사회적으로 중요한 행태[14]로 정의한다. 사회적 행위론은 인과적 행위론과 목적적 행위론이 수행할 수 없는 기능을 한다. 따라서 사회적 행위론은 작위와 부작위, 고의행위와 과실행위를 형법상의 행위에 포함시킬 수 있다. 사회적 행위론이 우리나라의 다수설이다.[15]

사회적 행위론은 다음과 같은 비판을 받는다.

① 사회적 행위론에 있어서 행위개념이 지나치게 포괄적이어서 형법상 의미 있는 행위가 무엇인지를 판단하는 기준이 될 수 없다. 이 견해는 형법상 의미 있는 행위에서 제외되는 무의식적 행위, 신체적 반사행위 등을 행위에 포함시키는 문제점을 지니고 있다.[16] ② 사회적 행위론은 행위론을 불법론으로 만든다. 사회적 중요성의 문제는 불법과 구성요건의 도움 없이는 해결할 수 없다. 무엇이 사회적으로 중요한가 여부는 구성요건에 의하여 결정된다. 구성요건이 없으면 행위는 사회적으로 중요하지 않은 것이 된다.

4. 인격적 행위론

인격적 행위론은 행위를 의사에 의하여 지배될 수 있고 행위자에게 귀속시킬 수 있는 인과적 결과로서 현실을 책임 있고 의미 있게 형성하는 인격의 객관화[17] 또는 심리적·정신적 활동중심체인 인간에게 귀속시킬 수 있는 인격의 발현[18]으로 정의한다. 따라서 인간의 정신적 조종기간인 자아의 통제를 받지 않는 인간의 신체적 영역이나 물질, 식물, 동물의 존재영역에서 발생하는 작용에는 인격의 발현이 없다고 한다.

인격적 행위론에 대해서는 다음과 같은 비판이 가해진다.

① 인격적 행위론이 행위를 인격의 발현으로 정의하므로 사회적 중요성이 인정되지 않는 행위도 형법상의 행위에 포함시킨다.[19] ② 인격의 객관

---

12) Maihofer, Der soziale Handlungsbegriff, Festschrift für Eb. Schmidt, S. 182.
13) Jescheck/Weigend, S. 223.
14) Wessels/Beulke, Rnd. 93.
15) 박상기, 65면; 이재상, 89면; 이정원, 73면; 이형국, 90면; 임웅, 97면; 정성근/박광민, 112면.
16) 배종대, 172면.
17) Arth. Kaufmann, Festschrift Festschrift für H. Mayer, S. 79.
18) Roxin, § 8 Rnd. 44.
19) 김일수/서보학, 114면.

화를 행위의 사회적 의미내용에 따라 해석하여야 한다고 하면 인격적 행위론은 사회적 행위론과 크게 다르지 않다.[20] ③ 인격은 행위자에게 속하므로 책임판단이 행위개념의 확정보다 먼저 이루어질 염려가 있다.[21] ④ 인격의 개념이 불명확하여 그 개념정의가 쉽지 않으므로 이러한 개념을 근거로 하는 행위론은 동어반복에 그칠 가능성이 있다.[22] ⑤ 위험상태를 인식하지 못한 경우의 부작위는 인격의 발현이 아님에도 불구하고 과실부작위범으로 처벌될 수 있는 데 이를 행위로 파악하지 못한다.[23]

5. 소극적 행위론

소극적 행위론은 행위를 형법상 중요한 결과를 회피할 수 있음에도 불구하고 회피하지 않는 것으로 정의한다. 그 대표적인 학자인 헤르츠베르크(Herzwerg)는 최초로 소극적이라 불리는 작위와 부작위를 모두 포괄하는 행위개념의 근거로 회피가능성의 원칙을 사용하였다.[24] 그는 형법상의 행위를 보증인 지위에서 "회피가능한 불회피(Das vermeidbares Nichtvermeden)"로 정의한다. 이에 의하면 작위와 부작위는 모두 그 무엇인가, 예를 들면 결과범에 있어서 구성요건적 결과를 회피할 수 있음에도 불구하고 회피하지 않는 것이라고 한다. 작위범은 스스로 자제함으로써, 부작위범은 인과과정에 관여함으로써 결과를 회피할 수 있었을 것이라고 한다.

인과적 행위론에 대해서는 다음과 같은 비판이 가해진다.

① 소극적 행위개념은 형법에 제한되는, 구성요건을 포함하는 행위개념이라는 점에서 행위는 체계적으로 구성요건 앞에 있어야 한다는 행위의 결합기능을 다하지 못한다.[25] ② 소극적 행위개념은 인간의 행위를 근거로 하는 진정부작위범의 부작위를 행위에 포함시킬 수 없다. 진정부작위범은 보증인지위를 요구하지 않기 때문이다.[26] ③ 형법상 중요한 결과를 회피할

20) 김일수/서보학, 115면; 배종대, 176면; 이재상, 8면; 임웅, 83면; 정성근/박광민, 108면.
21) 임웅, 95면.
22) 배종대. 175면.
23) Jescheck/Weigend, S. 222.
24) Herzwerg, Die Unterlassung im Strafrecht und das Garantenprinzip, 1972, S. 177.
25) Roxin, AT I, § 8 Rnd. 36.
26) Baumann/Weber/Mitsch, § 13 Rnd. 94.

수 있는가는 행위의 문제가 아니라 이를 행위자의 행위에 귀속시킬 수 있는가의 문제인 것이다.[27]

6. 검토

지금까지 살펴본 바와 같이 인과적 행위론, 목적적 행위론, 사회적 행위론, 인격적 행위론 및 소극적 행위론은 각각 많은 결함을 가지고 있기 때문에 행위론의 기능을 다하지 못하고 있다. 사회적 행위론이 우리나라의 다수설에 해당하긴 하지만 사회적 중요성은 가치판단을 요하는 추상적 개념이기 때문에 무엇이 사회적으로 중요한 행위이고 따라서 형법상 의미 있는 행위인가를 판단할 수 있는 정확한 기준이 될 수 없다. 작위와 부작위, 고의행위와 과실행위는 이미 행위론이 나오기 이전에 형법상 의미 있는 행위로 판단되었기 때문에 행위론은 이러한 판단을 사후적으로 정당화시키는 기능을 할 뿐이다.[28] 또한 현대의 귀속이론이 행위개념에서 주요귀속기준을 찾으려는 노력을 포기함으로써 행위론에 대한 논쟁의 의미는 크게 상실되었다.[29] 따라서 오늘날 형법상의 행위에 대한 판단결과는 어떤 행위론을 따르더라도 달라지지 않는다.

27) Jescheck/Weiegend, S. 222.
28) 배종대, 176면.
29) Baumann/Weber/Mitsch, § 13 Rnd. 95.

제 2 장 구성요건이론

제 1 절 구성요건의 의의 및 종류

I. 구성요건의 의의

1. 구성요건의 개념

구성요건해당성은 위법성과 책임과 함께 범죄성립요건에 속한다. 구성요건이란 형벌이 부과되는 범죄유형을 추상적으로 기술한 것을 말한다. 예를 들면 살인죄에서는 "사람을 살해한 자"(제250조 제1항), 절도죄에서는 "타인의 재물을 절취한 자"(제329조)가 구성요건에 해당한다. 구성요건은 행위의 실질적 불법내용을 이루는 요소를 포함하여야 한다. 따라서 구성요건에는 금지의 대상이 빠짐없이 기술되어야 한다. 구성요건은 입법자가 어떤 보호법익을 형벌규범의 목적으로 하였는지, 행위객체는 무엇인지, 법익의 침해 또는 구체적 위험을 야기하여야 하는지, 고의범인지 또는 과실범인지 여부를 명확하게 표시하여야 한다. 모든 형벌규정은 행위규범, 즉 개인의 자유를 제한하는 금지 또는 명령에 속한다. 형법에서의 금지 또는 명령은 금지 또는 명령에 위배되는 행위를 서술함으로써 간접적으로 규정된다. "사람을 죽이지 말라"라는 규범은 "사람을 살해한 자는 사형, 무기 또는 5년 이상의 징역에 처한다"로 표현된다. 이러한 위반행위에 해당하는 사실을 금지 또는 명령의 대상이라고 한다.[1] 구성요건의 기능은 금지의 대상에 속하는 총체적 요소를 지정하는 것이다. 어떤 행위가 모든 구성요건요소를 실현하는 것을 구성요건해당성이라고 한다.

2. 구성요건개념의 종류

구성요건의 개념은 화리나키우스(Farinacius, 1581)에 의해 처음으로 사용된 corpus delicti에서 유래한다. corpus delicti는 처음에 저질러진 범죄의 외부흔적을 지칭하는 것으로서 절차법적 용어로 사용되었다. 1796년

---

1) Welzel, S. 49.

클라인(Klein)은 corpus delicti를 처음으로 구성요건을 뜻하는 독일어의 Tatbestand로 번역하였고, 구성요건은 18세기와 19세기 초에 특정한 범죄를 구성하는 요소의 총체를 의미하는 개념이 되었다. 특히 구성요건을 위법성과 책임과 구별되는 범죄구성요건으로 파악한 형법학자는 벨링(Beling)이었다. 구성요건이라는 개념은 다양하게 사용된다.

(1) 불법구성요건

처벌되는 행위의 불법을 구성하는 모든 표지들을 기술한 구성요건을 불법구성요건이라고 한다. 불법구성요건은 최협의의 구성요건으로서 불법유형을 기술한 것을 의미한다. 형법각칙에 규정되어 있는 구성요건은 불법구성요건을 지칭한다.

(2) 전체불법구성요건

전체(총체적)불법구성요건은 불법을 구성하는 요소뿐만 아니라 불법을 배제하는 요소도 구성요건에 포함시킨다. 이에 의하면 불법구성요건 이외에 위법성조각사유도 소극적 구성요건요소가 된다. 예를 들면 살인죄의 구성요건은 사람을 위법성조각사유 없이 살해한 자가 된다.

(3) 범죄구성요건

가벌성의 모든 실체적 전제조건을 포괄하는 구성요건을 범죄구성요건이라고 한다. 행위의 가벌성의 근거가 되고 국가의 형벌필요성을 정당화하거나 배제하는 모든 사정이 여기에 속한다. 이러한 사정은 불법요소, 형벌을 가중하거나 감경하는 요소, 객관적 처벌조건 및 특수한 책임표지를 의미한다.[2] 예를 들면 사전수뢰죄에서 공무원이나 중재인이 된 때, 권리행사방해죄에서 권리행사를 방해한 때 및 강제집행면탈죄에서 채권자를 해한 때는 객관적 처벌조건이고 영아살해죄에서 “특히 참작할 만 동기”, “양육할 수 없음이 예상된 때” 등은 책임표지가 된다. 범죄구성요건을 광의의 구성요건이라고 한다.

(4) 보장구성요건

죄형법정주의의 관점에서 볼 때 구성요건의 범위는 모든 가벌성의 전제

2) 김일수/서보학, 122면; 배종대, 183면.

조건을 미리 법률에 규정함으로써 결정된다. 구성요건은 행위를 살인, 상해, 강간, 절도 등으로 분류하는 특별한 표지(불법구성요건), 정당방위나 긴급피난 등과 같은 위법성조각사유와 책임조각사유, 교사 및 방조와 같은 공범 또는 그 밖의 가벌성의 조건 등을 포함한다. 그 밖의 가벌성의 조건으로는 장애미수의 임의적 감경, 중지미수의 필요적 감면, 대통령의 재직중 형사소추제한, 국회의원의 면책특권, 외교사절 또는 외교관의 면책특권 등을 들 수 있다.[3] 이것은 처벌되는 행위와 처벌되지 않는 행위를 구별하거나 형벌의 경중에 영향을 미치는 모든 법률상의 요건이다. 형법은 범죄표지를 기술함으로써 보장적 기능을 수행하므로 이러한 구성요건을 보장구성요건이라고 한다. 보장구성요건은 최광의의 구성요건에 해당한다.

II. 구성요건의 종류

1. 기본적 구성요건과 변형구성요건

(1) 기본적 구성요건

기본적 구성요건은 특정한 범죄유형의 가장 기초가 되는 구성요건을 말한다. 예를 들면 살인죄에서 일반살인죄(제250조 제1항), 폭행죄에서 일반폭행죄(제260조), 절도죄에서 일반절도죄(제329조), 횡령죄에서 일반횡령죄(제355조 제1항) 등이 여기에 속한다. 기본적 구성요건은 당해 범죄유형의 본질적인 불법내용과 요소를 내포한다.

(2) 변형구성요건

변형구성요건은 기본적 구성요건과 이에 추가된 요소로 이루어진 구성요건을 의미한다. 여기에는 형벌가중사유가 추가된 가중적 구성요건과 형벌감경사유가 추가된 감경적 구성요건이 있다.

1) 가중적 구성요건

가중적 구성요건이란 기본적 구성요건과 형벌가중사유로 이루어진 구성요건을 말한다. 예를 들면 존속살해죄(제250조 제2항)는 살인죄(제250조)에 대하여, 존속상해죄(제257조 제2항)는 상해죄(제257조)에 대하여 특수절도죄(제331조)는

3) 김일수/서보학, 123면; 배종대, 186면.

절도죄(제329조)에 대하여, 업무상횡령죄(제356조)는 횡령죄(제355조 제1항)에 대하여 가중적 구성요건이 된다.

2) 감경적 구성요건

감경적 구성요건이란 기본적 구성요건과 형벌감경사유로 이루어진 구성요건을 말한다. 예를 들면 영아살해죄(제251조), 촉탁 · 승낙에 의한 살인죄(제252조 제1항) 등이 일반살인죄에 대하여 감경적 구성요건에 해당한다.

3) 독립적 구성요건

구성요건 가운데는 기본적 구성요건에서 파생되었으나 이와는 독립하여 독자적인 불법내용을 가진 구성요건이 있다. 이를 독립적 구성요건이라고 한다. 예를 들면 강도죄(제333조)는 절도죄에 대하여, 준강도죄(제338조)는 절도죄와 강도죄에 대하여, 위계 · 위력에 의한 살인죄(제252조 제2항)는 살인죄와 존속살해죄 및 영아살해죄에 대하여 독립적 구성요건에 해당한다. 한편 독립적 구성요건을 기본적 구성요건으로 하여 다시 가중적 구성요건이 파생될 수 있다. 예를 들면 절도죄에 대하여 독립적 구성요건인 강도죄는 특수강도죄(제334조)라는 가중적 구성요건에 대해서는 기본적 구성요건이다. 어떤 구성요건이 독립적 구성요건에 속하는지 여부는 당해 구성요건의 의미와 목적을 기준으로 한 해석을 통하여 구체적으로 판단한다.

2. 폐쇄적 구성요건과 개방적 구성요건

(1) 폐쇄적 구성요건

벨첼(Welzel)은 구성요건을 개방적 구성요건과 폐쇄적 구성요건으로 구별한다. 폐쇄적 구성요건이란 불법내용을 구성하는 요소를 빠짐없이 기술하여 구성요건 자체에서 불법내용을 도출하는 구성요건을 말한다. 죄형법정주의는 구성요건이 명확할 것을 요구하므로 모든 구성요건은 폐쇄적 구성요건이어야 한다.

(2) 개방적 구성요건

개방적 구성요건이란 불법요소의 일부만이 기술되어 있고 나머지 부분은 구성요건 외부에 있는 적극적 위법성요소에 의하여 보충되는 구성요건을 말한다. 여기서는 구성요건이 위법성을 징표하지 않으므로 구성요건에 해당하고 위법성조각사유가 존재하지 않는다는 것만으로는 위법성이 인정되지 않는다. 벨첼은 개방적 구성요건으로 부진정부작위범과 과실범을 든다. 독일형법은 부진정부작위범의 구성요건요소인 보증인지위와 과실범의 구성요건요소인 주의의무위반을 규정하고 있지 않기 때문이다.

그러나 개방적 구성요건은 인정될 수 없다.[4] 구성요건을 불법유형으로 파악할 때에는 구성요건은 폐쇄적이기 때문이다. 구성요건이 개방적인 때에는 불법유형의 성질을 상실한다. 모든 구성요건은 범죄유형의 불법내용을 결정하는 요소를 완전히 포함하여야 하고 위법성의 문제는 단지 소극적으로, 즉 위법성조각사유의 존부에 의하여 판단될 수 있을 뿐이다.[5] 물론 불법내용을 구성하는 요소를 빠짐없이 기술하지 않은 구성요건이 있을 수 있다. 그러나 이를 개방적 구성요건이라고 할 것이 아니라 법관이 법률해석에 의해 보충하는 기술되지 않은 구성요건이라고 해야 한다.

3. 소극적 구성요건요소이론

소극적 구성요건요소이론은 구성요건에는 불법을 구성하는 요소뿐만 아니라 불법을 배제하는 요소도 포함된다는 견해이다. 위법성조각사유는 소극적 구성요건요소가 된다. 구성요건과 위법성조각사유는 하나의 전체구성요건으로 합쳐지고 범죄체계는 구성요건해당성, 위법성, 책임의 3단계가 아니라 전체구성요건해당성과 책임의 2단계로 구성된다. 따라서 이 견해에 의하면 위법성조각사유가 존재하는 때에는 위법성이 조각되는 것이 아니라 전체구성요건해당성이 부정된다. 소극적 구성요건이론은 사실의 착오(제15조)와 법률의 착오(제16조)를 포함하는 위법성조각사유의 전제사실에 대한 착오의 문제를 확실하게 해결한다는 장점을 가지고 있다. 위법성조각사유의 전제사실은 구성요건적 사실에 해당하므로 이에 대한 착오는 사실의 착오로서 고의를 조각한다.

그러나 소극적 구성요건요소이론에 대해서는 다음과 같은 비판이 가해진다.

① 위법성조각사유를 구성요건으로 보는 때에는 죄형법정주의 때문에 관

---

4) 김일수/서보학, 131면; 박상기, 77면; 배종대, 190면; 이재상, 108면; 이정원 79면; 임웅, 104면; 정성근/박광민, 127면.

5) Jescheck/Weigend, S. 247.

습법상의 위법성조각사유를 인정할 수 없게 된다. 또 형법 제20조의 사회상규에 위배되지 않는 행위를 위법성조각사유인 정당행위로 규정하는 것은 명확성의 원칙에 반한다. ② 모기를 죽인 행위와 정당방위로 사람을 살해하는 행위를 똑같이 구성요건해당성을 조각하는 행위로 평가하는 것은 수긍할 수 없다. ③ 위법성조각사유의 전제사실이 존재하지 않는다는 것을 알고 있는 자가 그러한 사실이 존재한다고 오인한 자를 교사 또는 방조할 경우에는 교사범이나 방조범이 성립하지 않게 된다. 소극적 구성요건요소 이론에 의하면 위법성조각사유의 전제사실에 대한 착오의 경우에는 고의가 조각되어 구성요건해당성이 인정되지 않기 때문이다.

III. 구성요건요소의 종류

1. 기술적 구성요건요소와 규범적 구성요건요소

기술적 구성요건요소란 현실세계의 대상을 사실적으로 기술한 구성요건요소를 말한다. 예를 들면 사람, 재물, 주거, 건조물, 선박, 항공기, 자동차 등이 여기에 해당한다. 기술적 구성요건요소는 물적 · 대상적으로 기술되었기 때문에 사실확정에 의해 그 의미를 파악할 수 있다. 이에 반하여 규범적 구성요건요소는 추상적인 개념으로서 규범의 논리를 전제로 하여 법관의 가치판단에 의하여 그 의미가 확정될 수 있는 구성요건요소를 말한다. 예를 들면 음란성, 재물의 타인성, 문서, 명예, 공공의 위험, 위험한 물건 등이 여기에 속한다.

양자를 구별하는 실익은 고의와 착오이론에 있다.[6] 기술적 구성요건요소의 경우에 고의는 대상에 대한 인식으로 인정되지만 규범적 구성요건요소의 경우에는 가치판단에 의한 의미인식을 요한다. 기술적 구성요건요소에 대한 착오는 사실의 착오가 되지만 규범적 구성요건요소에 대한 착오는 경우에 따라 사실의 착오 또는 법률의 착오가 될 수 있다.[7]

그러나 기술적 구성요건요소와 규범적 구성요건요소의 구별이 항상 분명한 것은 아니다. 기술적 구성요건요소도 예외적으로 규범적 구성요건요소

---

6) 김일수/서보학, 132면; 박상기, 78면; 배종대, 181면; 성낙현, 127면; 임웅, 107면.
7) 김일수/서보학, 132면.

가 되는 경우도 있다. 예를 들면 사람은 살인죄의 기술적 구성요건요소에 해당하지만 그 시기와 종기의 문제는 가치판단을 필요로 하므로 이 경우에는 규범적 구성요건요소가 된다.

2. 객관적 구성요건요소와 주관적 구성요건요소

구성요건은 객관적 구성요건과 주관적 구성요건으로 구별된다. 객관적 구성요건요소란 금지되는 행위의 외적 표지를 기술하는 것을 말한다. 여기에는 행위주체, 행위객체, 구성요건적 행위 등이 속한다. 또한 결과범에 있어서는 구성요건적 결과, 행위와 결과 사이의 인과관계 및 결과의 객관적 귀속도 객관적 구성요건요소가 된다. 주관적 구성요건요소란 행위자의 정신적 영역에 속하는 상황을 의미한다. 고의범에 있어서 고의, 고의범인 목적범에 있어서 고의 이외에 목적, 과실범에 있어서 과실이 여기에 속한다. 그러나 영아살해죄(제251조)와 영아유기죄(제272조)의 “참작할 만한 동기”는 주관적 구성요건요소가 아니라 책임(감경)요소에 해당한다.

3. 기술된 구성요건요소와 기술되지 않은 구성요건요소

범죄의 전형적인 불법내용을 구성하는 요소는 구성요건에 의하여 기술되어야 한다. 형벌규정에 명시된 구성요건요소를 기술된 구성요건요소라고 한다. 대부분의 구성요건요소가 여기에 해당한다. 이와는 달리 구성요건에 기술되지 있지 않지만 구성요건요소로 인정된 것을 기술되지 않는 구성요건요소라고 한다. 예를 들면 재산범죄인 영득죄에 있어서 불법영득의사가 여기에 해당한다.

제 2 절 행위반가치와 결과반가치

I. 행위반가치와 결과반가치의 의의

결과반가치는 보호법익의 침해 또는 그 위험성을, 그리고 행위반가치는 범죄실행의 방법을 내용으로 한다. 행위반가치와 결과반가치는 구성요건으로 편입됨으로써 행위불법과 결과불법이 된다.[8] 불법이란 구성요건에 해당하고 위법한 행위를 의미한다. 불법의 본질이 무엇인가에 대하여는 행위반가치론, 결과반가치론 및 이원론이 대립하고 있다. 행위반가치론은 불법의 본질이 범죄실행의 방법에 있다는 견해이다. 결과반가치론은 불법의 본질은 보호법익을 침해하거나 위태롭게 하는 것이라는 견해이다. 이원론은 불법의 본질은 행위반가치와 결과반가치에 있다고 하는 견해이다.

II. 행위반가치론과 행위반가치론

1. 행위반가치론

행위반가치론은 불법의 본질은 행위반가치에 있다고 한다. 행위반가치는 행위의 외부적 형태(객관적 요소)과 행위자관련적 요소(주관적 요소)로 구성된다.

(1) 인적 불법론

행위반가치론에 속하는 인적 불법론은 목적적 행위론자인 벨첼에 의하여 주장된 이론이다. 목적적 행위론은 구성요건요소인 고의를 필수적 불법요소로 파악함으로써 불법론의 기초를 제공하였다는 평가를 받는다. 따라서 직접적으로 규범의 명령에 반하는 행위의사인 고의는 인적 불법의 본질적 요소가 된다. 불법은 행위자와 내용적으로 분리된 법익침해에 의해서만 결정되는 것이 아니고 행위는 행위자의 작품인 때만 위법하다. 이에 의하면 법익침해 이외에 행위자의 목표설정, 범행당시 행위자의 의도 및 행위자에게 부과된 의무가 전부 불법을 결정한다. 위법성은 항상 특정한 행위자와 관련된 행위에 대한 부정적 판단이다. 따라서 불법은 행위자관련적 또는 인적 행위불법이 된다고 한다.[9] 대부분의 범죄에서는 법익침해 또는 그 위험성이 주로 불법을 결정한다. 그러나 인적 위법행위의 일부요소로서 법익침해 단독으로는 행위불법을 충분히 나타내지 못한다. 형법상 법익침해(결과반가치)는 행위반가치 내에서만 의미를 가진다. 인적 행위반가치는 모든 범죄의 일반적 반가치이다. 사태반가치(침해되거나 위험하게 된 법익)는 많은 범죄에 있어서 비독자적 요소가 된다. 행위반가치는 존재하지

8) Jescheck/Weigend, S. 247.
9) Welzel, S. 62.

만 사태반가치는 없을 수 있다. 예를 들면 불능미수가 여기에 포함된다.[10) 과실범은 과실행위가 법익을 침해하였을 때 성립하므로 결과반가치는 행위반가치에 속한다. 행위반가치는 결과반가치가 있음으로 인하여 증가될 수 없으며 그것이 존재하지 않는다고 하여 감경될 수 있는 것이 아니다. 따라서 결과반가치는 과실범 내에서의 우연요소라고 한다. 모든 과실행위는 결과발생과 상관없이 규범에 반하지만 결과발생에 의하여 비로소 형법상의 의미를 얻고 형법적 불법의 기초가 된다.[11)]

(2) 일원적 · 주관적 불법론

인적 불법론의 극단적 입장은 행위는 법익침해를 목표로 함으로써 부정적 가치판단의 대상이 되기 때문에 행위는 규범의 대상이고 형법적 금지의 내용이 된다고 한다. 이에 의하면 불법은 위법한, 법익침해를 목표로 하는 행위이다. 불법이란 행위반가치를 말한다. 법익침해는 불법이 아니라 단지 불법행위의 결과 또는 우연이라고 한다. 따라서 결과반가치는 불법을 구성하지도 않고 증가시키지도 않는다. 결과반가치는 불법을 구성하는 행위반가치를 증가시키거나 행위반가치와 함께 독자적인 기능에 의하여, 그러나 행위반가치에 종속하여 불법을 구성하거나 증가시킬 수 있다.[12)] 결과반가치는 불법과 상관없는 객관적 처벌조건에 지나지 않는다고 한다.[13)]

(3) 검토

불법은 행위반가치를 의미한다는 일원적 · 주관적 행위반가치론에 대해서는 다음과 같은 비판이 가해진다.

① 일원적·주관적 행위반가치론은 형법은 행위규범 또는 의사결정규범이라는 것을 전제로 함으로써 형법은 의사결정규범일 뿐만 아니라 평가규범이라는 것을 간과하고 있다. 또 형법이 법익보호라는 임무를 수행하기 위하여 법익침해를 목적으로 하는 행위를 금지하는 것이 법익침해가 불법이 아니라는 것을 의미한다고 할 수 없다. ② 결과반가치(법익침해)를 불

---

10) Welzel, S. 62.

11) Welzel, S. 135ff.

12) Zielinski, Handlungs- und Erfolgsunwert, S. 128f.

13) Armin Kaufmann, Zum Stande der Lehre vom personale Unrecht, Festschrift für Welzel, S. 411.

법에서 완전히 배제함으로써 미수와 기수를 동일하게 처벌하는 것은 미수와 기수를 구별하여 처벌하는 형법의 입장에 배치된다. 또한 과실범에 있어서 과실치상죄, 과실치사죄 및 도로교통법위반의 구별은 결과발생을 요건으로 하는 경우에만 가능하다.[14] ③ 결과반가치를 객관적 처벌조건으로 보는 것은 타당하다고 할 수 없다.[15] 객관적 처벌조건은 처벌여부를 결정하는 것임에 반하여 결과반가치는 처벌의 내용에 영향을 주는 것이기 때문이다. ④ 주의의무위반을 불법으로 이해할 경우에 과실미수를 인정해야 한다. 그러나 형법은 과실미수를 처벌하고 있지 않다.[16]

2. 결과반가치론

(1) 결과반가치론의 의의

결과반가치론이란 불법의 본질은 법익침해 또는 그 위험성이라는 결과반가치에 있다는 견해를 말한다. 이 견해는 형법은 의사결정규범이 아니라 평가규범이라는 것에서 출발한다. 결과반가치론은 범죄를 객관적인 요소와 주관적 요소로 구별하여 객관적 요소를 구성요건으로, 주관적 요소는 책임요소로 파악하는 고전적 범죄개념에 속한다. 이 견해에 의하면 행위의 태양이나 주관적 불법요소도 법익의 침해 또는 그 위험성이라는 객관적 요소로 환원하여 행위의 법익침해 또는 그 위험성에 일정한 영향을 주었을 때에만 불법요소가 될 수 있다고 한다.[17]

(2) 검토

결과반가치론은 다음과 같은 비판을 받는다.

① 결과반가치론은 결과가 발생하기만 하면 불법을 인정함으로써 불법의 범위를 무제한 확대하는 결과를 초래한다.[18] ② 결과발생만이 불법을 결정한다고 할 경우에는 고의범과 과실범을 구별할 수 없다. 예를 들면 살인죄, 폭행치사죄 및 과실치사죄는 사망이라는 동일한 결과발생을 요건으로

---

14) 이재상, 115면.
15) 배종대, 199면; 이재상, 111면.
16) 배종대, 198면; 오영근, 161면.
17) 차용석, 398면.
18) 배종대, 201면; 이재상, 112면.

한다는 이유로 이를 동일하게 처벌하여야 하는 부당한 결과가 된다. ③ 결과반가치론이 미수범의 경우에만 예외적으로 고의를 불법요소로 포함시키는 것도 결과발생을 불법으로 파악하는 견해와 모순된다.[19]

3. 이원론

(1) 이원론의 의의

이원론은 행위반가치론과 결과반가치론을 결합하여 불법은 법익침해 또는 그 위험성을 내용으로 하는 결과반가치와 행위반가치로 구성되고 행위반가치와 결과반가치는 동등한 불법요소로서 이 중 하나만 없어도 불법이 배제된다는 견해이다. 이원론이 통설의 입장이다.[20]

불법유형으로서의 구성요건은 불법내용을 구성하는 모든 요소를 빠짐없이 기술해야 하고 구성요건의 실현에 대한 의사는 행위불법의 요소이므로 위법성판단에 대한 가치평가의 대상은 행위의 외적 요소뿐만 아니라 내적 요소도 된다. 따라서 불법은 결과반가치뿐만 아니라 행위반가치도 포함하는 개념이라고 하는 이원론이 타당하다.

(2) 불법의 내용

1) 결과반가치의 내용

결과반가치는 법익침해 또는 법익의 위험성을 내용으로 한다. 법익침해란 법익이 현실적으로 손상된 것을 말한다. 예를 들면 살인죄의 경우에 살해행위에 의하여 생명이 박탈된 것이 그것이다. 법익의 위험성이란 법익침해의 개연성을 말한다. 구체적 위험범에 있어서는 위험발생을, 추상적 위험에 있어서는 전형적으로 위험한 행위의 실행을 의미한다. 미수의 경우에는 법익침해가 가능한 행위를 하였으나 법익침해가 발생하지 않은 경우가 여기에 해당한다.

2) 행위반가치의 내용

행위반가치는 주관적 요소와 객관적 요소로 구성되어 있다.

---

19) 이재상, 112면.
20) 김일수/서보학, 274면; 박상기, 76면; 배종대, 202면; 오영근, 160면; 이재상, 115면; 이형국, 162면; 임웅, 181면; 정성근/박광민, 135면.

(가) 주관적 요소

행위반가치의 주관적 요소로는 고의, 목적, 경향 및 과실이 있다. 그러나 형법은 경향범을 규정하고 있지 않으므로 현행법상 경향은 주관적 불법요소에 해당하지 않는다. 고의범에서 고의는 직접적으로 규범명령을 거역하는 행위의사로서 인적 행위불법의 핵심이 된다.[21] 특히 미수의 경우에 고의는 주관적 불법요소라는 것이 명백해진다. 행위자가 구성요건을 실현하려는 의사로 범행을 개시할 경우에는 범죄결과의 발생이 불가능하더라도 미수는 불법이 된다.[22] 또한 의식적으로 법익을 위태롭게 하는 것 이외에 형법은 범죄결과의 회피를 위하여 무의식적으로 주의의무를 위반하는 행위를 금지하고 있다. 따라서 주의의무위반인 과실은 과실범의 인적 행위불법에 속한다.[23] 그 밖에 목적도 주관적 불법요소로서 행위반가치에 속한다.

(나) 객관적 요소

행위반가치의 객관적 요소는 인적 불법요소인 객관적 행위자요소와 행위태양을 포함한다. 객관적 행위자요소는 특정한 의무를 부과하는 객관적 요소에 의하여 좁은 범위의 사람만이 행위자가 되거나 특정한 사람은 행위와 결합된 의무위반 때문에 가중해서 처벌되는 범죄구성요건(신분범)의 경우에 특정한 의무의 부과(신분)를 의미한다.[24] 예를 들면 수뢰죄의 경우에 공무원 또는 중재인, 횡령죄의 경우에 보관자, 위증죄의 경우에 증인만이 행위주체가 될 수 있다. 행위태양으로는 범죄실행의 종류와 방법, 범행수단 및 행위상황이 있다.[25] 행위불법은 이러한 행위태양에 의해서도 결정된다. 예를 들면 범죄실행의 방법은 "단체 또는 다중의 위력을 보이고"(제261조의 폭행죄)이고, 범행의 수단은 "기망행위에 의하여"(제347조의 사기죄)이며, 행위상황은 "공연히"(제311조의 모욕죄), "야간에"(제331조의 야간주거침입절도죄)가 된다.

21) Jescheck/Weigend, S. 242.
22) Jescheck/Weigend, S. 242.
23) Jescheck/Weigend, S. 242.
24) Jescheck/Weigend, S. 241.
25) 김일수/서보학, 276면; 배종대, 196면.

제 3 절 객관적 구성요건

I. 행위의 주체

형법에서 행위의 주체는 원칙적으로 자연인을 의미한다. 따라서 자연인인 형사미성년자와 정신병자와 같은 책임무능력자도 행위주체에 해당한다. 여기서 논란이 되는 것은 자연인 이외에 법인도 행위의 주체가 될 수 있는가 하는 점이다. 이는 법인의 범죄능력에 관한 문제가 된다. 범죄능력은 행위능력, 책임능력 및 형벌능력도 포함하는 개념이다.[26]

대륙법은 로마법 이래로 적용되어 온 "법인은 범죄능력이 없다(societas delinquere non protest)"라는 원칙에 따라 법인의 범죄능력을 부정하였다. 그러나 영미법에서는 19세기 이후 법인의 범죄능력을 인정하고 있다.

우리나라에서는 경제법이나 환경법의 분야에서 법인을 처벌하는 규정이 증가하는 추세에 따라 법인의 범죄능력을 논의할 필요성이 제기되어 왔다.

1. 법인의 범죄능력

법인의 범죄능력을 인정할 것인가에 대해서는 부정설과 긍정설이 대립하고 있다.

(1) 부정설

부정설은 법인은 범죄능력이 없다고 하는 견해이다.[27] 부정설이 통설과 판례[28]의 입장이다. 그 이유는 다음과 같다. ① 법인은 자연인과 같은 의사와 신체를 갖고 있지 않으므로 행위능력이 없다. ② 법인의 기관인 자연인이 법인을 위해 행위를 하므로 자연인을 처벌하면 족하고 법인까지 처벌할 필요는 없다. ③ 법인은 윤리적 자기결정을 할 능력이 없기 때문에 법인에 대하여 형벌의 전제가 되는 윤리적 책임비난을 가할 수 없다. ④ 법인을 처벌하는 것은 범죄와 무관한 제3자까지 처벌하는 것이 되어 자기책임원리에 반한다. ⑤ 법인은 정관에 규정된 법인의 목적범위 내에서만 권

---

26) 김일수/서보학, 133면; 배종대, 204면.

27) 박상기, 71면; 배종대, 214면; 이재상, 95면; 이정원, 64면; 이형국, 110면; 정영일, 80면; 진계호, 96면; 황산덕, 78면.

28) 대법원 1984. 10. 10, 82도2595; 1985. 10. 8, 83도1375; 1994. 2. 8, 93도1483.

리의무의 주체가 되므로 범죄가 법인의 목적이 될 수 없다. ⑥ 법인에 대해서는 형법에서 가장 중요한 형벌인 사형과 자유형을 집행할 수 없다는 점에서 형법은 자연인에게만 범죄능력을 인정하고 있다고 해야 한다. ⑦ 법인이 범죄로 얻은 위법한 재산 내지 이익은 형벌이 아닌 다른 수단에 의하여 박탈할 수 있다.

(2) 긍정설

긍정설은 증가하는 추세에 있는 법인의 반사회적 활동에 대응하기 위해서는 법인의 범죄능력을 인정해야 한다는 견해이다.[29] 긍정설은 다음과 같은 이유를 들고 있다. ① 법인의 범죄능력을 부정하는 견해는 법인의제설에 입각한 것이나 법인실재설에 의하면 법인의 범죄능력은 인정되어야 한다. ② 법인은 기관을 통하여 의사를 형성하고 행위를 할 수 있으며 그 의사는 법인의 고유한 의사로서 법인의 기관에 의하여 실현되는 것이므로 법인은 의사능력과 행위능력을 가진다. ③ 법인기관의 행위는 기관인 개인의 행위가 동시에 법인의 행위라는 양면성을 가지므로 법인에 대한 처벌은 이중처벌을 의미하지 않는다. ④ 책임능력을 사회적 책임의 귀속능력으로 이해한다면 법인도 이러한 능력이 있다고 해야 한다. ⑤ 법인은 적법한 목적하에 설립되지만 법인의 행위가 정관의 목적에 속하지 않더라도 행위는 유효하게 성립하고, 따라서 위법한 행위를 할 수 있다. ⑥ 재산형과 자격형 등은 법인에게도 효과적인 형사제재가 될 수 있으며 생명형과 자유형에 해당하는 것으로는 법인의 해산과 영업정지, 면허의 박탈 등이 있다. ⑦ 법인의 반사회적 활동으로부터 사회를 방위할 필요가 있다면 법인의 범죄능력은 인정될 수 있다. ⑧ 법인의 사회적 활동이 중시되는 실정에 비추어 보면 법인의 범죄능력과 수행능력을 인정하는 것이 형사정책적으로 필요하다.

(3) 부분적 긍정설

형사범의 경우에는 법인의 범죄능력을 부정하지만 행정범에 있어서는 이를 인정하는 견해이다.[30] 그 이유로는 행정범에서는 윤리적 요소보다는 합목적적·기술적 요소가 강하다는 것을 든다. 그 밖에 법인의 범죄능력은

---

29) 김성천/김형준, 117면; 김일수/서보학, 137면; 오영근, 151면; 정성근/박광민, 87면.
30) 유기천, 98면; 임웅, 77면.

원칙적으로 부정되지만 법인처벌규정이 있는 경우에는 법인을 처벌할 수 있다는 견해도 여기에 속한다.

(4) 검토

법인은 직접 의사를 결정할 수 없을 뿐만 아니라 이를 실현할 수도 없기 때문에 법인에 범죄능력을 인정하는 긍정설은 타당하다고 할 수 없다. 또 형사범과 행정범을 구별하여 행정범의 경우에만 법인의 범죄능력을 인정하는 부분적 긍정설에 대해서도 형법상의 형벌이 부과되는 행정범도 형사범에 속하므로 양자를 구별할 이유가 없다는 비판이 가해진다. 법인처벌에 관한 명시적 규정이 있는 경우에만 법인의 범죄능력을 인정하는 부분적 긍정설도 법인처벌규정으로 범죄능력이 없는 법인을 처벌할 수 있다는 것은 논리적으로 모순이라는 비판을 받는다. 범죄능력은 형벌능력을 포함하므로 범죄능력이 없으면 형벌능력도 인정할 수 없기 때문이다.

생각건대 위에서 언급한 이유로 법인의 범죄능력을 부정하는 부정설이 타당하다. 따라서 법인처벌규정이 있더라도 법인은 행위의 주체가 될 수 없다.

2. 법인의 처벌

현행법은 법인을 처벌하는 양벌규정을 규정하고 있다. 양벌규정에는 세 가지 유형이 있다. 제1유형은 법인 또는 사업주의 공범책임을 근거로 처벌하는 경우(선원법 제148조 제2항, 근로기준법 제115조), 제2유형은 법인 또는 사업주의 과실책임을 근거로 처벌하는 취지가 명시된 경우(선원법 제148조 제1항 단서, 하천법 제97조), 제3유형은 법인 또는 사업주의 처벌에 대해 아무런 조건 또는 면책사유가 규정되어 있지 않은 경우이다. 긍정설의 입장에서 보면 이는 당연한 처벌규정이다. 그러나 부정설의 입장에서는 양벌규정에 의하여 법인을 처벌하는 근거가 무엇인가에 대하여 견해가 대립한다.

(1) 무과실책임설

무과실책임설은 법인에 대한 처벌규정은 범죄의 주체와 형벌의 주체의 일치를 요구하는 형법의 책임원칙에 대한 예외로서 행정단속의 목적을 위하여 정책상 무과실책임을 인정한 것이라고 한다.[31] 전가책임설이라고도 한

31) 배종대, 215면; 유기천, 108면; 이재상, 98면; 정영일, 84면.

다. 다수설의 입장이다. 그러나 형법에서는 무과실책임원칙이 인정되지 않기 때문에 무과실책임에 근거한 양벌규정을 규정한 것은 타당하지 않다.[32]

(2) 과실책임설

과실책임설은 긍정설이 지지하는 견해로서 법인을 처벌하는 규정은 종업원을 선임·감독함에 있어서 법인의 과실책임을 인정하는 견해이다. 이 견해는 다시 과실추정설, 과실의제설, 과실책임설 및 부작위감독책임설로 나누어진다. 과실추정설은 종업원의 위반행위가 있으면 법인의 종업원선임·감독상의 과실책임을 입법자가 법률상 추정한 것으로 보는 견해이다.[33] 과실의제설은 종업원에 대한 감독불충분이라는 과실책임을 근거로 하여 종업원의 위반이 있으면 법인의 과실은 당연히 의제되므로 법인은 책임을 면할 수 없다는 견해이다. 우리나라에서 이 견해를 지지하는 학자는 없다. 과실책임설은 법인의 처벌은 법인 자신의 과실행위에서 기인하는 과실책임이라는 견해이다.[34] 부작위감독책임설은 종업원의 위반행위가 기관의 감독의무해태로 인하여 법인에게 귀속되는 법인의 자기책임이며 법인기관의 종업원에 대한 관리감독의무위반에 기초한 부작위책임이라고 하는 견해이다.[35]

(3) 판례

양벌규정에 의한 법인처벌의 법적 성격에 대하여 판례는 법인의 범죄능력을 부정하면서도 일관된 입장을 취하고 있지 않다.

1) 과실책임설의 입장을 취한 경우

판례는 "양벌규정에 의한 영업주의 처벌은 금지위반행위자인 종업원의 처벌에 종속하는 것이 아니라 독립하여 그 자신의 종업원에 대한 선임감독상의 과실로 인하여 처벌되는 것이므로 종업원의 범죄성립이나 처벌이 영업주처벌의 전제조건이 될 필요는 없다"고 판시한다.[36]

헌법재판소는 보건범죄단속에 관한 특별조치법 제6조의 양벌규정 중 개인 영업주의 처벌에 대하여 종업원의 범죄행위에 대해 아무런 책임이 없는

---

32) 김일수/서보학, 139면; 배종대, 215면; 이정원, 66면; 임웅, 79면.
33) 진계호, 127면.
34) 신동운, 110면; 오영근, 145면.
35) 김일수/서보학, 139면; 임웅, 71면; 정성근/박광민, 93면.
36) 대법원 2007. 11. 16, 2005도3229; 2006. 2. 24 2005도7673; 1987, 11. 10, 87도1213.

영업주에 대해서까지 처벌할 수 있는 가능성을 열어놓고 있을 뿐만 아니라 영업주의 과실이 인정되는 경우에도 책임의 정도에 비해 지나치게 무거운 법정형을 규정함으로써 형사법의 기본원리인 책임주의에 반하므로 법치국가의 원리와 헌법 제10조의 취지에 위반한다고 하여 위헌결정을 내렸다.[37] 마찬가지로 헌법재판소는 양벌규정에 의한 법인의 처벌도 헌법에 위반된다고 결정하였다.[38]

ㅁ 판례(헌법재판소 2009. 7. 30, 2008헌가16)

이 사건 법률조항은 법인이 고용한 종업원 등이 업무에 관하여 의료법 제87조 제1항 제2호 중 제27조 제1항의 규정에 따른 위반행위를 저지른 사실이 인정되면 법인이 그와 같은 종업원 등의 범죄에 대해 어떠한 잘못이 있는지를 전혀 묻지 않고 곧바로 그 종업원 등을 고용한 법인에게도 종업원 등에 대한 처벌조항에 규정된 벌금형을 과하도록 규정하고 있는바 오늘날 법인의 반사회적 법익침해활동에 대하여 법인 자체에 직접적인 제재를 가할 필요성이 강하다 하더라도 입법자가 일단 "형벌"을 선택한 이상 형벌에 관한 헌법상 원칙, 즉 법치주의와 죄형법정주의로부터 도출되는 책임주의원칙이 준수되어야 한다. 그런데 이 사건 법률조항에 의할 경우 법인이 종업원 등의 위반행위와 관련하여 선임·감독상의 주의의무를 다하여 아무런 잘못이 없는 경우까지도 법인에게 형벌을 부과될 수밖에 없게 되어 법치국가의 원리 및 죄형법정주의로부터 도출되는 책임주의원칙에 반하므로 헌법에 위반된다.

이 헌법재판소의 위헌결정으로 인하여 양벌규정의 개정은 불가피하게 되었다. 이제 모든 양벌규정은 선임 · 감독상의 과실을 조건으로 하여야 한다.

2) 무과실책임설의 입장을 취한 경우

판례는 구 환경보전법의 취지는 각 본조의 위반행위를 사업자인 법인이나 개인이 직접 하지 않은 경우에도 그 행위자와 사업자 쌍방을 모두 처벌하려는 데에 있고,[39] 구 건축법 제57조는 법인 또는 자연인이 실제 위반행위를 분담하지 아니하였다 하더라도 그 법인 또는 자연인을 처벌할 수 있다는 규정이라고 판시하여[40] 법인의 무과실책임을 인정하고 있다.

---

37) 헌재결 2007. 11. 29, 2005헌가10; 2009. 7. 30, 2008헌가10.

38) 헌재결 2009. 7. 30, 2008헌가16.

39) 대법원 1991.11.12, 91도801.

3) 과실추정설의 입장을 취한 경우

판례는 공중위생법 제45조의 규정은 법인의 경우 종업원의 위반행위에 대하여 행위자인 종업원을 벌하는 외에 업무주체인 법인도 처벌하고, 이 경우 법인은 엄격한 무과실책임은 아니라 하더라도 그 과실의 추정을 강하게 하는 것이라고 판시하여 과실추정설을 따르고 있다.[41]

(4) 검토

법인에 대하여 범죄능력을 인정하는 견해는 원칙적으로 과실책임설을 주장한다. 범죄능력이 인정되는 법인을 처벌하기 위해서는 고의 또는 과실이 있어야 하기 때문이다. 그러나 법인의 범죄능력을 부정하는 견해는 범인의 책임은 무과실책임이라고 하는 무과실책임설을 취한다. 행정형법에서 법인처벌규정을 둔 것은 법인의 단속과 행정목적의 달성을 위한 정책적 고려의 결과라고 한다.[42] 부정설의 입장에서는 무과실책임설이 타당할 것이다. 그러나 무과실책임설은 처벌을 위해서는 최소한 과실을 요구하는 형법상의 책임원칙에 반하므로 양형규정은 폐지되어야 한다.[43]

II. 인과관계와 객관적 귀속

1. 인과관계

(1) 인과관계의 의의

결과범은 일정한 결과의 발생을 객관적 구성요건으로 하는 범죄이다. 따라서 결과범이 성립하기 위해서는 결과가 발생하여야 한다. 그러나 구성요건적 결과는 인간의 행위에서 비롯되었을 때 형법상의 의미가 있게 된다. 즉 행위와 결과 사이에는 밀접한 연관이 있어서 결과를 행위자의 행위에 의한 것으로서 행위자에게 귀속시킬 수 있어야 한다. 이러한 행위는 결과를 적극적으로 야기하거나 소극적으로 회피하지 않는 것을 의미할 수 있다. 이와 같이 일정한 결과가 구성요건적 행위에 의해 야기되는 것을 인과

---

40) 대법원 1990.10.12, 90도1219.
41) 대법원 1992.8.18, 92도1395.
42) 이재상, 101면.
43) 같은 입장으로는 배종대, 216면; 이정원, 66면.

관계라고 한다. 작위범에 있어서 결과의 발생은 인간의 작위에 의한 것으로서 양자 사이에는 사실적·외적 연관이 있어야 한다. 행위자의 행위와 결과발생 사이의 인과관계도 결과범의 객관적 구성요건에 해당한다. 따라서 양자 사이에 인과관계가 확인된 때에는 결과범의 구성요건해당성이 인정된다. 결과범에는 침해범뿐만 아니라 위험발생을 객관적 구성요건으로 하는 구체적 위험범(예를 들면 제166조 제2항의 자기소유건조물 등 방화죄)도 포함된다. 그러나 구성요건적 행위만으로 성립하기 때문에 결과발생을 요건으로 하지 않는 거동범 및 추상적 위험범의 경우에는 인과관계의 문제가 발생하지 않는다.

(2) 법적 개념으로서의 인과관계

행위자의 행위가 결과를 야기하였고 행위자에게 발생한 결과를 귀속시킬 수 있는가 여부는 자연과학적 문제가 아니라 법에 의해서만 결정될 수 있는 문제이다. 따라서 형법상의 인과관계는 법적 또는 규범적 개념이라고 할 수 있다. 예를 들면 범행에 사용된 무기를 행위자에게 건네 준 경우에 그러한 행위가 객관적 구성요건을 실현하였는가 여부는 자연과학적으로 정확하게 파악될 수 있는 것이 아니라 규범적, 즉 형법규범에 비추어 판단될 수 있을 뿐이다. 그러므로 형법상의 인과개념은 원인과 결과 사이의 연관을 자연법칙에 의하여 설명하는 것을 의미하는 자연과학적 인과개념과 구별된다. 또한 그것은 인간의 행위와 결과 사이의 연관을 의미한다는 점에서 결과를 야기하는 모든 조건을 등가적인 것으로 보는 철학적 인과개념과도 구별된다.

그러나 법적 의미에서의 인과관계는 자연적과학적 인과관계일 수 있다. 물론 자연과학적 인과관계론이 그대로 형법에 적용될 수는 없다. 효과의 원인은 결과를 야기하는 모든 조건이고 이에 따라 모든 조건은 필수적이고 등가적이어서 개개의 조건을 분리하여 고찰하는 것은 금지되기 때문이다. 법이 자연과학적 인과관계론을 사용할 것인지 또는 독자적 인과관계이론을 개발할 것인지의 문제는 전적으로 법체계적 인식과 법적 실용성의 문제에 속한다.[44]

44) Baumann/Weber/Mitsch, S. 219.

(3) 인과관계와 객관적 귀속의 관계

행위자가 자신의 행위에 의하여 결과를 야기한 경우에 그는 형법상 그 결과에 대하여 책임을 져야 한다. 즉 행위와 결과 사이에 인과관계가 인정되면 그 결과는 행위자에게 귀속된다. 그러나 결과에 대하여 형사책임을 지우기 위해서는 인과관계의 존재만으로는 족하지 않고 발생한 결과를 행위자에게 객관적으로 귀속시킬 수 있어야 한다. 객관적 귀속의 기준에 관한 이론을 객관적 귀속이론이라고 한다.[45] 이에 의하면 객관적 귀속은 인과관계를 전제로 한다고 한다. 따라서 자연과학적 인과관계는 귀속의 문제를 해결하기 위하여 종국적인 해답을 주는 것이 아니라 외부적 범위만을 제공할 수 있을 뿐이다.[46] 발생한 결과를 개인의 행위에 귀속시키는 문제는 사실적·자연과학적 인과관계의 확정과 규범적 판단에 의한 객관적 귀속의 가능이라는 두 단계에 의해 결정된다. 객관적 귀속의 기준은 결과야기로 인하여 발생하는 형법상의 책임을 제한하는 기능을 하기도 한다. 그러나 자연과학적 인과관계는 존재하지 않지만 행위자가 야기한 결과에 대해 그에게 형사책임을 묻는 경우도 있다. 예를 들면 결과발생을 방지하여야 할 보증인의무를 위반한 부작위범이 여기에 해당한다.

2. 인과관계이론

(1) 인과관계의 확정

행위와 결과 사이에 인과관계가 있는지를 판단하는 기준이 무엇인가에 대하여는 학설이 대립하고 있다.

1) 조건설

조건설은 행위가 없었다면 결과가 발생하지 않았을 것이라고 하는 경우에 행위와 결과 사이에 인과관계가 존재한다고 하는 견해이다. 즉 행위는 결과의 필수적 조건(절대적 제약공식, conditio sine qua non)에 해당한다는 것이다. 이에 의하면 결과발생에 대한 모든 조건은 동등한 가치를 가지므로 이를 등가설(Äquivalenztheorie)이라고도 한다. 독일의 통설[47]과 판

45) 김일수/서보학, 154면; 박상기, 89면; 배종대, 221면; 이재상, 임웅, 118면; 정성근/박광민, 142면.
46) Jescheck/Weigend, S. 278.
47) Baumann/Weber/Mitsch, S. 221.

례[48]의 입장이다. 인과개념의 단계에서는 형법상 중요한 인과관계와 중요하지 않은 인과관계를 구별할 수 없으므로 다수의 행위가 결과의 조건에 해당하는 경우에 그 행위 모두가 원인이 된다고 한다.[49] 조건설은 인과관계에 의해 지나치게 확대된 책임을 객관적 귀속이론, 구성요건의 행위요소 및 고의와 과실에 의하여 수정을 가한다.

그러나 조건설에 대해서는 다음과 같은 비판이 제기된다.

① 조건설에 의하여는 미리 알려지지 않은 인과관계는 파악할 수 없다. 일정한 조건이 없었다면 결과가 발생하지 않았을 것이라고 말할 수 있기 위해서는 일정한 조건이 결과를 발생하였다는 것을 이미 알고 있어야 한다. 조건설은 결과에 대한 모든 조건이 형법상 중요하다고 한다.[50] ② 조건설은 인과관계의 인정범위를 지나치게 확대한다는 비판을 받는다. 결과발생과 관련이 있는 비본질적 조건도 결과에 대한 원인으로 파악한다. 예를 들면 살인자가 사용한 무기를 생산하는 행위 또는 살인자를 출산하는 행위도 살인의 원인이 된다.[51] ③ 조건설은 절대적 제약공식에 따라 인과관계가 존재한다는 것을 전제한 후 결과가 발생하는지 여부를 판단하기 위해 문제의 행위를 제거해 나가는 가설적 제거절차를 밟고 있다는 점에서 순환논법에 빠진다는 비판을 받는다.[52]

2) 상당인과관계설

(가) 상당인과관계설의 의의

상당인과관계설은 조건설에 의해 지나치게 확대되는 인과관계의 인정범위를 제한하려는 이론이다. 이 견해는 일반적 생활경험에 따라 이미 발생한 종류의 결과발생에 상당하지 않은 모든 조건은 결과의 원인이 될 수 없다고 한다. 다시 말하면 발생한 결과를 야기하는 데 상당한 조건만이 원인이 되고 결과귀속의 기준이 된다고 한다. 상당인과관계설은 형사책임은 인과과정을 조종하고 지배할 인간의 능력을 초과할 수 없다는 사상에 일치하

48) BGHSt. 1, 332f; 2, 20; 3, 62; BGH NJW 1993, 1723.
49) Jescheck/Weigend, S. 279.
50) Stratenwerth, § 9 Rdn. 23.
51) Stratenwerth, § 9 Rdn. 24.
52) Jescheck/Weigend, S. 280.

는 기준을 제공하려는 견해이다. 이에 의하면 귀속시킬 수 있는 결과의 범위는 자연적 인과관계의 확정을 넘어서 규범적으로 더욱 제한된다.

상당인과관계설은 상당성을 판단하는 기준에 의하여 다시 세 가지 견해로 나누어진다. 주관적 상당인과관계설은 행위당시 행위자가 인식하였거나 인식할 수 있었던 사정을 기초로 하여 상당성을 판단하여야 한다는 견해이다. 객관적 상당인과관계설은 행위 당시의 모든 사정을 객관적으로 종합하여 법관이 상당성을 판단하여야 한다는 견해이다. 이를 객관적 사후예측이라고도 한다. 절충적 상당인과관계설은 행위자뿐만 아니라 통찰력 있는 관찰자가 인식할 수 있었던 사정을 고려하여 상당성을 판단하여야 한다는 견해이다.

판례는 상당인과관계설의 입장을 취하고 있다. 따라서 고혈압증세가 있는 피해자를 폭행행위로 지면에 전도할 때의 자극에 의하여 뇌출혈을 일으켜 사망하게 한 경우,[53] 피고인의 폭행으로 피해자가 사망함에 있어서 지병이 사망의 결과에 영향을 준 경우,[54] 피고인이 주먹으로 피해자의 복부를 1회 강타하여 그를 장파열로 인한 복막염으로 사망케 함에 있어서 의사의 수술지연 등이 피해자의 사망의 공동원인이 된 경우,[55] 피해자의 머리를 한번 받고 경찰봉으로 때린 구타행위와 사망 사이에 20여시간이 경과한 경우,[56] 심장질환이 있는 자에 대하여 폭행을 가함으로써 그 충격으로 사망케 한 경우,[57] 피해자가 피고인이 운전하던 오토바이에 충격되어 도로에 전도된 후 다른 차량에 치어 사망한 경우,[58] 피고인들로부터 폭행을 당하고 당구장 3층 화장실에 숨어 있던 피해자가 다시 피고인들로부터 폭행당하지 않으려고 창문 밖으로 숨으려다가 실족하여 사망한 경우,[59] 연탄가스 중독환자가 퇴원 시 자신의 병명을 물었으나 환자를 그 병명으로 진단하고 치료한 의사가 아무런 요양방법을 지도하여 주지 아니하여 병명을 알지 못한 환자가 퇴원 즉시 처음 사고 난 방에서 다시 자다가 재차 연탄가스에 중독된 경우,[60] 피

53) 대법원 1967. 2. 28, 67도45.
54) 대법원 1979. 10. 10, 79도2040; 1970. 9. 22, 70도1387.
55) 대법원 1984. 6. 26, 84도831.
56) 대법원 1984. 12. 11, 84도2347.
57) 대법원 1986. 9. 9, 85도2433; 1989. 10. 13, 89도556.
58) 대법원 1990. 5. 22, 90도580.
59) 대법원 1990. 10. 16, 90도1786.
60) 대법원 1991. 2. 12, 90도2547.

해자가 피고인의 강간을 피하려다 사망한 경우,[61] 살인의 실행행위와 피해자의 사망 사이에 다른 사실이 개재되어 그 사실이 치사의 직접적인 원인이 된 경우,[62] 임차인이 가스설비의 휴즈콕크를 아무런 조치 없이 제거하고 이사를 간 후 폭발사고가 발생한 경우,[63] 선행차량에 이어 피고인 운전차량이 피해자를 연속하여 역과하는 과정에서 피해자가 사망한 경우,[64] 피해자의 손과 발을 묶어 두고 감금함으로써 피해자를 사망에 이르게 한 경우,[65] 대량출혈이 있는 응급환자를 전원(의사가 응급환자를 다른 병원으로 이송하는 것)하는 의사인 피고인의 전원지체 등의 과실로 신속한 수혈 등의 조치가 지연되어 피해자가 사망한 경우[66]에는 상당인과관계를 인정하였다.

그러나 판례는 피해자의 두개골이 얇고 뇌수종을 앓고 있기 때문에 사망한 경우,[67] 강간을 당한 피해자가 수치심과 절망감 때문에 자살한 경우,[68] 안전거리를 확보치 않은 차가 뒷차의 충격으로 앞차와 충돌한 경우,[69] 차용금의 용도가 거짓이었다고 하더라도 이미 금원을 대여하기로 합의하여 이를 교부한 경우,[70] 녹색등화에 따라 직진하는 차량의 운전자가 신호를 위반하여 자기 앞을 가로 질러 좌회전하는 차량과 충돌한 사고지점을 통과할 무렵 과속운전한 경우,[71] 피해자가 강간을 모면하기 위하여 4층 여관방의 창문을 넘어 뛰어내리다가 상해를 입은 경우,[72] 파도수영장에서 물놀이하던 초등학교 6학년 학생이 수영장 안에 엎어져 있는 것을 수영장 안전요원이 인공호흡을 실시한 후 의료기관에 후송한 경우[73]에는 상당인과관계를 부정하였다.

---

61) 대법원 1995. 5. 12, 95도425.
62) 대법원 1994. 3. 22, 93도3612.
63) 대법원 2001. 6. 1, 99도5086.
64) 대법원 2001. 12. 11, 2001도5005.
65) 대법원 2002. 10. 11, 2002도4315.
66) 대법원 2010. 4. 29, 2009도7070.
67) 대법원 1978. 11. 28, 78도1961.
68) 대법원 1982. 11. 23, 82도1446.
69) 대법원 1983. 8. 23, 82도3222.
70) 대법원 1984. 1. 17, 83도2818.
71) 대법원 1993. 1. 15, 92도2579.
72) 대법원 1993. 4. 27, 92도3229; 1998. 9. 22, 98도1854.
73) 대법원 2002. 4. 9, 2001도6601.

(나) 상당인과관계설에 대한 비판

상당인과관계설에 대해서는 다음과 같은 비판이 가해진다.

① 상당성 또는 일반적 생활경험은 인과관계의 확정을 위한 명확한 기준이 되지 못한다. 상당성을 개연성으로 파악할 때에는 비유형적인 인과진행은 개연성이 없으므로 항상 인과관계를 부정할 수밖에 없다.[74] ② 상당인과관계설이 구성요건의 단계에서 형사책임의 무제한한 확대를 제한하려는 취지는 타당하지만 이를 인과관계의 부정에 의하여 도모하려고 한 점에서 체계상의 잘못이 있다고 한다. 상당인과관계설은 구성요건의 문제인 인과관계와 책임문제인 결과귀속을 혼동하였다는 비판을 받는다.[75] 그러나 이에 대해서는 여기의 결과귀속은 객관적 구성요건결과에 대한 귀속이지 책임귀속은 아니라는 반론이 제기된다.[76] ③ 상당인과관계설은 결과적 가중범의 경우에 중한 결과에 대한 형의 가중을 책임주의에 일치시키기 위해 고안된 이론인데 형법상의 결과적 가중범에 관한 규정(제15조 제1항)은 이를 예견가능성의 문제로 해결하고 있기 때문에 형법의 해석상 상당인과관계설은 필요하지 않다고 한다.[77]

3) 합법칙적 조건설

합법칙적 조건설은 우리에게 알려진 자연법칙에 따라 행위와 필연적으로 결합되어 있고 시간적으로 뒤따르는 결과가 행위에 연결되었을 때에는 조건설의 의미에서의 인과관계가 인정된다고 한다.[78] 이 견해는 조건설의 결함을 경험칙에 따른 합법칙성으로 시정하고자 하는 견해이다. 과학적 지식에 따라 행위와 결과 사이의 합법칙적 관계가 고도로 개연적이지만 정확하게 판정될 수 없는 경우에 고도의 개연성이 있으면 인과관계를 인정하여야 한다. 예를 들면 임산부가 임신 중 피임약을 복용한 후 기형아를 출산한 경우가 여기에 해당한다. 합법칙적 조건설이 다수설이다.[79]

---

74) 이재상, 142면; 정성근/박광민, 149면.
75) 이재상, 144면; 정성근/박광민, 149면.
76) 배종대, 224면.
77) 이재상, 144면.
78) Jakobs, 7/12; Schönke/Schröder/Lenckner, Vorbem. § 13 Rn. 77 ff.; Rudolphi, Vorbem. § 1 Rn. 44; Wessels, Rdn. 159.
79) 김일수/서보학, 170면; 박상기, 97면; 손동권, 109면; 신동운, 154면; 이재상, 150면; 이정원, 104면; 이형국, 132면; 임웅, 129면; 정성근/박광민, 156면.

합법칙적 조건설에 대해서는 다음과 같은 비판이 가해진다.

① 인과관계에 대한 판단기준인 합법칙성도 불명확하므로 법관의 규범적 상식에 의존하는 공허한 명칭 · 기준에 불과하다는 비판이 제기된다.[80] ② 합법칙적 조건설은 인과관계의 확정과 결과의 객관적 귀속을 구별하여 인과관계의 존부만을 확정하는 것을 목적으로 하므로 후자는 법적 · 규범적으로 판단되어야 한다. 이 경우에 합법칙적 조건설은 조건설과 다르지 않으며 양자의 결론도 차이가 없다.[81]

4) 중요설

중요설은 조건설의 의미에서의 자연과학적 인과관계와 결과에 대한 형사책임의 문제를 구별하여 자연과학적 인과관계는 조건설에 의해 확정하고 후자의 문제는 개연성의 판단이 아니라 개개 구성요건의 의미에 따라 결정된다고 한다.[82] 이 견해는 개개 구성요건의 의미와 목적 및 구성요건적 불법론에 따른 규범적 기준에 의하여 결과귀속의 문제를 판단하여야 한다고 한다. 이러한 점에서 객관적 귀속이론과 같은 입장이다.

중요설에 대해서는 불명확한 구성요건의 중요성을 결과의 객관적 귀속에 대한 기준으로 함으로써 이에 대한 실질적 기준을 제시하지 못하고 있다는 비판을 받는다.[83]

5) 목적설

목적설은 인과관계의 판단의 근본목적은 형법이 기수범으로부터 미수범을 구별하여 그 책임을 감경하자는 데 있다고 한다.[84] 그리고 책임감경의 기준은 형법각론의 특별목적이 규정되지 않은 경우에는 인과관계의 진행 중 우연이라는 요소가 개입하여 결과를 발생시키지 않았다는 것을 확인함에 있고, 인과관계론은 우연이란 무엇인가를 과학적 입장에서 해명하는 데서부터 시작되어야 한다고 한다.

목적설은 객관적이어야 할 인과관계의 판단에 행위자의 무의식세계까지

---

80) 김일수/서보학, 190면; 배종대, 223면.
81) 배종대, 223면.
82) Blei, S. 104ff.; Mezger, S. 122; Wessels, Rdn. 173.
83) 이재상, 144면.
84) 유기천, 151면.

끌어들이는 것은 방법론상의 문제가 있고 행위자의 심리분석을 통하여 우연의 요소를 필연적인 것으로 만드는 것은 법치주의형법이론의 근본을 흔드는 것이라는 비판을 받는다.[85]

6) 인과관계중단론

인과관계중단론은 인과관계의 진행 중에 타인의 고의행위나 우연한 사정이 개입하는 경우에는 앞의 인과관계가 중단된다는 이론이다. 이 견해도 조건설에 의하여 지나치게 확대된 인과관계의 범위를 제한하고자 하는 이론이다. 예를 들면 A에 의하여 상해를 입은 B가 구급차에 실려 병원으로 가는 도중에 운전자의 과실로 사망한 경우 A의 행위와 B의 사망 사이에 인과관계가 중단된다고 한다.

인과관계중단론에 대해서는 인과관계의 문제는 인과관계가 존재하는가를 판단하는 문제이고 존재하지 않는 인과관계의 중단도 있을 수 없고,[86] 후행의 인과관계의 개입에 의해 선행의 인과관계가 중단되는 것을 증명할 수 없다[87]는 비판을 받는다.

7) 검토

원래 인과관계는 사실적 인과관계와 규범적인 결과귀속의 확정을 포함하는 개념이므로 인과관계의 확정은 곧 구성요건의 실현을 의미하였다. 지금까지 상당인과관계설과 합법칙적 조건설을 포함한 인과관계이론은 이러한 인과관계의 확정을 위한 기준을 제시하고자 하였으나 실패한 것으로 보인다. 따라서 기존의 인과관계를 사실적 인과관계와 규범적 결과귀속으로 구분하여 사실적 인과관계를 인과관계이론에 의하여 확정하는 이원적 방법이 타당하다고 본다. 그러한 인과관계에 관한 이론으로 합법칙적 조건설을 취하는 견해가 다수설이지만 인과관계의 확정은 결과귀속을 판단하기 위한 요건에 지나지 않으므로 조건설로도 충분하다고 본다.

8) 인과관계의 특수문제

행위가 구성요건적 결과를 직접 야기한 경우에는 기본적 인과관계가 인

85) 이재상, 149면.
86) 이재상, 149면.
87) 김일수/서보학, 198면.

정된다. 그러나 행위와 결과 사이에 다른 원인이 개입되면 인과관계의 확정문제가 발생한다.

(가) 가설적 인과관계

구성요건적 결과를 직접 야기한 행위가 없었어도 같은 결과가 가설적 원인에 의하여 발생하였을 것이라는 경우를 말한다. 이 경우에 인과관계는 인정된다. 예를 들면 A가 집으로 퇴근하는 B를 흉기로 살해하였지만 B가 집에서 불에 타 죽었을 것이 확실하더라도 A의 살해행위와 B의 사망 사이에는 인과관계가 인정된다.

(나) 추월적 인과관계

선행행위가 결과를 야기하기 전에 다른 원인이 개입하여 결과를 야기한 경우를 추월적 인과관계라고 한다. 예를 들면 A가 독약을 B에게 먹였으나 약효가 생기기 전에 C가 B를 때려 살해한 경우에 A의 행위와 B의 사망 사이에는 인과관계가 인정되지 않는다.

(다) 이중인과관계 또는 택일적 인과관계

단독으로도 결과발생이 가능한 수개의 조건이 결합하여 결과를 야기한 경우를 이중적 인과관계라고 한다. 예를 들면 A와 B가 각각 C를 향해 총을 발사하여 살해한 경우에는 A의 행위뿐만 아니라 B의 행위와 C의 사망 사이에도 인과관계가 인정된다.

(라) 중첩인과관계

단독으로는 결과를 야기할 수 없는 수개의 조건이 누적적으로 작용하여 결과가 발생한 경우를 중첩인과관계라고 한다. 예를 들면 A와 B가 각각 치사량이 아닌 독약을 C에게 먹여 C가 사망한 경우에는 A와 B의 행위는 모두 C의 사망과 인과관계가 인정되지만 C의 사망을 A와 B에게 귀속시킬 수 없기 때문에 A와 B는 살인미수의 책임을 진다.

(마) 인과관계중단

제1의 원인행위의 효력이 발생하기 전에 제2의 독립행위가 개입하여 구성요건적 결과를 야기한 경우를 인과관계중단이라고 한다. 예를 들면 A가 살인의 고의로 B에게 상해를 입혔으나 병원에서 치료 중 의사의 과실로 사망한 때에는 A의 행위와 B의 사망 사이에 인과관계가 인정된다. 다만 객관적 귀속은 부정되므로 A는 미수의 책임을 지게 된다.

(바) 비유형적 인과관계

구성요건적 행위가 결과발생에 대한 원인이 되지만 다른 조건이 개입하였거나 피해자의 과실, 특이체질 또는 상태 때문에 결과가 발생한 경우를 비유형적 인과관계라고 한다. 예를 들면 자상으로 인하여 급성신부전증이 발생하여 치료를 받다가 피해자가 콜라나 김밥 등을 함부로 먹은 탓에 합병증이 유발됨으로써 사망한 경우 또는 피해자를 살해하기 위해 흉기로 찔러 피해자에게 가벼운 상해를 입혔으나 피해자가 혈우병환자였기 때문에 사망한 경우가 여기에 해당한다.

ㅁ 판례(대법원 1994. 3. 22, 93도3612)

살인의 실행행위가 피해자의 사망이라는 결과를 발생하게 한 유일한 원인이거나 직접적인 원인이어야만 되는 것은 아니므로, 살인의 실행행위와 피해자의 사망과의 사이에 다른 사실이 개재되어 그 사실이 치사의 직접적인 원인이 되었다고 하더라도 그와 같은 사실이 통상 예견할 수 있는 것에 지나지 않는다면 살인의 실행행위와 피해자의 사망과의 사이에 인과관계가 있는 것으로 보아야 한다.

(사) 부작위범의 인과관계

부작위범에 있어서는 작위범과는 달리 결과를 직접 야기할 수 있는 적극적 행위가 없으므로 사실적·자연과학적 인과관계가 인정될 수 없다. 따라서 부작위범의 경우에는 인과관계의 인정문제를 법적·규범적으로 결정하여야 한다. 즉 명령된 행위를 하였더라면 결과발생을 방지할 수 있었던 때에는 부작위와 결과발생 사이에 인과관계가 있다고 해야 한다.

3. 객관적 귀속이론

(1) 객관적 귀속이론의 의의

객관적 귀속이론은 형사책임을 결과발생의 중대한 위험이 있는 행위에 제한하는 기능을 한다. 이 견해는 인과관계가 인정된 결과를 행위자의 행위에 객관적으로 귀속시킬 수 있는지 여부를 결정하는 이론이다. 따라서 행위가 법적으로 허용되지 않는 위험을 창출하고 그 위험이 구성요건적 결과로서 실현된 경우에만 행위에 의하여 야기된 결과는 객관적으로 귀속시킬 수 있다.[88] 객관적 귀속의 문제는 인과관계의 확정문제가 아니라 그 결과가 행위자에게 객관적으로 귀속될 수 있는가 하는 법적·규범적 문제에 해당한다.[89] 결론적으로 객관적 귀속이론은 인과관계가 인정된다는 것을 전제로 하여 형사책임의 범위를 구성요건단계에서 제한하려는 이론에 속한다. 이 이론은 행위와 결과 사이에 인과관계가 인정된다고 하더라도 행위자에게 발생한 결과에 대한 형사책임을 물을 수 없다고 보고 이에 대한 형사책임을 판단하는 데 필요한 기준을 제시하려고 한다.

(2) 객관적 귀속의 요건

발생한 결과를 행위자에게 객관적으로 귀속시킬 수 있는지 여부를 판단하기 위한 규범적 기준으로 위험창출 및 증대, 지배가능성, 보호목적연관 및 의무위반을 들 수 있다.

1) 법적으로 허용되지 않은 위험의 창출 또는 증대

결과를 야기한 행위가 법적으로 허용되지 않은 위험을 창출하거나 증가시켜야 객관적 귀속이 가능하다. 따라서 행위자가 허용되지 않는 위험을 감소시키거나 허용된 위험을 창출한 경우에는 객관적 귀속은 부정된다. 예를 들면 벼락 맞아 죽게 하기 위하여 천둥번개가 칠 때 들판으로 심부름을 보내자 실제로 사망하게 한 경우 또는 피상속인을 죽게 할 목적으로 안전성이 낮은 저가의 비행기를 타도록 설득하여 비행기추락으로 사망하게 한 경우에는 허용되지 않는 위험이 없기 때문에 객관적 구속은 허용되지 않는다.

(가) 허용된 위험

창출된 위험이 허용된 위험인 때에는 그로부터 발생한 결과를 행위에 객관적으로 귀속시킬 수 없다. 예를 들면 운전자의 과실 없이 일어난 교통사고에 의해 사람이 사망한 경우에는 운전행위는 허용된 위험을 창출하였기 때문에 그 사망은 운전행위에 객관적으로 귀속되지 않는다.

(나) 위험감소

행위자의 행위가 위험을 감소시킨 경우에는 객관적 귀속이 배제된다. 예를 들면 살인을 결심한 행위자를 설득하여 혼내주라고 한 경우 또는 교통

88) Jescheck/Weigend, S. 287.
89) 이재상, 151면.

사고가 발생하려는 순간에 통행인을 밀쳐 사고를 막았으나 부상을 입힌 경우에는 그 결과를 객관적으로 귀속시킬 수 없다. 위험감소의 경우는 긴급피난과 유사하지만 구성요건해당성을 조각한다는 점에서 위법성조각사유인 긴급피난과는 구별된다.[90]

(다) 위험증대

이미 창출된 위험을 증대시킨 경우에도 객관적 귀속이 가능하다. 위험의 증대는 위험에 처한 법익을 구조할 가능성이 제거되거나 축소될 때에 인정된다. 예를 들면 사고로 부상당한 사람을 병원으로 이송하는 구급차를 정지시켜 피해자가 사망한 사건에 있어서 적시에 병원으로 이송하였더라면 생존가능성이 높았을 것이라고 하는 경우에도 그 사망의 결과를 행위자에게 귀속시킬 수 있다.

(라) 허용되지 않은 위험의 실현

행위자가 창출하였거나 증가시킨 위험은 구체적 결과로 실현되어야 한다. 위험이 창출되었으나 그 위험이 구성요건적 결과로 실현되지 않은 경우에는 결과가 발생하더라도 행위자에게 귀속시킬 수 없다. 예를 들면 살인의 고의로 피해자를 흉기로 찔러 상해를 입혔으나 병원으로 이송 중 교통사고 또는 의사의 과실로 사망한 경우에는 행위자에 의한 창출된 위험이 실현된 것이 아니므로 객관적 귀속이 부정된다.

2) 규범의 보호범위

발생한 결과가 행위자의 행위로 위반한 규범의 보호범위에 속하지 않는 경우에는 객관적 귀속이 인정되지 않는다. 이 경우에는 행위자에 의해 창출된 것과는 다른 위험이 결과로 실현되었기 때문이다. 예를 들면 A와 B가 술 취한 상태에서 A가 제안한 오토바이 경주를 하다가 B가 넘어져 사망한 경우 또는 A가 B를 흉기로 찔러 상해를 입혔으나 B가 수혈을 거부하여 사망한 경우에 살인죄 또는 과실치사죄는 이러한 경우를 보호목적으로 하지 않으므로 그 사망을 행위자에게 객관적으로 귀속시킬 수 없다. 같은 이유로 A가 물에 빠진 B를 구하러 물에 들어갔다가 사망한 경우에도 A의 사망은 B에게 귀속되지 않는다.

---

90) 박상기, 102면.

□ 판례(대법원 1989. 9. 12, 89도866)

자동차의 운전자가 그 운전상의 주의의무를 게을리하여 열차건널목을 그대로 건너는 바람에 그 자동차가 열차좌측 모서리와 충돌하여 20여미터쯤 열차 진행 방향으로 끌려가면서 튕겨나갔고 피해자는 타고 가던 자전거에서 내려 위 자동차 왼쪽에서 열차가 지나가기를 기다리고 있다가 위 충돌사고로 놀라 넘어져 상처를 입었다면 비록 위 자동차와 피해자가 직접 충돌하지는 아니하였더라도 자동차운전자의 위 과실과 피해자가 입은 상처 사이에는 상당한 인과관계가 있다.

3) 지배가능성

구성요건적 결과를 행위자에게 객관적으로 귀속시키기 위해서는 그 결과의 발생은 객관적으로 지배가능한 것이어야 한다. 지배가능성은 결과에 대한 예견가능성과 조종가능성을 전제로 한다.[91] 따라서 구성요건적 결과발생을 지배 또는 회피할 수 없었다면 객관적 귀속은 배제된다. 예를 들면 살인자가 된 아이를 낳은 부모의 출산 행위 또는 살인에 사용된 총기 등을 제조한 행위와 같이 시간적으로 멀리 떨어진 행위뿐 아니라 지나치게 비유형적 인과과정(예견할 수 없었던 혈우병 또는 의사의 과실로 사망한 경우)도 객관적으로 귀속될 수 없다.

□ 판례(대법원 1982. 1. 12, 81도1811)

피고인의 욕설과 폭행으로 충격을 받은 나머지 위와 같은 상해를 입게 된 것이라 하더라도 일반 경험칙상 위와 같이 욕설을 하고 피해자의 어깨쭉지를 잡고 조금 걸어가다가 놓아준 데 불과한 정도의 폭행으로 인하여 피해자가 위와 같은 상해를 입을 것이라고 예견할 수는 없다고 할 것이고, 또 기록을 살펴보아도 피해자가 평소 위와 같이 고혈압증세로 뇌출혈에 이르기 쉬운 체질이어서 위에서 본 바와 같은 정도의 욕설과 폭행으로 그와 같은 상해의 결과가 발생한 것임을 피고인이 이 사건 당시 실제로 예견하였거나 또는 예견할 수 있었다고 볼 만한 자료는 없으니 피고인에게 상해의 결과에 대한 책임을 물어 폭행치상죄로 처벌할 수는 없다고 할 것이다.

4) 의무위반

과실범의 경우에 구성요건적 결과가 주의의무위반으로 인하여 발생한 때

91) 배종대, 237면; 이재상, 134면.

에는 객관적 귀속이 가능하다. 그러나 주의의무를 다하였다고 하더라도 똑같은 결과가 발생하였을 것으로 판단되는 때에는 객관적 귀속이 배제된다.[92] 위험증대설은 행위자가 허용된 위험을 초과한 이상 허용되지 않은 위험을 창출하여 결과를 야기하였다는 이유로 객관적 귀속을 인정한다.[93] 그러나 주의의무를 다하였어도 결과발생을 회피할 수 없는 경우에는 주의의무위반으로 인하여 결과가 발생하였다고 할 수 없으므로 결과귀속은 부정되어야 한다.[94]

(3) 형법 제17조의 해석

형법 제17조는 "어떤 행위라도 죄의 요소되는 위험발생에 연결되지 아니한 때에는 그 결과로 인하여 벌하지 아니한다"고 하여 인과관계를 규정하고 있다. 형법 제17조의 해석에 대하여는 행위와 결과 사이의 인과관계는 합법칙적 조건설에 의하여 확정하고 형사책임의 범위는 객관적 귀속이론에 의하여 제한하는 규정으로 보는 견해[95]와 형법 제17조는 형법상 인과관계의 개념은 법적 인과관계이어야 하므로 평가적 귀속을 포함하는 상당인과관계를 규정한 것이라고 해석하는 견해[96]가 대립하고 있다.

상당성이라는 불명확한 개념을 결과귀속에 대한 판단기준으로 삼는 것은 법관의 자의적 결정을 가능하게 하기 때문에 법치국가원리에 반할 수 있다. 또 상당성의 개념을 법이론의 유형비교를 통하여 상당성의 내용을 구체화하는 주장도 상당성의 문제는 구체화의 정도에 따라 완전히 달라질 수 있기 때문에 실현가능성이 없다. 예를 들면 판례는 강간을 모면하기 위하여 여관방의 창문을 넘어 뛰어내리다가 상해를 입은 경우에는 예견가능성이 없다는 이유로 강간치상죄로 처벌할 수 없다고 하는 데 반하여,[97] 강간을 피하기 위하여 호텔객실창문을 열고 뛰어내리다 28m 지상으로 추락하여 사망한 경우에는 상당인과관계가 있어 강간치사죄가 성립한다고 판시하여[98] 상반된 결론을 보이고 있다.

---

92) 박상기, 103면; 배종대, 238면; 이재상, 155면.
93) Roxin, S. 391; Rudolphi, SK, Vorbem. § 1 Rn. 65.
94) 박상기, 103면; 이재상, 155면.
95) 박상기, 105면; 성낙현, 160면; 이재상, 157면; 이형국, 106면; 임웅, 135면; 정성근/박광민, 156면.
96) 배종대, 230면; 오영근, 191면.
97) 대법원 1993. 4. 27, 92도3229.

형법 제17조가 처음부터 인과관계와 객관적 귀속이라는 이원적 체계를 규정한 것은 아니지만 본래의 인과관계의 개념이 자연과학적 인과관계와 결과귀속의 규범적 판단을 포함하는 것이므로 인과관계와 객관적 귀속을 구별하여 규정하고 있다고 해석하는 견해가 타당하다. 다만 형사책임의 범위는 객관적 귀속이론에 의하여 결정되기 때문에 행위와 결과 사이의 자연과학적 인과관계의 확정은 인과관계이론 가운데 어느 것에 의하더라도 상관없다고 본다.

따라서 형법 제17조의 "어떤 행위가 죄의 요소되는 위험발생에 연결되지 아니한 때에는 그 결과로 벌하지 아니한다"는 "어떤 행위가 허용되지 않은 위험으로 구성요건적 결과를 발생시키고 그 결과를 행위에 귀속시킬 수 없는 때에는 벌하지 않는다"라고 해석되어야 한다.

제 4 절 주관적 구성요건

I. 주관적 구성요건의 의의

주관적 구성요건이란 구성요건에 해당하는 행위의 주관적 조건을 의미한다. 여기에는 고의 또는 과실과 같은 일반적인 주관적 불법요소와 목적범에서의 목적과 같은 특별한 주관적 불법요소가 속한다.[99] 주관적 구성요건으로서 대표적인 것이 고의이다. 과실은 처벌규정이 있는 때에만 예외적으로 주관적 구성요건이 된다.

II. 고의의 체계적 지위

1. 구성요건요소설

목적적 행위론에 의하면 인간의 행위는 목적적 활동이고 행위의 목적성은 행위자의 실현의사를 의미하므로 목적성은 고의와 동일시된다. 객관적

98) 대법원 1995. 5. 12, 95도425.

99) 일부학설은 공연음란죄(제245조)나 준강제추행죄(제299조)를 경향범으로, 위증죄(제152조)를 표현범으로 보고 있지만 형법은 경향범과 표현범을 명시적으로 규정하고 있지 않으므로 타당하다고 할 수 없다.

행위는 고의의 목적적 실행이고 고의는 구성요건을 실현하기 위한 목적적 행위의사로서 행위의 주관적 요소를 구성한다.[100] 따라서 목적적 행위론에 의하면 고의범에서의 고의는 주관적 구성요건요소가 된다.

2. 책임요소설

인과적 행위론에 의하면 행위는 유의적 신체활동을 의미하므로 구성요건에 해당한다. 그러나 의사의 내용인 고의는 책임영역에 속한다고 한다. 모든 객관적인 것은 불법의 대상이고, 모든 주관적 것은 책임요소에 해당한다. 따라서 인과적 행위론은 고의를 구성요건요소가 아니라 책임요소로 본다.

3. 이중지위설

이중지위설은 고의를 구성요건요소임과 동시에 책임요소로 파악하는 견해이다. 고의는 행위를 조종하는 요소로서 행위불법의 핵심이면서 행위자의 의사형성과정의 결과로서 책임의 요소가 된다. 고의범이 과실범보다 무겁게 처벌되는 것은 고의범과 과실범은 불법뿐 아니라 책임에 있어서도 차이가 있다는 것을 의미한다. 따라서 고의와 과실은 상이한 행위형태일 뿐 아니라 상이한 책임형태도 의미한다는 이중적 기능을 갖는다. 고의의 이중기능이란 고의가 구성요건고의와 책임요소로서의 고의를 모두 포함하고 있다는 것을 의미한다. 구성요건고의는 객관적 구성요건을 인식하고 실현한다는 의사를 뜻하고, 책임요소로서의 고의, 즉 고의책임은 의식적으로 법질서를 위반하려는 잘못된 결정을 하였다는 의미를 가진다고 한다. 이중지위설이 우리나라의 다수설의 입장이다.[101]

4. 결어

고의는 주관적 구성요건요소라고 하는 구성요건요소설이 타당하다. 책임은 적법한 행위를 할 수 있음에도 불구하고 위법한 행위를 한 것에 대한 비난가능성으로서 고의로 구성요건에 해당하고 위법한 행위를 한 행위자를

100) Welzel, S.64.
101) 김일수/서보학, 186면; 박상기, 108면; 배종대, 245면; 성낙현, 163면; 오영근, 207면; 이재상, 159면; 임웅, 139면.

판단대상으로 하므로 고의를 책임요소로 볼 필요는 없다. 즉 고의책임 또는 과실책임을 인정하지 않아도 비난가능성을 의미하는 책임의 본질은 달라지지 않는다. 또 이중지위설에 의하면 구성요건고의는 있으나 고의책임이 없는 경우에 과실범이 성립한다고 해야 하는 데 이는 수긍할 수 없다.[102] 고의책임이 없는 경우를 과실책임으로 볼 수는 없기 때문이다.[103] 또한 고의책임을 인정해야 할 특별한 실익도 없다.

III. 고의의 본질

고의의 본질이 무엇인가에 대해서는 견해가 대립하고 있다. 인식설, 의사설 및 절충설이 그것이다. 인식설은 객관적 구성요건에 대한 인식이 있으면 고의가 인정된다는 견해이다. 이에 의하면 미필적 고의뿐만 아니라 인식 있는 과실도 고의가 된다. 반면 의사설은 고의를 구성요건실현의 의사로 파악하는 견해이다. 이 견해에 의하면 구성요건실현의 의사가 없는 미필적 고의는 과실에 속하게 된다. 절충설은 고의를 지적 요소와 의지적 요소의 결합으로 이해하여 법적 구성요건의 객관적 행위상황 또는 요소를 인식하고 구성요건을 실현하려는 의사[104] 또는 구성요건실현의 인식과 의사라고 이해하는 견해이다.[105] 의사는 인식을 전제로 하므로 구성요건을 인식하고 행위한 경우에 결과에 대한 행위자의 의사가 없다고 할 수 없다는 것을 이유로 든다.[106] 오늘날 우리나라에서는 인식설과 의사설을 주장하는 학자는 더 이상 찾아 볼 수 없다. 통설인 절충설이 타당하다. 고의는 지적 요소(인식)와 의지적 요소(의사)를 모두 포함하여야 한다. 구성요건에 해당하는 사실을 인식하는 자만이 이것의 실현을 의욕할 수 있기 때문이다. 따라서 형법 제13조가 고의를 죄의 성립요소인 사실을 인식한 것으로 규정하고 있는 것은 타당하다고 할 수 없다.

---

102) 좀 더 자세한 것은 김선복, 소극적 구성요건요소이론에 관한 비판적 고찰, 2007, 38면 참조.
103) 같은 견해로는 오영근, 207면.
104) Jescheck/Weigend, S. 293; Welzel, S. 65.
105) 김일수/서보학, 182면; 박상기, 106면; 배종대, 248면; 오영근, 201면; 유기천, 157면; 이재상, 160면; 임웅, 148면; 정성근/박광민, 162면.
106) 이재상, 159면.

IV. 고의의 구조

고의는 객관적 구성요건요소를 인식하고 실현할 것을 의욕하는 것이다. 모든 고의는 인식적 요소(인식)와 의지적 요소(의사)로 구성되어 있다. 인식과 의사의 내용이 무엇인지를 살펴보기로 한다.

1. 인식적 요소

(1) 구성요건에 대한 인식

고의가 성립하기 위해서는 모든 객관적 구성요건요소를 인식하여야 한다. 인식의 대상은 행위주체, 행위객체, 구성요건적 행위, 행위태양, 결과 및 인과관계이다. 객관적 구성요건은 기술적 구성요건요소와 규범적 구성요건요소를 포함한다. 그러나 처벌조건이나 소추조건은 객관적 구성요건에 속하지 않으므로 인식을 요하지 않는다. 사람, 재물, 건조물, 자동차 등과 같이 현실세계의 대상을 사실적으로 기술하는 기술적 구성요건요소에 대한 인식은 직접적인 사실확정에 의해 이루어진다. 반면 음란성이나 재물의 타인성 등과 같이 가치판단을 요하는 규범적 구성요건요소에 대한 인식은 완전한 의미인식을 의미한다. 그러나 기술적 구성요건요소도 형법적 사용에 의하여 규범적 성격을 갖는다. 예를 들면 분만 중의 태아 또는 뇌사자가 형법적 의미의 사람에 해당하는지 여부는 법률적 또는 가치평가적 문제가 된다. 이러한 경우에는 기술적 구성요건요소에 있어서도 행위자가 의미내용을 인식하여야 고의가 성립한다. 따라서 먼저 고의가 사실인식으로 충분한지 또는 고의가 의미인식을 요하는지 여부가 결정되어야 한다.

의미의 인식은 구성요건요소의 사회적 의미와 기능에 대한 인식을 의미한다.[107] 그러나 여기서 행위자는 행위의 정확한 법적 의미를 인식하여야 하는 것이 아니라 일반인 수준의 가치평가(Parallebewertung in der Laienspähre)을 하여 구성요건을 이해하면 충분하다.[108] 법률전문가의 인식수준를 요구할 때에는 법률가만이 범죄를 저지를 수 있기 때문이다. 예를 들면 절도죄의 경우에 행위자는 재물이 타인소유에 속한다는 것을 알아야 한다.

---

107) Stratenwerth, S. 169.
108) Jescheck/Weigend, S. 295; Welzel, S. 76.

(2) 인과관계에 대한 인식

행위와 결과사이의 인과관계도 객관적 구성요건요소에 속한다. 따라서 고의는 인과관계에 대한 인식을 요구한다. 그러나 인과관계를 확실하게 인식할 수 없으므로 본질적인 것을 인식하면 된다고 해야 한다.[109] 여기서도 일반인 수준의 가치평가를 하면 족하다. 인과관계에 대한 확실한 인식을 요구할 때에는 고의가 인정될 수 없게 되기 때문이다.

2. 의지적 요소

고의의 의지적 요소는 인식한 구성요건을 실현하려는 의사를 말한다. 구성요건을 실현하기 위해서는 먼저 구성요건을 인식하여야 하므로 구성요건 실현의 의사는 구성요건에 대한 인식을 전제로 한다. 따라서 구성요건적 결과발생의 가능성을 인식하였지만 그 결과를 원하지 않은 경우에는 고의가 성립하지 않는다.

V. 고의의 종류

고의의 종류에 대해서는 고의의 인식적 요소와 의지적 요소의 변형에 따라 의도적 고의, 지정고의 및 미필적 고의로 구별하는 견해,[110] 인식적 요소와 행위자의 의사연관에 따라 확정적 고의와 불확정적 고의로 구별하는 견해[111] 및 직접적 고의, 택일적 고의, 개괄적 고의 및 미필적 고의로 구별하는 견해[112]가 대립하고 있다. 의도적 고의, 지정고의 및 확정적 고의는 구성요건을 확실히 인식하는 직접적 고의에 속하고 불확정적 고의는 미필적 고의를 의미하므로 고의를 직접적 고의와 미필적 고의로 나누는 것이 타당하다고 생각한다.

1. 직접적 고의

직접적 고의(dolus directus)는 구성요건을 확실히 인식하고 구성요건을

---

109) 배종대, 250면; 이재상, 162면.
110) 김일수/서보학, 189면; 박상기, 110면; 배종대, 251면.
111) 이재상, 162면.
112) 이정원, 122면.

실현하려는 의사가 확실한 경우를 의미한다. 예를 들면 화재보험금을 탈 목적으로 자신의 창고에 불을 놓으려고 할 때 그 창고 안에서 술에 취해 잠들어 있는 노숙자가 불에 타 죽을 것을 확실히 인식하였다면 비록 노숙자의 사망을 희망하지 않았더라도 살인의 직접적 고의가 인정된다. 구성요건을 확실히 인식한 이상 구성요건의 실현을 적극적으로 희망하였는가는 중요하지 않다.

2. 미필적 고의

(1) 미필적 고의 의의

미필적 고의(dolus eventualis)란 구성요건적 결과발생의 가능성을 인식하고 결과발생을 감수한 경우를 말한다. 미필적 고의를 조건부 고의라고 부르는 것은 타당하지 않다. 조건부 고의는 행위자에게 구성요건을 실현할 의사 없는 것을 의미하는 반면, 구성요건적 고의는 구성요건을 무조건 실현할 의사를 전제로 하기 때문이다.[113] 예를 들면 A가 B를 혼내주기 위하여(상해고의) 야구방망이로 B를 마구 때리면서 B가 사망할 수 있다는 것을 예상하였지만 계속 때려 살해한 경우가 미필적 고의에 해당한다.

(2) 미필적 고의와 인식 있는 과실

미필적 고의와 인식 있는 과실은 구성요건적 결과발생의 가능성을 인식할 것을 전제로 한다는 점에서는 차이가 없다. 그러나 미필적 고의는 고의인 반면, 인식 있는 과실은 과실에 속하므로 미필적 고의와 인식 있는 과실을 구별할 필요가 있다. 미필적 고의와 인식 있는 과실을 구별하는 기준이 무엇인가에 대해서는 견해가 대립하고 있다.

1) 가능성설

이 견해는 구성요건적 결과발생의 가능성을 인식하고 행위를 하였다면 미필적 고의가 되고 그렇지 않으면 인식 있는 과실에 해당한다고 한다.[114] 행위자가 법익침해의 가능성을 인식하였을 때에는 범죄실현의 의사도 있었다고 보아야 하기 때문이라고 한다. 가능성설은 고의의 본질은 구성요건에

113) 김일수/서보학, 111면; 이재상, 163면.
114) Schmidhäuser, Jus 1980, S. 245.

대한 인식에 있다고 하는 인식설에 입각하고 있다.

그러나 가능설은 고의가 인식적 요소와 의지적 요소로 구성되어 있다는 점을 간과하여 인식 있는 과실을 미필적 고의에 포함시킴으로써 인식 있는 과실의 개념을 부정하는 결과를 초래하고 있다. 따라서 과실은 인식 없는 과실만을 의미하므로 미필적 고의와 인식 있는 과실의 구별문제는 처음부터 발생하지 않게 된다. 예를 들면 행위자가 과속으로 운전하다가 앞서 가던 차를 추돌하여 그 운전자를 사망에 이르게 한 경우에도 행위자에게 미필적 고의가 인정될 수밖에 없다.

2) 개연성설

이 견해는 결과발생의 인식정도에 따라 행위자가 구성요건적 결과발생의 개연성을 인식한 때에는 미필적 고의가 되고 그 가능성을 인식한 때에는 인식 있는 과실에 해당한다고 한다. 개연성설도 가능설과 마찬가지로 고의의 본질을 인식적 요소를 강조하여 설명하는 인식설에 근거하는 견해이다.

이 견해에 대해서는 ① 개연성과 가능성을 구별하는 기준이 명확하지 않고, ② 고의는 인식적 요소뿐만 아니라 의지적 요소로 구성되어 있다는 점을 무시하였으며, ③ 행위자가 결과발생의 개연성을 예상하였지만 결과발생을 막을 수 있을 것으로 믿는 경우에도 미필적 고의를 인정하는 것은 부당하다는 비판이 가해진다.

3) 용인설

용인설은 행위자가 구성요건적 결과발생이 가능한 것으로 인식하고 이를 내부적으로 용인 또는 시인한 경우에는 미필적 고의가 되고, 그 결과발생의 가능성을 인식했지만 결과가 발생하지 않을 것이라고 신뢰하거나 법익침해를 내적으로 거부한 경우에는 인식 있는 과실에 해당한다고 한다.[115] 이 견해는 미필적 고의와 인식 있는 과실을 의지적 요소를 기준으로 구별하고자 한다. 용인의 개념은 결과가 발생해도 좋다는 내용의 결과에 대한 정서적 · 감정적 요소를 포함한다고 한다.[116] 판례[117]의 입장이다.

---

115) 배종대, 260면; 임웅, 153면; 정성근/박광민, 172면.

116) 이재상, 166면.

117) 대법원 2004, 5, 14, 2004도74; 2004. 2. 27, 2003도7507; 1987. 2. 10, 86도2338; 1985. 6. 26, 85도660.

ㅁ 판례(대법원 2004, 5, 14, 2004도74)

범죄구성요건의 주관적 요소로서 미필적 고의라 함은 범죄사실의 발생 가능성을 불확실한 것으로 표상하면서 이를 용인하고 있는 경우를 말하고, 미필적 고의가 있었다고 하려면 범죄사실의 발생 가능성에 대한 인식이 있음은 물론 나아가 범죄사실이 발생할 위험을 용인하는 내심의 의사가 있어야 하며, 그 행위자가 범죄사실이 발생할 가능성을 용인하고 있었는지의 여부는 행위자의 진술에 의존하지 아니하고 외부에 나타난 행위의 형태와 행위의 상황 등 구체적인 사정을 기초로 하여 일반인이라면 당해 범죄사실이 발생할 가능성을 어떻게 평가할 것인가를 고려하면서 행위자의 입장에서 그 심리상태를 추인하여야 한다.

ㅁ 판례(대법원 1987. 2. 10, 86도2338)

미필적 고의라 함은 결과의 발생이 불확실한 경우 즉 행위자에 있어서 그 결과발생에 대한 확실한 예견은 없으나 그 가능성은 인정하는 것으로, 이러한 미필적 고의가 있었다고 하려면 결과발생의 가능성에 대한 인식이 있음은 물론 나아가 결과발생을 용인하는 내심의 의사가 있음을 요한다.

판례가 "살인죄에 있어서의 고의는 반드시 살해의 목적이나 계획적인 살해의 의도가 있어야 하는 것은 아니고 자기의 행위로 인하여 타인의 사망의 결과를 발생시킬 만한 가능 또는 위험이 있음을 인식하거나 예견하면 족한 것이고 그 인식 또는 예견은 확정적인 것은 물론 불확정적인 것이더라도 소위 미필적 고의로서 살인의 범의가 인정된다"고 판시한 것을 두고 가능성설의 입장을 취한 것으로 보는 견해도 있으나[118] 판례는 미필적 고의의 인식적 또는 지적 요소에 관해서만 결과발생을 희망하거나 목적으로 할 필요가 없고 단지 그 가능성을 인식하거나 예견하면 족하다고 판단한 것이므로 타당하다고 할 수는 없다.[119]

용인설에 대하여는 정서적 요소인 용인을 결과실현의 의사와 동일시할 수 있는지 의문일 뿐 아니라 내심의 정서적 태도를 고의의 내용으로 보는 것은 구성요건요소인 고의와 일치하지 않으며,[120] 결과가 발생하거나 말거

118) 박상기, 118면.
119) 같은 의견으로는 이재상, 166면.
120) 이재상, 166면.

나 상관하지 않는 태도를 고의에서 제외시키는 것은 타당하지 않는다는[121] 비판이 제기된다.

4) 감수설(타협설)

감수설은 행위자가 결과발생의 가능성을 인식하고 결과발생을 감수 또는 타협한 때에는 미필적 고의가 되고 결과가 발생하지 않을 것이라고 신뢰한 때에는 인식 있는 과실에 해당한다고 하는 견해이다.[122] 감수는 결과가 발생해도 좋다고 결의하면 족하다는 점에서 결과의 발생을 승인하는 것을 의미하는 용인과 구별된다. 감수설은 독일의 통설[123]과 판례[124]의 입장이다.

감수설은 감수의사가 용인설의 용인과 명백히 구별되지 않고, 행위자가 인식 · 의욕한 것은 다른 사람들이 경험적으로 확인할 방법이 없다는 비판을 받는다.[125]

5) 무관심설

무관심설은 보호법익에 대한 무관심으로 인하여 행위자가 가능하다고 간주한 구성요건의 실현을 감수하면 미필적 고의이고 결과를 바라지 않거나 발생하지 않기를 희망한 때에는 인식 있는 과실이라는 견해이다.[126] 이 견해는 결과발생에 대한 행위자의 무관심을 고의의 본질적 요소라고 본다. 미필적 고의가 인정되기 위해서는 결과발생에 대한 적극적인 무관심이 있어야 하므로 단순한 용인 또는 승인만으로 부족하다고 한다.

무관심설에 대해서는 현실적으로 적극적 무관심과 용인을 구별하기가 쉽지 않고, 결과발생에 대한 무관심이 없는 경우에도 고의가 인정될 수 있다[127]는 비판이 제기된다.

6) 회피설

회피설은 행위자가 결과발생의 가능성을 인식한 경우에는 결과회피를 위

---

121) 박상기, 112면.
122) 김성천/김형준, 151면; 김일수/서보학, 197면; 박상기, 119면; 이재상, 169면; 이정원, 130면.
123) Baumann/Weber/Mitsch, S. 400; Jescheck/Weigend, S. 300; Rudolphi, SK, § 16 Rn. 43; Schönke/Schröder/Cramer, § 15 Rn. 85ff; Wessels, AT, S. 66ff.
124) BGHSt NStZ 1988, 175.
125) 배종대, 259면.
126) Engisch, Untersuchungen über Vorsatz und Fahrlässigkeit im Strafrecht, 1930, S. 186ff.
127) 김일수/서보학, 194면; 배종대, 257면; 이재상, 167면.

한 조종의사가 없었던 때에만 미필적 고의가 성립하고, 행위자가 행위 시 가능한 것으로 인식한 부수적 결과가 발생하지 않도록 조종한 때에는 인식 있는 과실이 인정된다고 한다.[128)]

그러나 회피의사가 있는 경우에도 구성요건의 실현에 대한 결의를 하였다면 고의가 성립하고,[129)] 인간은 특별한 주의조치를 취하지 않은 채 경솔하게 자신의 행운을 신뢰하는데, 그러나 행위자가 결과방지의 노력이 성공할 것이라는 신뢰 없이 계속 행위를 한 때에는 그 방지노력은 고의의 성립을 배제하지 않는다.[130)] 따라서 회피설은 타당하지 않다.

7) 검토

결과발생의 가능성을 인식하였다는 점에서는 미필적 고의와 인식 있는 과실 사이에는 차이가 없다. 양자의 구별에 중요한 것은 의지적 요소이다. 따라서 가능성설이나 개연성설은 타당하다고 할 수 없다.

위에서 설명한 학설 중 미필적 고의와 인식 있는 과실의 구별기준으로서 용인설과 감수설이 많은 지지를 받고 있다. 그러나 결과발생을 용인하는 것은 이를 감수하는 것을 의미하므로 용인설과 감수설 사이에는 차이가 없다고 하겠다. 행위자가 행위 시 결과발생이 가능하다는 것을 인식하면서 그 결과를 승인하거나 용인한 때에는 이를 감수하였다고도 볼 수 있다. 예를 들면 행위자가 피해자의 목을 조르면 사망할 수 있다는 사실을 진지하게 인식하였음에도 강간하기 위하여 계속 피해자의 목을 조르면서 피해자의 질식사를 용인하거나 감수하겠다고 결정하였다면 행위자가 피해자의 사망을 진심으로 원하지 않은 경우에도 미필적 고의가 성립한다고 해야 한다.[131)] 따라서 미필적 고의와 인식 있는 과실의 구별기준으로는 용인설 또는 감수설이 타당하다고 생각한다.[132)]

---

128) A. Kaufmann, Der Dolus eventualis im Deliksaufbau, Die Auswirkungen der Handlungs -und der Schuldlehre auf die Vorsatzgrenze, ZStW 70(1958), 64ff, 78.

129) 배종대, 257면; 이재상, 167면.

130) Roxin, S. 460.

131) 이정원, 130면.

132) 박상기, 119면; 배종대, 258면; 이정원, 130면.

3. 택일적 고의

택일적 고의란 행위자가 구성요건의 실현을 원하지만 구성요건이 택일적이어서 하나의 구성요건만 실현될 수 있는 경우를 말한다. 예를 들면 지나가는 두 사람 가운데 어느 한 사람이 죽어도 좋다고 생각하면서 총을 발사하는 경우 또는 특정인을 향해 다치든 죽든 상관없다고 생각하고 총을 쏘는 경우가 여기에 해당한다.

택일적 고의를 법률상 처리하는 문제에 대하여는 견해가 대립하고 있다. 실현된 범죄의 기수와 실현되지 않은 범죄의 미수의 상상적 경합 또는 두 범죄가 실현되지 않은 경우에는 두 범죄의 미수의 상상적 경합이 성립한다는 견해[133]와 실현된 범죄로 처벌하고, 다만 실현되지 않은 범죄가 중한 범죄인 경우에만 두 죄의 상상적 경합을 인정하는 견해[134]가 그것이다. 택일적 고의는 두 개의 구성요건 중 하나의 구성요건만을 실현하겠다는 고의를 의미하므로 후자의 견해가 타당하다고 생각한다. 전자의 견해는 택일적 고의와 직접적 고의의 구별을 무의미하게 만든다.[135]

4. 개괄적 고의

개괄적 고의란 행위자가 특정한 행위로 구성요건을 실현하려고 하였으나 행위자의 생각과는 달리 연속된 다른 행위에 의하여 구성요건을 실현한 경우를 말한다. 예를 들면 A가 B를 살해하기 위해 몽둥이로 B의 머리를 때려 B가 정신을 잃고 쓰러지자 A는 B가 죽었다고 생각하고 증거를 인멸하기 위해 땅 속에 파묻었는데 실제로는 B가 질식사한 경우가 여기에 해당한다. 그 밖에 결과발생은 확정적이지만 여러 가지 객체 중 어느 것에 결과가 발생할 것인가가 확정되지 않은 경우도 개괄적 고의에 속한다. 예를 들면 살인의 고의로 다중을 향해 총을 발사한 경우가 그것이다.

133) 김일수/서보학, 206면; 박상기, 119면; 배종대, 262면; 성낙현, 182면; 이형국, 139면.
134) 이재상, 170면; 이정원, 125면.
135) 이정원, 123면.

□ 판례(대법원 1988. 6. 28, 88도650)

피해자가 피고인들의 살해의 의도로 행한 구타행위에 의하여 직접 사망한 것이 아니라 죄적을 인멸할 목적으로 행한 매장행위에 의하여 사망하게 되었다 하더라도 전 과정을 개괄적으로 보면 피해자의 살해라는 처음에 예견된 사실이 결국은 실현된 것으로서 피고인들은 살인죄의 죄책을 면할 수 없다.

그러나 개괄적 고의의 문제는 인과관계의 착오의 문제로 취급하는 것이 일반적인 견해이다.

5. 사전고의와 사후고의

사전고의란 행위자가 행위 이전에 구성요건의 실현을 결의하였으나 행위 당시에는 구성요건실현의 의사가 없는 경우를 말한다. 예를 들면 A가 이웃에 살고 있는 B를 살해하기로 결심하고 독약을 구하기 위해 자신의 자동차를 몰고 가다가 과실로 길을 건너던 B를 치어 사망에 이르게 한 경우가 여기에 해당한다. 사후고의는 행위 당시에는 구성요건의 실현의사가 없었으나 행위 이후에 구성요건의 실현의사를 가진 경우를 말한다. 예를 들면 B가 교통사고로 사망하자 A가 자신이 살해한 것으로 생각한 경우가 그것이다. 고의는 행위당시의 구성요건의 인식과 의사를 말하므로 사전고의와 사후고의는 고의에 속하지 않는다. 위의 경우에 살인의 고의는 인정되지 않는다.

제 5 절 구성요건착오

I. 구성요건착오의 의의

착오란 행위자가 주관적으로 인식한 것과 객관적으로 발생한 결과가 일치하지 않는 경우를 말한다. 따라서 구성요건착오는 행위자가 인식한 구성요건적 사실과 구체적으로 실현된 구성요건적 사실이 일치하지 않은 경우이다. 즉 구성요건착오는 객관적 구성요건 중 어느 하나를 인식하지 못한 경우를 의미한다. 예를 들면 사냥꾼이 사람을 야생동물로 오인하고 총을 쏘아 살해한 경우가 구성요건착오에 해당한다. 형법은 제13조에 "죄의 성립요소인 사실을 인식하지 못한 행위는 벌하지 아니한다"고 규정함과 동시에 형법 제15조 제1항에 "특별히 중한 죄가 되는 사실을 인식하지 못한 행위는 중한 죄로 벌하지 아니한다"고 규정함으로써 기본구성요건에 대한 착오뿐만 아니라 형의 가중·감경사유에 대한 착오의 경우에도 고의가 조각된다는 것을 선언하고 있다.

1. 기본구성요건의 착오

구성요건고의는 객관적 구성요건의 인식과 의사를 의미하므로 행위자가 기본구성요건요소를 인식하지 못한 경우에는 형법 제13조에 의하여 고의가 성립하지 않는다. 다만 착오가 과실에 기인하고 형법에 과실범처벌에 관한 규정이 있는 경우에는 과실범으로 처벌될 수 있을 뿐이다. 예를 들면 사냥꾼이 사람을 야생동물로 알고 총을 발포하여 살해한 경우에 살인의 고의는 인정되지 않으므로 살인죄는 성립하지 않는다. 다만 착오에 과실이 있는 경우에는 과실치사죄로 처벌될 뿐이다.

2. 가중구성요건의 착오

행위자가 가중구성요건을 실현함에 있어서 형의 가중사유를 인식하지 못한 때에는 형법 제15조 제1항에 의하여 중한 형으로 처벌되지 않는다. 이 경우에는 기본구성요건이 적용된다.[136] 예를 들면 어두운 밤중에 범행대상이 장모인 줄 모르고 살해한 경우 배우자의 직계존속을 인식하지 못하였기 때문에 존속살해죄(제250조 제2항)가 아니라 살인죄(제250조 제1항)가 성립할 뿐이다.[137] 형법 제15조 제1항은 죄질이 동일한 범죄에 대해서도 적용된다고 해야 한다. 따라서 타인이 점유하고 있는 재물을 분실물인줄 알고 횡령한 때에는 점유이탈물횡령죄(제360조)가 성립한다.[138]

3. 감경구성요건의 착오

행위자가 감경구성요건을 실현함에 있어서 형의 감경사유가 있는 것으로 오인한 때에는 감경구성요건이 적용될 수 있을 뿐이다. 예를 들면 피해자의 승낙이 있는 것으로 오인하여 피해자를 살해한 때에는 촉탁·승낙에 의

---

136) 대법원 1977. 1. 11, 76도3871.
137) 대법원 1960. 10. 31, 4293형상494.
138) 이재상, 173면.

한 살인죄(제252조)가 성립하거나 허위의 사실을 진실한 사실로 오인하고 적시하여 타인의 명예를 훼손한 때에는 형법 제307조 제2항이 아니라 동조 제1항의 명예훼손죄가 성립한다.

그러나 실제로 존재하는 형의 감경사유를 인식하지 못한 경우에는 제15조 제1항에 의하여 행위자가 인식한 내용에 따라 처벌하는 것이 타당하다. 예를 들면 피해자의 진지한 승낙이 있다는 것을 알지 못하고 피해자를 살해한 때에는 형법 제252조가 아니라 제250조 제1항이 적용된다.

II. 사실의 착오와 법률의 착오

형법은 사실의 착오(제15조)와 법률의 착오(제16조)를 구별하고 있다. 그러나 고의는 객관적 구성요건의 인식과 의사를 의미하므로 고의를 조각하는 사실의 착오에서 사실은 구성요건적 사실이 된다. 또한 법률의 착오는 행위가 법적으로 금지되어 있다는 것을 인식하지 못한 것에 대한 착오를 의미한다. 따라서 사실의 착오는 구성요건착오로, 법률의 착오는 금지착오로 부르는 것이 정확하다고 본다.[139] 절도죄에 있어서 타인의 재물성에 대한 착오는 민법상의 소유권에 대한 착오로서 법률의 착오로 볼 수 있지만 타인의 재물성은 규범적 구성요건요소에 해당하므로 법률의 착오가 아니라 구성요건착오가 된다고 해야 한다.[140]

□ 판례(대법원 1983. 9. 13, 83도1762)

절도죄에 있어서 재물의 타인성을 오신하여 그 재물이 자기에게 취득(빌린 것)할 것이 허용된 동일한 물건으로 오인하고 가져온 경우에는 범죄사실에 대한 인식이 있다고 할 수 없으므로 범의가 조각되어 절도죄가 성립하지 아니한다.

III. 구성요건착오의 유형

구성요건적 사실의 착오는 구체적 사실의 착오·추상적 사실의 착오와 객체의 착오·방법의 착오로 구별된다. 구체적 사실의 착오는 행위자가 주관적으로 인식한 사실과 객관적으로 발생한 사실이 일치하지 않으면서 동

139) 같은 의견으로는 배종대, 268면; 유기천, 237면; 임웅, 155면; 정성근/박광민, 174면.
140) 대법원 1983. 9. 13, 83도1762.

일한 구성요건에 속하는 경우를 말한다. 추상적 사실의 착오는 행위자가 주관적으로 인식한 사실과 객관적으로 발생한 사실이 서로 다른 구성요건에 속하는 경우를 말한다. 객체의 착오는 객체의 동일성에 대한 착오로서 주관적으로 인식한 객체와 결과가 발생한 객체가 일치하지 않는 것을 말한다. 방법의 착오는 행위의 방법이 잘못되어 행위자가 목표로 한 객체가 아닌 다른 객체에 결과가 발생한 경우를 말한다.

1. 객체의 착오

객체의 착오(error in objecto)란 객체의 동일성에 착오를 일으킨 경우를 말한다. 행위자가 주관적으로 인식한 객체와 결과가 발생한 객체가 동일한 구성요건에 있는 경우와 서로 다른 구성요건에 있는 경우를 포함한다.

(1) 구체적 사실의 착오

이 착오는 행위자가 주관적으로 인식한 객체와 결과가 발생한 객체가 동일한 구성요건에 속하는 경우를 말한다. 예를 들면 밤중에 A라고 생각하고 총을 발사하였는데 사실은 A가 아니라 B였던 경우 또는 A의 개인 줄 알고 때려 죽였는데 실은 B의 개인 경우가 여기에 해당한다.

(2) 추상적 사실의 착오

추상적 사실의 착오는 행위자가 주관적으로 인식한 객체와 객관적으로 결과가 발생한 객체가 서로 다른 구성요건에 속하는 경우를 의미한다. 예를 들면 A인줄 알고 총을 발사하였으나 사실은 A가 아니라 A의 개가 죽은 경우 또는 반대로 A의 개로 알고 총을 쏘았으나 사실은 A가 사망한 경우가 그것이다.

2. 방법의 착오

방법의 착오(aberratio ictus)란 행위의 수단 또는 방법의 잘못으로 행위자가 목표로 한 객체가 아닌 다른 객체에 결과가 발생한 경우를 말한다.

(1) 구체적 사실의 착오

행위자가 목표로 한 객체와 행위방법의 잘못으로 결과가 발생한 행위객체가 동일한 구성요건에 속하는 경우를 말한다. 예를 들면 행위자가 A를 향해 총을 발사하였는데 총알이 빗나가 A의 옆에 있던 B가 맞아 사망한 경우가 그것이다.

(2) 추상적 사실의 착오

행위자가 목표로 한 객체와 행위방법의 잘못으로 결과가 발생한 행위객체가 서로 다른 구성요건에 속하는 경우를 말한다. 예를 들면 A를 향해 총을 발사하였으나 총알이 빗나가 A가 데리고 가던 개가 맞아 죽은 경우가 여기에 해당한다.

IV. 구성요건착오에 관한 학설

구성요건착오가 있다고 하더라도 고의가 인정되는 경우가 있다. 따라서 주관적으로 인식한 사실과 객관적으로 발생한 사실이 어느 정도 일치하여야 고의를 인정할 수 있는지가 논란의 대상이 된다. 형법은 이에 대한 규정을 두고 있지 않으므로 이 문제의 해결은 전적으로 학설에 맡겨져 있다. 이에 대하여는 법정적 부합설, 구체적 부합설 및 추상적 부합설이 대립하고 있다.

1. 법정적 부합설

법정적 부합설은 인식한 사실과 발생한 사실이 동일한 구성요건 또는 동일한 죄질에 속하면 고의를 인정해야 한다는 견해이다.[141] 이에 의하면 구체적 사실의 착오에 있어서는 객체의 착오와 방법의 착오 가리지 않고 인식한 사실과 발생한 사실이 같은 구성요건에 속하므로 고의가 인정된다. 고의는 구성요건요소에 대한 인식과 의사이고 구성요건요소에 대한 착오만 고의를 조각할 수 있는 것이므로 행위자가 구성요건에 일치하는 유개념을 침해한 때에는 고의의 귀속에 필요한 고의내용과 발생한 결과의 일치를 인정할 수 있다는 것을 이유로 한다.[142]

그러나 추상적 사실의 착오에 있어서는 객체의 착오와 방법의 착오를 불문하고 인식한 사실의 미수와 발생한 사실의 과실범의 상상적 경합이 성립한다고 한다. 법정적 부합설이 판례의 입장이다.[143]

141) 유기천, 242면; 신동운, 189면; 이재상, 177면; 임웅, 160면; 정성근/박광민, 185면.
142) 이재상, 177면.
143) 대법원 1975. 4. 22, 75도727; 1984. 1. 24, 83도2813.

□ 판례(대법원 1984. 1. 24, 83도2813)

피고인의 형수 의 등에 업혀 있던 피고인의 조카 피해자 2(남1세)에 대하여는 살인의 고의가 없었으니 과실치사죄가 성립할지언정 살인죄가 성립될 수 없다는 주장을 살피건대, 피고인이 먼저 피해자 1을 향하여 살의를 갖고 소나무 몽둥이를 양손에 집어 들고 힘껏 후려친 가격으로 피를 흘리며 마당에 고꾸라진 동녀와 동녀의 등에 업힌 피해자 2의 머리 부분을 위 몽둥이로 내리쳐 피해자 2를 현장에서 두개골절 및 뇌좌상으로 사망케 한 소위를 살인죄로 의율한 원심조처는 정당하게 긍인되며 소위 타격의 착오가 있는 경우라 할지라도 행위자의 살인의 범의성립에 방해가 되지 아니한다.

법정적 부합설은 구성요건부합설과 죄질부합설로 나뉜다. 구성요건부합설은 인식한 사실과 발생한 사실이 같은 구성요건에 속하는 경우에만 고의가 인정된다고 한다.[144] 반면 죄질부합설은 두 사실이 같은 구성요건에 속하는 경우뿐만 아니라 죄질이 같은 경우에도 고의가 성립한다고 한다.[145] 인식한 사실과 발생한 사실이 상이한 구성요건에 속하지만 죄질이 동일하다면 고의의 성립을 부정할 이유가 없기 때문이라고 한다. 타인이 점유하는 물건을 점유이탈물로 오인하고 영득한 경우에 죄질부합설에 의하면 점유이탈물횡령죄의 고의를 인정할 수 있으나 구성요건부합설에 의하면 점유이탈물횡령죄의 미수가 될 수 있을 뿐이다.

법정적 부합설은 ① 행위자는 결과가 발생한 객체에 대하여 어떤 고의도 가지고 있지 않고,[146] ② 고의는 특정한 범죄에 대한 고의이어야 하는데 발생한 결과에 대하여 고의가 없음에도 불구하고 고의를 인정하는 것은 책임주의에 반하고 고의의 특성을 무시한다는 비판을 받는다.[147]

2. 구체적 부합설

구체적 부합설은 인식한 사실과 발생한 사실이 구체적으로 부합하는 경우에는 고의가 인정된다는 견해이다.[148] 따라서 구체적 사실의 착오에 있

144) 신동운, 190면.
145) 유기천, 242면; 이재상, 177면; 임웅, 160면; 정성근/박광민, 185면.
146) 배종대, 273면.
147) 이정원, 137면; 이형국, 148면.

어서 객체의 착오에 대하여는 고의가 인정된다. 그러나 방법의 착오에 대하여는 인식한 대로 결과가 발생하지 않았으므로 인식한 사실의 미수와 발생한 사실의 과실범의 상상적 경합이 된다. 추상적 사실의 착오에 있어서도 객체의 착오와 방법의 착오를 불문하고 모두 인식한 사실의 미수와 발생한 사실의 과실범의 상상적 경합이 성립한다. 행위목표로 한 사실과 실제로 발생한 사실이 다르기 때문이라고 한다.

구체적 부합설에 대해서는 ① 고의의 성립범위가 지나치게 좁고, ② 객체의 착오와 방법의 착오 사이에 차이가 없음에도 양자를 다르게 취급하는 이유가 분명하지 않으며, ③ 구체적 사실의 착오에 있어서 방법의 착오에 의한 경우에 살인의 고의를 가지고 사람을 살해하였음에도 불구하고 살인미수와 과실치사의 상상적 경합을 인정하는 것은 국민의 법감정에 반한다는 비판이 제기된다.

3. 추상적 부합설

추상적 부합설은 인식한 사실과 발생한 사실이 추상적으로 부합하면 고의가 인정된다는 견해이다. 따라서 구체적 사실의 착오에 있어서는 객체의 착오와 방법의 착오를 불문하고 고의기수를 인정한다. 다만 발생한 사실이 인식한 사실보다 중한 때에는 형법 제15조 제1항에 의하여 중한 죄의 고의기수로 처벌할 수 없다고 한다. 그러나 추상적 사실의 착오에 있어서 ① 경한 죄의 고의로 중한 죄의 결과를 야기한 경우 경한 죄의 기수와 중한 죄의 과실범의 상상적 경합이 된다. 예를 들면 이웃집 개를 죽이려는 고의를 가지고 발사한 총알이 빗나가 개의 주인을 사망에 이르게 한 경우에 재물손괴죄의 기수와 과실치사죄의 상상적 경합이 성립한다. ② 중한 죄의 고의로 경한 죄의 결과를 야기한 경우에는 중한 죄의 미수와 경한 죄의 기수가 되지만 중한 고의는 경한 고의를 흡수하므로 두 죄의 경합은 성립하지 않고 중한 죄의 미수로 처벌된다고 한다. 예를 들면 사람을 살해하려는 고의를 가지고 총을 쏘았는데 총알이 빗나가 자동차 유리를 깬 경우에 살인의 미수와 손괴의 기수가 성립하나 살인미수만이 성립한다.

---

148) 김성천/김형준, 157면; 김일수/서보학, 231면; 박상기, 136면; 배종대, 275면; 성낙현, 197면; 이정원, 134면.

추상적 부합설에 대하여는 인식한 사실에 대하여 결과가 발생하지 않았음에도 불구하고 고의만으로 고의범의 기수를 인정하는 것은 죄형법정주의에 반하고,[149] 추상적 부합설은 일본형법이 과실범을 지나치게 가볍게 처벌하고 상해죄와 손괴죄의 미수를 처벌하지 않았던 입법상의 결함을 보완하기 위해 주장된 이론이므로 이러한 결함이 없는 형법에서는 근거 없는 이론이라는[150] 비판이 제기된다. 현재 우리나라에서 이 견해를 취하는 학자는 없다.

4. 검토

추상적 부합설은 죄형법정주의에 반하므로 타당하지 않다. 구체적 부합설과 법정적 부합설은 구체적 사실의 착오에 있어서 방법의 착오에 대하여 서로 다른 입장을 취하고 있다. 전자의 견해는 인식한 사실의 기수와 발생한 사실의 과실범의 상상적 경합이 성립한다는 함에 반하여 후자의 견해는 발생한 결과에 대한 고의가 인정된다고 한다. 그러나 이 경우에는 행위자가 의도한 범죄가 실현된 것이 아니라 동종의 다른 결과가 우연히 발생한 것일 뿐이다. 고의는 행위목표가 되는 법익에서 다른 법익으로 전용될 수 없으므로 의도하지 않은 결과의 야기는 과실범에 해당한다고 해야 한다.[151] 다만 행위자가 결과발생의 가능성을 인식하고 결과를 감수하였다면 살인의 고의가 인정될 수 있을 것이다.

법정적 부합설은 행위자가 자신의 법익을 방위하기 위하여 상대방을 향해 총을 쏘았으나 지나가는 행인이 맞아 사망한 경우에 살인죄의 고의를 인정하는 부당한 결과를 초래한다. 법정적 부합설이 의도하지 않은 결과가 우연히 발생하였음에도 불구하고 고의기수를 인정하는 것은 책임원칙에 반한다. 따라서 구체적 부합설이 타당하다고 생각한다.

149) 김일수/서보학, 228면; 배종대, 275면; 이재상, 176면; 임웅, 164면.
150) 이재상, 176면; 임웅, 164면.
151) Stratenwerth, S.178.

<table>
<tr><th colspan="2">학설
착오의 종류</th><th>구체적 부합설</th><th>추상적 부합설</th><th>법정적 부합설</th></tr>
<tr><td rowspan="2">구체적 사실의 착오</td><td>객체의 착오</td><td>고의기수</td><td>고의기수</td><td>고의기수</td></tr>
<tr><td>방법의 착오</td><td>미수와 과실</td><td>고의기수</td><td>고의기수</td></tr>
<tr><td rowspan="2">추상적 사실의 착오</td><td>객체의 착오</td><td>미수와 과실</td><td rowspan="2">-중한 죄의 고의로 경한 죄 발생(중한 죄의 미수와 경한 죄의 기수)
-경한 죄의 고의로 중한 죄 발생 경한 죄의 기수와 과실(경한 죄의 기수와 중한 죄의 과실)</td><td>미수와 과실</td></tr>
<tr><td>방법의 착오</td><td>미수와 과실</td><td>미수와 과실</td></tr>
</table>

V. 인과관계의 착오

1. 인과관계의 착오의 의의

인과관계의 착오란 행위자가 행위당시에 생각했던 것과는 다른 인과과정을 통하여 결과를 야기한 경우를 말한다. 행위 또는 결과와 마찬가지로 인과관계도 객관적 구성요건요소에 속하므로 고의범죄를 실현하기 위해서는 행위자가 인과관계를 인식하여야 한다. 따라서 인과관계의 착오는 구성요건착오를 의미하므로 고의가 조각된다. 그러나 미래의 일을 자세하게 예상하는 것은 불가능하므로 예상한 인과관계와 실제로 진행된 인과관계가 본질적으로 차이가 나는 경우에만 인과관계의 착오는 구성요건착오가 된다고 해야 한다. 즉 인식·예상한 인과관계와 실제로 진행된 인과관계의 불일치가 상당성의 범위, 일반적인 생활경험에 의하여 예상할 수 있는 범위를 벗어나지 않을 때에는 본질적인 것(법적으로 중요한 것)이 아니므로 고의는 성립하게 된다.[152] 예를 들면 행위자가 피해자를 살해하기 위하여 각목으로 피해자의 머리를 때려 피해자가 쓰러지자 피해자를 죽은 것으로 오인하고 증거를 인멸할 목적으로 바다에 던져 익사시킨 경우가 여기에 해당한다. 여기의 인과관계는 객관적 귀속을 포함하는 것이므로 인과관계의 착오는 객관적 귀속이 인정된 때에만 문제된다. 인과관계의 착오를 어떻게 해결할 것인가에 대하여는 견해가 대립하고 있다.

152) BGHSt. 23 135; Welzel, S. 73.

2. 인과관계착오문제의 해결

(1) 개괄적 고의설

개괄적 고의설은 행위자가 두 개의 부분적 행위에 의하여 범죄를 실현하면서 제1행위에 의해 결과를 야기한 것으로 믿었으나 사실은 범죄를 은폐하기 위한 제2행위에 의하여 결과가 발생한 경우에 제1행위와 제2행위의 전 과정에 대한 개괄적 고의를 인정하여 살인고의가 성립한다고 하는 견해이다.[153] 판례도 피해자가 살해의 의도로 행한 구타행위에 의하여 사망한 것이 아니라 죄적을 인멸할 목적으로 행한 매장행위에 의하여 사망하게 된 경우에 전 과정을 개괄적으로 보아 살인의 기수를 인정하여 개괄적 고의를 인정하고 있는 것으로 보인다.[154]

개괄적 고의설에 대해서는 사체유기의 고의를 살인의 고의로 볼 수 없고, 고의는 구체적인 구성요건에 대한 인식과 의사를 의미하므로 개괄적 고의를 인정할 수 없다는 비판이 가해진다.[155]

(2) 미수설

전체행위를 독립한 두 개의 행위로 나누어 제1행위에 있어서는 고의는 있으나 결과발생이 없으므로 미수가 성립하고 제2행위에 있어서는 고의가 없으므로 발생한 결과의 과실범이 성립한다고 하여 두 죄의 실체적 경합이 된다는 견해이다.[156]

미수설에 대해서는 고의는 범행에 착수하여 행위의 인과관계가 진행되는 동안에 존재하면 족하므로 두 개의 행위를 분리하여 제2행위에 대하여 과실범을 인정할 이유가 없고,[157] 제2행위의 독립성을 강조하여 객관적으로 귀속될 수 있는 결과까지 미수범으로 처벌하는 것은 타당하지 않다[158]는 비판이 제기된다.

---

153) Welzel, S. 74.
154) 대법원 1988. 6. 28, 88도650.
155) 박상기, 139면; 배종대, 286면; 이재상, 180면; 임웅, 168면.
156) 오영근, 278면.
157) 박상기, 140면; 배종대, 286면
158) 이재상, 182면.

(3) 객관적 귀속설

인과과정의 착오는 객관적 귀속의 문제로 해결하여야 한다는 견해이다.[159] 인과과정에서의 착오는 인과과정과 관련된 행위자의 주관적인 표상보다 행위자의 행위에서 발단하여 현실적으로 등장한 인과과정과 현실적으로 야기된 결과가 일반인의 관점에서 객관적으로 귀속될 수 있느냐가 더 중요하기 때문이라고 한다. 이 경우에 객관적 귀속이 인정되면 고의기수, 부인되면 미수로 다루어야 한다고 한다.

객관적 귀속설은 인과관계의 착오는 고의범위의 문제로서 객관적 귀속이 인정되어야 문제가 된다는 비판을 받는다.[160]

(4) 인과관계착오설

개괄적 고의를 인과관계의 착오의 한 형태로 보고 인식한 인과관계와 발생한 인과관계의 차이가 본질적인 것이 아니므로 발생한 결과에 대하여 고의가 성립한다는 견해이다. 본질적인 것인가 여부는 일반적 생활경험에 의하여 예상할 수 있는 범위를 기준으로 판단하여야 한다고 한다. 이 견해가 우리나라의 다수설의 입장이다.[161]

(5) 결론

인과관계의 착오에 있어서 발생한 결과에 대하여 고의가 성립하는가 여부는 인식한 인과관계와 발생한 인과관계의 차이가 본질적인가에 달려 있다. 본질성의 판단기준은 실제로 발생한 인과관계가 제1행위 당시에 예견할 수 있었는가 여부이다. 예견가능성이 있었다면 인과관계의 착오는 본질적이지 않다. 행위자가 처음부터 나중에 결과를 야기한 제2행위를 할 의사를 가지고 있었다면 예견가능성은 항상 인정되어야 한다. 이 경우에 고의기수가 성립한다. 따라서 인과관계 착오설이 타당하고 생각한다. 그러나 제2행위가 처음부터 의도된 것이 아니라 행위자가 살인을 목표로 한 제1행위가 끝난 후에 사체유기를 결의하였다면 예견가능성은 부인되므로 고의기수가 아니라 미수와 과실범의 실체적 경합범이 성립한다고 할 수 있다.

---

159) 김일수/서보학, 232면; 이정원, 143면.
160) 박상기, 141면; 배종대, 287면; 이재상, 182면.
161) 박상기, 141면; 배종대, 287면; 이재상, 182면; 이형국, 182면; 정성근/박광민, 192면.

제 3 장 위법성

제 1 절 위법성의 의의와 본질

I. 위법성의 의의

형벌규정은 인간의 자유를 제한하는 금지와 명령을 규정하는 행위규범이다. 개개의 범죄구성요건은 형사제재가 부과될 수 있는 것으로서 금지 또는 명령되는 행위, 즉 행위규범에 위배되는 행위를 기술한다. 구성요건해당성은 행위가 행위규범에 위배된다는 것을 의미한다. 구성요건에 해당하는 행위는 위법하다고 할 수 있다. 따라서 위법성이란 행위가 행위규범에 위배된다는 것을 말한다. 그러나 구성요건에 해당하는 행위의 위법성은 예외적인 상황에 의하여 배제될 수 있다. 이를 위법성조각사유라고 한다. 구성요건은 형법적 불법을 기술함에 있어서 예외적인 사례까지 포함할 수 있도록 일반적인 기술방법을 사용한다.

법질서는 구성요건에 해당하는 행위를 허용해야 하는 경우도 있다. 예를 들면 정당방위로 상대방을 살해하는 행위 또는 경찰관이 현행범인을 체포하는 행위는 각각 살인죄와 체포감금죄의 구성요건에 해당하지만 형법 제21조(정당방위)와 제20조(정당행위)에 의하여 불법이 배제된다. 따라서 구성요건해당성은 일정한 행위가 모든 불법을 구성하는 요소에 해당한다는 것을 확인하는 것이다.

1. 구성요건해당성과 위법성

구성요건에 해당하는 행위는 위법한 행위를 의미한다. 따라서 위법성은 특별한 허용규범이 적용되지 않는 때 금지 또는 명령규범에 반하는 것이라고 볼 수 있다. 범죄체계에서 불법을 이루는 상황은 구성요건과 위법성으로 나누어진다. 위법성은 구성요건에 해당하는 행위가 위법성조각사유에 해당하지 않을 때 인정된다. 예를 들면 위법성조각사유가 없음에도 불구하고 사람을 살해한 자는 위법하게 행위를 한 것이다. 구성요건과 위법성조각사유에 의하여 기술된 사실관계를 확인하는 것과의 관계에서 위법성판단은 원칙적으로 재량이 허용되는 독립된 평가를 의미하지 않는다. 그것은 금지 또는 명령규범과 허용규범의 대립에서 나오는 결과이다. 위법성의 단계는 구성요건에 해당하는 행위의 위법성이 위법성조각사유에 의하여 조각되는가를 확인하는 것에 지나지 않는다.

2. 위법성과 불법

형법에는 위법성(Rechtswidrigkeit) 이외에 불법(Unrecht)의 개념이 사용되고 있다. 위법성과 불법은 서로 다른 개념이다. 위법성은 행위규범에 반하는 것을 말하고 불법은 구성요건에 해당하고 위법한 행위를 의미한다. 따라서 불법은 주어이고 위법성은 술어에 해당한다고 한다.[1] 위법성은 구성요건에 해당하는 행위가 행위규범에 반하는 것을 의미하므로 그 유무의 판단으로 족한 반면, 불법은 행위규범에 의하여 부정적으로 판단된 반가치이므로 불법의 정도는 침해된 법익과 행위방법 등과 같은 불법요소에 따라 달라질 수 있다.[2] 예를 들면 살인행위와 상해행위는 똑같이 위법하지만 살인의 불법이 상해의 그것보다 더 크므로 중한 형으로 처벌된다.

II. 위법성의 본질

1. 형식적 위법성론과 실질적 위법성론

형식적 위법성론과 실질적 위법성론은 위법성의 본질이 무엇인가에 대한 이론이다.

(1) 형식적 위법성론

형식적 위법성론은 위법성을 법규범에 반하는 것이라고 보는 견해이다. 즉 위법성은 법규범에 규정된 작위 또는 부작위의 침해라고 하는 견해이다.[3] 이 견해에 의하면 구성요건에 해당하는 행위는 모두 금지 또는 명령규범에 반하므로 위법하다고 한다.

그러나 형식적 위법성론은 구성요건에 해당하는 행위가 위법한 이유를 설명하지 못하므로 위법성의 내용이 공허하다는 비판을 받는다.[4]

1) 이재상, 208면.
2) 박상기, 144면; 배종대, 288면; 이재상, 208면.
3) 배종대, 288면; 이재상, 210면.

(2) 실질적 위법성론

실질적 위법성론은 위법성의 본질을 실질적으로 파악한다. 즉 이 견해는 위법성의 본질이 법익침해, 권리침해 또는 사회상규에 대한 위반에 있다고 보기 때문에 행위가 형식적으로 위법하더라도 실질적으로 위법하지 않으면 적법하다고 한다. 실질적 위법성은 불법의 정도를 구별할 수 있고 법률에 명문규정이 없더라도 초법규적 위법성조각사유를 인정할 수 있다는 장점이 있다고 한다.[5]

그러나 실질적 위법성론에 대해서는 위법성과 불법을 혼동하는 오류를 범하고 있고, 초법규적 위법성조각사유는 법률해석을 통하여 인정할 수 있다는 비판이 가해진다. 불법을 위법성의 실질이라고 한다면 형식적 위법성과 실질적 위법성은 전혀 다른 개념이 아니므로 두 견해의 대립은 실익이 없게 된다.[6]

2. 주관적 위법성론과 객관적 위법성론

주관적 위법성론은 위법성을 주관적 의사결정규범에 대한 위반으로 파악한다. 이 견해에 의하면 법규범은 평가규범과 의사결정규범의 성격을 모두 가지고 있으므로 규범의 명령을 받을 수 있는 책임능력자의 행위만이 법적 평가의 대상이 될 수 있다고 한다. 따라서 책임무능력자는 규범의 수명자가 될 수 없기 때문에 그의 행위는 위법하지 않다고 한다. 즉 책임무능력자는 책임이 없기 때문이 아니라 그의 행위가 위법성이 조각되기 때문에 처벌되지 않는 것이다.

객관적 위법성론은 법률의 평가규범의 성격을 강조하여 위법성을 평가규범에 대한 위반으로 이해하는 견해이다. 법률의 의사결정규범으로서의 성격은 단지 간접적인 의미를 가질 뿐이다. 모든 법규범은 인간의 행위를 객관적으로 평가하는 규범이므로 책임무능력자의 행위도 법규범에 위반할 경우에는 위법하게 된다고 한다. 인간의 행위능력은 책임판단의 대상이 될 뿐이라고 한다.

그러나 오늘날 법규범은 평가규범임과 동시에 의사결정규범이라는 것이

4) 배종대, 288면; 이재상, 211면.
5) 박상기, 145면; 배종대, 288면; 이재상, 212면.
6) 박상기, 145면; 배종대, 289면; 이재상, 212면.

일치된 견해이므로 둘 중에 하나를 우선시하여 주관적 위법성이나 객관적 위법성만을 인정하는 것은 타당하지 않다. 또 두 견해의 대립은 불법과 책임의 구별 여부를 둘러싸고 시작되었기 때문에 불법과 책임의 구별이 확정된 오늘날 실익이 없다고 본다.[7)]

법규범은 평가규범으로서 모든 인간의 행위를 평가의 객체로 하므로 책임무능력자의 행위도 위법하다고 할 수 있다.

III. 위법성조각사유

1. 위법성조각사유의 의의

구성요건에 해당하는 행위는 금지 또는 명령규범에 반하므로 위법하다. 그러나 법규범은 특별한 상황이 존재하면 구성요건에 해당하는 행위를 허용한다. 이와 같이 행위의 위법성을 배제하는 특별한 상황을 위법성조각사유 또는 정당화사유라고 한다. 따라서 구성요건에 해당하는 행위는 위법성조각사유가 존재하지 않을 때 위법하게 된다. 형법은 위법성조각사유로 정당행위(제20조), 정당방위(제21조), 긴급피난(제22조), 자구행위(제23조) 및 피해자의 승낙(제24조)을 규정하고 있다. 또 형법각칙에는 명예훼손죄에 대한 위법성조각사유(제310조)가 있다.

2. 위법성조각사유의 기본원리

원칙적으로 금지되는 행위가 허용될 수 있는 근거가 무엇인가, 즉 법률에 규정되어 있는 위법성조각사유를 통일적으로 설명할 수 있는 기본원리가 무엇인가에 대하여는 견해가 대립하고 있다. 일원론과 다원론이 그것이다.

(1) 일원론

일원론은 모든 위법성조각사유를 하나의 기본원리로 설명할 수 있다고 하는 견해이다. 목적설과 이익교량설이 여기에 해당한다.

1) 목적설

목적설은 구성요건에 해당하는 행위가 법적으로 승인된 목적의 달성을 위한 상당한 수단에 해당한다면 위법하지 않다고 한다.

---

7) 김일수/서보학, 297면; 배종대, 290면.

목적설에 대해서는 상당성의 개념이 지나치게 추상적이고 불분명하고, 국가의 입장에서만 위법성조각사유를 설명하려고 한다는 비판이 가해진다.

2) 이익교량설

이익교량설은 서로 충돌하는 이익을 교량하여 경미한 이익을 희생시키고 우월한 이익을 보호하는 것은 적법하다고 하는 견해이다.

그러나 모든 위법성조각사유가 우월한 이익원칙을 근거로 하는 것은 아니다. 긴급피난에 대해서는 이익교량설이 타당하지만 정당방위와 피해자의 승낙을 이익교량에 의하여 설명하는 것은 불가능하다.

(2) 다원론

다원론은 이질적인 위법성조각사유를 하나의 기본원리로 설명하는 것은 불가능하다고 보고 이를 유형적으로 분류하여 그에 맞는 다양한 원리를 찾으려고 하는 이론이다. 메츠거(Mezger)의 이분설과 야콥스(Jakobs)의 삼분설이 여기에 해당한다.

메츠거의 이분설[8]은 위법성조각사유의 기본원리를 우월한 이익의 원칙과 이익흠결의 원칙으로 나누는 이론이다. 위법성조각사유의 기본원리를 우월한 법의 원칙과 흠결된 법의 원칙으로 나누는 견해도 여기에 속한다.[9] 우월한 이익의 원칙은 구성요건에 해당하는 행위가 침해되는 이익보다 보호되는 이익이 우월한 경우에는 위법하지 않다고 한다. 긴급피난과 정당방위는 우월한 이익의 원칙에 근거한다. 이익흠결의 원칙은 법익보호의 이익이 존재하지 않으면 구성요건에 해당하는 행위는 적법하다고 한다. 피해자의 승낙과 추정적 승낙은 이익흠결의 원칙에 의하여 위법성조각사유가 된다.

야콥스의 삼분설[10]은 위법성조각사유를 책임성원칙, 이익한정의 원칙 및 연대성원칙으로 구분한다. 책임성의 원칙은 정당방위, 방어적 긴급피난, 자력구제 및 현행범인의 체포(정당행위)와 같이 공격의 피해자가 정당화목적을 갖고 구성요건에 해당하는 행위를 하는 경우이고, 이익결정의 원칙은 추정적 승낙과 정당행위 중 법률상 침해권한을 허용하는 규정에 의한 경우와 같이 공격의 피해자가 공격 자체를 이익이 되거나 수용할 수 있는 것으

8) 김일수/서보학, 302면; 배종대, 303면; 이재상, 216면.
9) Blei, S. 130.
10) 김일수/서보학, 302면; 배종대, 303면.

로 결정하는 경우에 해당하며, 연대성원칙은 공격적 긴급피난과 같이 타인에 대한 연대성에 근거해서 행위를 하는 경우이다.

(3) 검토

현행법이 인정하고 있는 다양한 위법성조각사유를 하나의 원리로 설명하는 것은 불가능하기 때문에 다원론이 타당한 것처럼 보인다. 그러나 개개의 위법성조각사유마다 서로 다른 특성을 가지고 있기 때문에 위법성조각사유를 어느 하나의 원칙으로만 분류하는 것은 불가능하다. 따라서 이런 의미의 다원론도 타당하지 않다.

IV. 주관적 정당화요소

위법성조각사유의 객관적 요건, 즉 객관적 정당화상황을 인식하고 이에 근거하여 행위를 하는 것을 주관적 정당화요소라고 한다. 예를 들면 정당행위의 행위의사, 정당방위의 방위의사, 긴급피난의 피난의사, 자구행위의 자구의사, 피해자의 승낙에 있어서 행위의 승낙에 대한 인식이 여기에 해당한다.

1. 주관적 정당화요소의 필요성

위법성조각사유가 성립하기 위하여는 주관적 정당화의사가 필요한가에 대하여는 필요설과 불요설이 대립하고 있다.

필요설은 결과불법 이외에 행위불법도 조각되어야 위법성이 조각될 수 있는데 행위불법은 객관적 정당화요소가 존재한다는 사실을 주관적으로 인식함으로써만 조각되고, 형법이 방위의사(제21조), 피난의사(제22조), 자구의사(제23조) 및 승낙에 의한 행위(제24조)를 규정한 것은 주관적 정당화요소를 명문으로 요구한 것으로 이해하여야 하기 때문에 주관적 정당화요소가 필요하다고 한다.[11] 필요설이 판례가 취하는 입장이다.[12]

불요설은 객관적 위법성론에 근거하여 객관적 정당화상황만 있으면 위법성이 조각된다고 하는 견해이다.[13] 이에 의하면 객관적 정당화상황이 존재하면 이에 대한 주관적 인식은 필요하지 않다는 것이다.

---

11) 김일수/서보학, 306면; 배종대, 294면; 이재상, 218면.
12) 대법원 2000. 4. 25, 98도2389; 2007. 5. 11, 2006도 4328.
13) 차용석, 594면.

생각건대 필요설이 타당하다. 불법이 결과불법과 행위불법으로 이루어져 있기 때문에 불법이 배제되기 위해서는 결과불법을 조각하는 객관적 정당화상황뿐 아니라 행위불법을 조각하는 주관적 정당화요소도 필요하다.

2. 주관적 정당화요소의 내용

주관적 정당화요소의 내용이 무엇인가에 대하여 인식설, 의사설 및 절충설이 대립하고 있다. 인식설은 주관적 정당화요소는 객관적 정당화상황에 대한 인식을 의미한다고 한다.[14] 이에 반하여 의사설은 주관적 정당화요소는 정당화사유를 실현하려는 의사를 의미한다는 견해이다. 그리고 절충설은 객관적 정당화상황의 인식과 의사를 주관적 정당화요소라고 이해하는 견해이다.[15]

① 행위불법은 구성요건의 인식과 의사를 의미하는 고의에 의하여 구성되므로 구성요건적 고의에 대응하는 주관적 정당화요소도 정당화상황의 인식 이외에 정당화의사를 의미한다고 해야 하고, ② 형법이 위법성조각사유의 요건으로 방위의사, 피난의사 및 자구의사를 요구하고 있으며, ③ 인식이 있으면 의사가 있는 것이고 의사를 위해서는 인식을 필요로 하기 때문에 절충설이 타당하다. 다만 피해자의 승낙에 있어서는 정당화상황에 대한 인식만으로 충분하다고 해야 한다. 또 추정적 승낙과 형법 제310조의 위법성조각사유에 있어서는 위법성조각사유의 객관적 조건에 대한 양심에 따른 심사 또는 의무합치적 심사가 주관적 정당화요소가 된다고 해야 한다.[16]

3. 주관적 정당화요소의 부존재의 효과

위법성조각사유가 성립하기 위해서는 객관적 정당화상황뿐 아니라 주관적 정당화요소가 있어야 한다. 따라서 객관적 정당화요소가 존재하더라도 주관적 정당화요소가 없는 경우에는 위법성이 조각되지 않는다. 예를 들면 A가 살인의 고의로 B를 살해하였는데 사실은 그 때 B가 A를 살해하려고 한 경우가 그러한 예이다. 이 경우에 행위자에게 어떤 형사책임을 인정할 것 인가에 대해서는 견해가 대립하고 있다. 불능미수범설과 기수범설이 그것이다. 불능미수범설은 이 경우에 행위불법은 인정되어 위법성이 있지만

14) 박상기, 150면; 정성근/박광민, 207면.
15) 김일수/서보학, 309면; 배종대, 296면; 오영근, 324면; 이재상, 219면.
16) 배종대, 296면; 이재상, 219면.

결과불법이 없기 때문에 불능미수가 되거나 불능미수에 관한 규정이 유추적용된다는 견해이다. 결과를 포함하여 구성요건이 실현되었으나 그 결과는 객관적 정당화상황으로 인하여 법질서에 의해 부정된 것이 아니기 때문에 결과불법의 성립도 부정되어야 하기 때문이다.[17)]

이 견해에 대해서는 ① 구성요건적 결과가 발생하였음에도 불구하고 미수가 된다고 하는 것은 근거가 없고, ② 위법성조각사유는 객관적 요건과 주관적 요건이 구비되어야 성립하므로 객관적 정당화상황이 있다고 하여 결과불법이 조각되는 것은 아니며 ③ 구성요건적 행위가 과실행위이거나 미수에 해당하는 경우에는 과실범의 미수 또는 미수의 미수가 되어 해결이 불가능한 결과를 초래한다는 비판이 가해진다.

기수범설은 위법성조각사유의 객관적 요건이 존재하더라도 주관적 정당화요소가 없는 때에는 기수가 된다고 한다. 위법성조각사유는 객관적 요건뿐 아니라 주관적 요건도 구비되어야 성립하기 때문이라고 한다.[18)] 기수범설이 타당하다. 다만 양형 시 객관적 정당화상황의 존재를 고려하여 형을 감경할 필요가 있다고 생각한다.[19)]

제 2 절 정당행위

I. 정당행위의 의의와 법적 성격

1. 의의

형법은 제20조에 "법령에 의한 행위, 업무로 인한 행위, 기타 사회상규에 위배되지 않는 행위는 벌하지 아니한다"고 하여 정당행위를 규정하고 있다. 세 가지 행위의 관계에 대하여 세 가지 행위는 각각 독자적 의미와 기능을 갖는다는 견해[20)]가 있으나 법령에 의한 행위 또는 업무로 인한 행위는 사회상규에 위배되지 않는 행위의 예시라고 하는 견해가 타당하다.[21)]

17) Jescheck/Weigend, S. 330; Maurach/Zipf, S. 339; Schönke/Schröder/Lenckner, § 32 Rn. 15.
18) 이재상, 220면.
19) 같은 의견으로는 배종대, 298면.
20) 김일수/서보학, 334면; 성낙현, 294면.
21) 이재상, 275면.

형법은 정당방위·긴급피난·자구행위·피해자의 승낙과 같은 개별적 위법성조각사유 이외에 사회상규에 위배되지 않는 행위를 일반적 위법성조각사유로 규정함으로써 초법규적 위법성조각사유를 일반적 위법성조각사유에 포함시키고 있다. 여기의 사회상규란 법질서 전체의 정신이나 그 배후에 놓여 있는 사회윤리 내지 사회통념에 비추어 용인될 수 있는 것을 말한다.[22)]

2. 법적 성격

정당행위의 법적 성격에 대하여는 견해가 대립하고 있다. 구성요건해당성조각사유설은 정당행위는 처음부터 적법한 행위로서 구성요건에 해당하지 않는 행위라고 한다. 위법성조각설은 정당행위는 위법성조각사유라고 하는 견해이다. 구성요건조각·위법성조각설은 정당행위는 적법한 행위와 구성요건에 해당하면서 위법성이 조각되는 행위를 포함한다고 한다. 위법성조각사유설이 통설[23)]과 판례[24)]의 입장이다. 형법이 처음부터 구성요건에 해당하지 않는 행위를 규정해야 할 이유가 없고, 정당행위를 다른 위법성조각사유와 함께 규정한 것에 비추어 볼 때 위법성조각사유로 보는 것이 더 설득력이 있다.

II. 법령에 의한 행위

법령에 의한 행위란 법령에 근거하여 행해지는 모든 행위를 말한다. 이는 법령에 규정된 권리·의무를 행사하는 행위는 물론 법령을 집행하는 행위를 포함한다. 위법성은 법질서에 반하는 것을 의미하므로 형법 이외의 다른 법이 허용하는 행위는 형법에서도 적법한 것으로 평가되어야 한다. 법령에 의한 행위가 권리남용에 해당하는 경우에는 위법성이 조각되지 않는다.[25)] 법령에는 실정법률은 물론 정당한 법률에 근거하여 제정된 규칙이나 명령도 포함된다. 법령에 의한 행위에는 공무원의 직무집행행위, 징계권자의 징계행위, 노동쟁의행위 등이 있다.

---

22) 대법원 2008. 10. 23, 2008도6999; 2003. 9. 26, 2003도3000; 2002. 12. 26, 2002도5077.
23) 김일수/서보학, 335면; 박상기, 153면; 배종대, 310면; 성낙현, 295면; 오영근, 327면; 이재상, 276면; 임웅, 198면.
24) 대법원 2008. 10. 23, 2008도6999; 2003. 9. 26, 2003도3000; 2002. 12. 26, 2002도5077; 2001. 4. 25, 2000도4415.
25) 대법원 2007. 9. 28, 2007도606.

1. 공무원의 직무집행행위

공무원의 직무집행행위로는 직접 법령에 규정된 직무를 집행하는 행위와 상관의 명령에 의한 행위를 들 수 있다.

(1) 법령에 근거한 직무집행행위

공무원이 법령에 근거하여 직무를 집행하는 행위는 구성요건에 해당하더라도 위법성이 조각된다, 예를 들면 ① 형법상의 사형, 징역형, 벌금형, 노역장유치와 같은 형벌집행행위(제66조-제70조), 보안관찰법상의 보안관찰처분(제4조), 치료감호법상의 치료감호처분 · 보호관찰처분(제6조-제16조, 제32조), ② 형사소송법상의 체포(제200조의2) · 긴급체포(제200조의3) · 현행범인체포(제212조) · 구속(제70조, 제201조), 압수 · 수색 · 검증(제106조-제112조, 제139조, 제215조), 감정처분(제173조) 등의 강제처분, ③ 민사소송법상 집행관의 강제집행(제43조), ④ 경찰관직무집행법의 불심검문(제3조) · 보호조치(제4조), 경찰장구(제10조) · 최류탄(제10조의2) · 무기사용(제11조) 등이 여기에 해당한다.

공무원의 직무집행행위의 위법성이 조각하기 위해서는 직무집행행위가 ① 공무원의 직무범위에 속하고, ② 법령에 규정된 요건을 구비하여야 하며, ③ 적정한 절차에 따라서 행해져야 한다.[26)]

ㅁ 판례(대법원 1997. 6. 13, 97도877)

형사소송법이나 경찰관직무집행법 등의 법률에 정하여진 구금 또는 보호유치 요건에 의하지 아니하고는 즉결심판 피의자라는 사유만으로 피의자를 구금, 유치할 수 있는 아무런 법률상 근거가 없고, 경찰 업무상 그러한 관행이나 지침이 있었다 하더라도 이로써 원칙적으로 금지되어 있는 인신구속을 행할 수 있는 근거로 할 수 없으므로, 즉결심판 피의자의 정당한 귀가요청을 거절한 채 다음날 즉결심판법정이 열릴 때까지 피의자를 경찰서 보호실에 강제유치시키려고 함으로써 피의자를 경찰서 내 즉결피의자 대기실에 10-20분 동안 있게 한 행위는 형법 제124조 제1항의 불법감금죄에 해당하고, 이로 인하여 피의자를 보호실에 밀어 넣으려는 과정에서 상해를 입게 하였다면 특정범죄가중처벌등에관한법률 제4조의2 제1항 위반죄에 해당한다.

---

26) 김일수/서보학, 337면; 배종대, 311면; 이재상, 277면; 임웅, 200면.

(2) 상관의 명령에 의한 행위

상관의 적법한 명령에 따라 행해진 직무집행행위는 정당행위로서 위법성을 조각한다. 그러나 상관의 위법한 명령에 의한 행위는 위법성이 조각되지 않는다. 상관의 명령에 절대적 구속력이 있는 경우에는 위법한 명령에 복종한 행위는 위법하지만 책임이 조각된다는 견해[27]와 위법성의 경중을 구분하여 위법성이 경미한 때에는 위법성을 조각하지만 위법성이 중대한 때에는 면책적 긴급피난이 된다고 하는 견해[28]가 대립하고 있다. 상관의 위법한 행위에 복종하는 부하의 행위는 위법하다고 해야 하고, 다만 적법행위에 대한 기대가능성이 없기 때문에 책임이 조각된다고 하는 견해가 타당하다. 그러나 절대적 구속력이 없는 위법한 명령에 복종한 행위는 위법성은 물론 책임도 조각하지 않는다.[29]

> **□ 판례(대법원 1999. 4. 23, 99도636)**
>
> 공무원이 그 직무를 수행함에 즈음하여 상관은 하관에 대하여 범죄행위 등 위법한 행위를 하도록 명령할 직권이 없는 것이며, 또한 하관은 소속상관의 적법한 명령에 복종할 의무는 있으나 그 명령이 대통령 선거를 앞두고 특정후보에 대하여 반대하는 여론을 조성할 목적으로 확인되지도 않은 허위의 사실을 담은 책자를 발간·배포하거나 기사를 게재하도록 하라는 것과 같이 명백히 위법 내지 불법한 명령인 때에는 이는 벌써 직무상의 지시명령이라 할 수 없으므로 이에 따라야 할 의무가 없다.

2. 징계권자의 징계행위

법령상 징계권자의 징계행위는 위법성이 조각된다. 친권자의 자녀에 대한 징계행위(민법 제915조), 후견인의 미성년자에 대한 징계행위(민법 제945조, 제948조), 학교장의 학생에 대한 징계행위(초 · 중등교육법 제18조, 고등교육법 제13조 제1항), 소년원장 또는 소년분류심사원장의 보호소년에 대한 징계행위(보호소년등의처우에관한법률 제15조) 등이 여기에 해당한다. 그러나 징계권자의 징계행위가 위법성을 조각하기 위해서는 사회상규에 위배되지 않아야 한다. 따라서 4세인 아들이 대소변을 가리지 못한다고 닭장에 가두고 전신을 구타한 경우,[30] 교

27) 박상기, 155면; 배종대, 312면; 이재상, 278면; 임웅, 200면; 정성근/박광민, 213면.
28) 김일수/서보학, 338면.
29) 대법원 1988. 2. 23, 87도2358; 1997. 4. 17, 96도3376.

사가 대나무 막대기로 나이 어린 피해자의 전신을 구타하여 상해를 입힌 경우,[31] 교사가 나무 지휘봉으로 초등학교 5학년생 엉덩이를 두 번 때리고 다시 허리부분을 때려 6주간의 상해를 입힌 경우[32]는 정당한 징계행위에 해당하지 않는다.

초·중등교육법은 교사의 체벌을 학생에 대한 징계권에 포함시키지 않고 있으나 체벌의 방법·정도 등이 교육의 목표를 달성하기 위한 것으로서 사회상규에 위배되지 않으면 사회상규에 위배되지 않는 행위로 볼 수 있다는 것이 통설[33]과 판례[34]의 입장이다. 그러나 교사의 체벌은 인간의 존엄과 가치를 훼손할 수 있기 때문에 징계행위로서 허용될 수 없다고 해야 한다.[35]

3. 노동쟁의행위

헌법 제33조는 노동삼권(단결권, 단체교섭권, 단체행동권)을 보장하고 있고, 이에 따라 노동조합법및노동관계조정법은 동맹·파업·태업 등 노동쟁의행위를 허용하고 있다. 따라서 법령에 근거한 노동쟁의행위는 정당행위로서 위법성을 조각한다. 그러나 근로자의 노동쟁의행위는 근로조건의 유지·개선과 근로자의 경제적·사회적 지위의 향상을 위해 행해진 때에만 정당행위가 된다(노동조합법및노동관계조정법 제4조). 목적이 아무리 정당하더라도 폭력이나 파괴행위는 정당한 행위가 될 수 없다.

판례에 의하면 근로자의 쟁의행위가 적법하기 위해서는 ① 그 주체가 단체교섭의 주체로 될 수 있는 자이어야 하고, ② 그 목적이 근로조건의 향상을 위한 노사 간의 자치적 교섭을 조성하는 데 있어야 하며, ③ 사용자가 근로자의 근로조건 개선에 관한 구체적인 요구에 대하여 단체교섭을 거부하였을 때 개시하되 특별한 사정이 없는 한 조합원의 찬성결정 등 법령이 규정한 절차를 거쳐야 하고, ④ 그 수단과 방법이 사용자의 재산권과 조화를 이루어야 함은 물론 폭력의 행사에 해당되지 아니하여야 한다는 여러 조건을 모두 구비하여야 한다.[36]

---

30) 대법원 1969. 2. 4, 68도1793.
31) 대법원 1978. 3. 14, 78도203.
32) 대법원 1990. 10. 30, 90도1456.
33) 박상기, 157면; 오영근, 332면; 유기천, 192면; 이형국, 269면; 임웅, 201면.
34) 대법원 2004. 6. 10, 2001도5380.
35) 김일수/서보학, 340면; 배종대, 314면; 이재상, 280면.

4. 사인의 현행범인의 체포

형사소송법은 현행범인은 누구든지 영장 없이 체포할 수 있다고 규정하고 있다(제212조). 따라서 사인이 현행범인을 체포하는 행위는 정당행위로서 위법성을 조각한다. 이 때 정당행위는 현행범인을 체포하기 위하여 필요한 폭행·협박 또는 도주의 저지 등에 국한된다. 현행범인을 체포하기 위해 타인의 주거에 침입하거나 현행범인을 상해 또는 살인하거나 무기를 사용하는 것은 정당행위에 속하지 않는다.[37]

판례는 사인의 현행범인체포가 정당행위가 되려면 ① 그 행위의 동기나 목적의 정당성, ② 행위의 수단이나 방법의 상당성, ③ 보호법익과 침해법익의 균형성, ④ 긴급성, ⑤ 그 행위 이외의 다른 수단이나 방법이 없다는 보충성의 요건을 모두 갖추어야 한다고 판시한다.[38]

III. 업무로 인한 행위

형법은 업무로 인한 행위도 정당행위로 보아 위법성이 조각된다고 규정하고 있다. 업무란 사람이 사회생활상의 지위에 기해서 계속·반복적 의사로 행하는 사무를 말한다. 업무로 인한 행위가 법령에 근거하는 때에는 법령에 의한 행위로서 위법성이 조각된다. 따라서 정당행위로서의 업무행위는 법령에 규정되어 있지 않은 업무행위만을 의미한다.[39] 업무로 인한 행위에는 의사의 치료행위, 변호사의 변론, 성직자의 종교행위 및 안락사가 있다.

1. 의사의 치료행위

의사의 치료행위란 치료의 목적으로 의술의 법칙에 맞게 행해지는 신체침해를 말한다. 치료행위의 법적 성격에 대하여는 견해가 대립하고 있다. 치료행위는 상해의 고의가 없기 때문에 상해죄의 구성요건에 해당하지 않는 행위라는 견해,[40] 상해죄의 구성요건에 해당하지만 업무로 인한 행위로서 위법성이 조각된다는 견해[41] 및 피해자의 승낙 또는 추정적 승낙에 의

---

36) 대법원 2009. 6. 23, 2007두12859; 1999. 6. 25, 99다8377; 1998. 1. 20, 97도588.
37) 배종대, 317면; 이재상, 280면.
38) 대법원 1999. 1. 26, 98도3029.
39) 박상기, 157면; 배종대, 321면; 이재상, 282면.
40) 김일수/서보학, 346면; 이재상, 283면; 이형국, 141면.

해 위법성이 조각되는 행위라는 견해[42]가 그것이다. 판례는 의사의 치료행위는 그 수단과 방법이 현대의술에 적합하면 정당행위로서 위법성이 조각된다는 입장을 취한다.[43] 의사의 치료행위는 대부분 피해자의 승낙이나 추정적 승낙에 의하여 위법성이 조각된다. 따라서 업무로 인한 행위로서의 치료행위는 피해자의 승낙이나 추정적 승낙이 없는 경우를 의미한다고 해야 한다. 그리고 치료행위는 상해죄의 구성요건에 해당한다고 해야 한다. 그 이유는 다음과 같다. ① 환자는 단지 치료행위의 객체로 전락하게 되어 환자의 자기결정권이 침해될 수 있고, ② 치료목적으로 행해진 치료행위가 의술의 법칙에 위배되더라도 상해죄로 처벌되지 않거나 기껏해야 과실범으로 처벌될 수 있을 뿐이며, ③ 치료행위를 인식하고 실현하려고 하였다면 상해의 고의가 없다고 할 수 없다. 다만 환자의 승낙이 없는 치료행위는 상해죄의 구성요건에 해당하지만 치료목적으로 의술의 법칙에 따라 행해진 경우에 한하여 위법성을 조각한다. 치료행위가 의술의 법칙에 반하는 때에는 과실범이 아니라 상해죄가 성립한다고 해야 한다. 이러한 점에서 판례가 의사가 자궁외임신을 자궁근종으로 오진하고 피해자에게 자궁적출수술의 불가피성을 설명하여 피해자로부터 수술승낙을 받아 자궁적출수술을 한 경우에 업무상과실치상죄가 성립한다고 판시한 것[44]은 타당하다고 할 수 없다.[45]

2. 변호사 또는 성직자의 업무행위

피고인을 위한 변호활동은 변호사의 업무에 속한다. 따라서 변호사가 법

41) 배종대, 322면; 유기천, 193면; 정성근/박광민, 291면.

42) 박상기, 159면.

43) 대법원 1978. 11. 14, 78도2388.

44) 대법원 1993. 7. 27, 92도2345, "산부인과 전문의 수련과정 2년차인 의사가 자신의 시진, 촉진 결과 등을 과신한 나머지 초음파검사 등 피해자의 병증이 자궁외 임신인지, 자궁근종인지를 판별하기 위한 정밀한 진단방법을 실시하지 아니한 채 피해자의 병명을 자궁근종으로 오진하고 이에 근거하여 의학에 대한 전문지식이 없는 피해자에게 자궁적출술의 불가피성만을 강조하였을 뿐 위와 같은 진단상의 과오가 없었으면 당연히 설명받았을 자궁외 임신에 관한 내용을 설명받지 못한 피해자로부터 수술승낙을 받았다면 위 승낙은 부정확 또는 불충분한 설명을 근거로 이루어진 것으로서 수술의 위법성을 조각할 유효한 승낙이라고 볼 수 없다. 난소의 제거로 이미 임신불능 상태에 있는 피해자의 자궁을 적출했다 하더라도 그 경우 자궁을 제거한 것이 신체의 완전성을 해한 것이 아니라거나 생활기능에 아무런 장애를 주는 것이 아니라거나 건강상태를 불량하게 변경한 것이 아니라고 할 수 없고 이는 업무상 과실치상죄에 있어서의 상해에 해당한다."

45) 같은 의견으로는 배종대, 323면.

정에서 변론을 하면서 사실을 적시하여 타인의 명예를 훼손하거나 업무상 알게 된 타인의 비밀을 누설하더라도 정당행위로서 위법성이 조각되므로 명예훼손죄(제307조)나 업무상비밀누설죄(제317조)는 성립하지 않는다.

성직자인 신부가 고해성사를 통하여 알게 된 범인이나 범죄사실을 수사기관에 신고하지 않거나 묵비한 행위는 정당행위가 되어 위법성을 조각하므로 국가보안법상의 불고지죄(제10조)는 성립하지 않는다. 하지만 범인을 적극적으로 은닉하거나 도피케 한 행위는 성직자의 업무에 속하지 않으므로 위법성이 조각되지 않는다.[46]

ㅁ 판례(대법원 1983. 3. 8, 82도3248)

성직자라 하여 초법규적인 존재일 수는 없으며 성직자의 직무상 행위가 사회상규에 반하지 아니한다 하여 그에 적법성이 부여되는 것은 그것이 성직자의 행위이기 때문이 아니라 그 직무로 인한 행위에 정당, 적법성을 인정하기 때문인 바, 사제가 죄지은 자를 능동적으로 고발하지 않는 것에 그치지 아니하고 은신처마련, 도피자금 제공 등 범인을 적극적으로 은닉·도피케 하는 행위는 사제의 정당한 직무에 속하는 것이라고 할 수 없다.

3. 안락사

안락사란 죽음에 임박한 환자의 고통을 제거하거나 덜어 주기 위하여 그의 생명을 단축시키는 의료조치를 취하는 것을 말한다. 안락사가 정당행위로서 위법성을 조각하는지가 문제된다. 안락사는 적극적 안락사, 소극적 안락사 및 간접적 안락사로 구별된다.

적극적 안락사란 고통을 제거하기 위하여 환자를 살해하는 것을 말한다. 적극적 안락사가 허용되는지에 대해서는 견해가 대립한다. 적극적 안락사는 어떠한 경우에도 허용되지 않는다는 견해가 타당하다고 생각한다.[47] 이를 허용하는 때에는 남용의 위험이 있기 때문이다.

소극적 안락사는 환자의 고통을 제거하기 위하여 생명연장조치를 중단하는 것을 말하고, 존엄사라고도 한다. 예를 들면 환자의 인공호흡기를 제거하는

46) 대법원 1983. 3. 8, 82도3248.
47) 김일수/서보학, 347면; 박상기, 161면; 배종대, 325면; 이재상, 284면. 적극적 안락사를 찬성하는 견해로는 성낙현, 308면; 오영근, 345면; 이형국, 276면; 정성근/박광민, 290면.

경우가 여기에 해당한다. 소극적 안락사는 정당행위에 속한다고 해야 한다.

간접적 안락사는 환자의 고통을 제거하기 위한 의료적 조치가 부수적으로 생명단축의 결과를 가져오는 경우를 말한다. 예를 들면 고통을 제거하기 위하여 환자에게 강력한 진통제를 투여하는 경우가 그것이다. 간접적 안락사도 정당행위로서 허용된다고 해야 한다(통설).

IV. 사회상규에 위배되지 않는 행위

1. 사회상규의 의의

형법 제20조는 사회상규에 위배되지 않는 행위를 일반적·포괄적 위법성조각사유로 규정함으로써 초법규적 위법성조각사유를 법적 위법성조각사유에 포함시키고 있다. 사회상규란 법질서 전체의 정신이나 그 배후에 놓여 있는 사회윤리 내지 사회통념을 말한다.[48] 그러므로 사회상규에 위배되지 않는 행위는 법질서 전체의 정신이나 그 배후에 놓여 있는 사회윤리 내지 사회통념에 비추어 용인될 수 있는 행위를 의미한다. 사회상규에 위배되지 않는 행위는 정당방위, 긴급피난, 자구행위 및 피해자의 승낙을 포괄하는 위법성조각사유라는 견해[49]가 있으나 이는 위법성조각사유를 개별적으로 규정한 형법의 체계에 반한다.[50]

□ 판례(대법원 2010. 5. 27, 2010도2680)

형법 제20조 소정의 '사회상규에 위배되지 아니하는 행위'라 함은 법질서 전체의 정신이나 그 배후에 놓여 있는 사회윤리 내지 사회통념에 비추어 용인될 수 있는 행위를 말하고, 어떠한 행위가 사회상규에 위배되지 아니하는 정당한 행위로서 위법성이 조각되는 것인지는 구체적인 사정 아래서 합목적적, 합리적으로 고찰하여 개별적으로 판단되어야 할 것인바, 이와 같은 정당행위를 인정하려면 첫째 그 행위의 동기나 목적의 정당성, 둘째 행위의 수단이나 방법의 상당성, 셋째 보호이익과 침해이익과의 법익균형성, 넷째 긴급성, 다섯째 그 행위 외에 다른 수단이나 방법이 없다는 보충성 등의 요건을 갖추어야 한다.

---

48) 대법원 2010. 5. 27, 2010도2680; 2009. 12. 24, 2007도 6243; 2008. 10. 23, 2008도6999; 2004. 8. 20, 2003도4732; 2001. 2. 23, 2000도4415.

49) 정성근/박광민, 219면.

50) 박상기, 164면.

2. 사회적 상당성과의 관계

사회상규는 사회적 상당성(Sozialadäquanz)이라는 개념과 구별된다. 역사적으로 형성된 사회생활의 질서에 일치하는 행위는 사회적으로 상당한 행위로서 법익을 침해하더라도 구성요건에 해당하지 않는다.[51] 예를 들면 일상생활에서 흔히 볼 수 있는 폭언은 명예훼손죄(제302조)나 폭행죄(제260조)의 구성요건에 해당하지 않는다. 반면 사회상규는 구성요건에 해당하는 행위의 위법성을 배제한다.

한편으로는 사회적 상당성의 개념을 인정할 필요가 없다는 견해도 있다.[52] ① 사회적으로 상당한 행위의 불가벌성에 대한 종국적 판단은 위법성단계에서 내려질 것이고, ② 구성요건배제사유인 사회적 상당성은 위법성심사를 앞당기며, ③ 문제되는 가벼운 사안은 대부분 각 구성요건의 해석과 위법성조각사유의 적용으로 해결할 수 있다는 것을 이유로 한다. 판례도 사회적 상당성과 사회상규를 동일시하고 있다.[53] 그러나 사회적 상당성은 행위의 구성요건해당성을 조각하는 구성요건해당성조각사유임에 반하여, 사회상규는 구성요건해당성이 인정되는 행위의 위법성을 조각하는 위법성조각사유이므로 양자는 구별되어야 한다.[54]

3. 사회상규의 판단기준

사회상규의 개념이 명확하지 않으므로 사회상규의 내용이 무엇인가가 문제된다. 판례는 사회상규에 위배되지 않는 행위를 인정하기 위해서는 ① 그 행위의 동기나 목적의 정당성, ② 행위의 수단이나 방법의 상당성, ③ 보호이익과 침해이익과의 법익균형성, ④ 긴급성, ⑤ 그 행위 외에 다른 수단이

51) Welzel, S. 56.

52) 배종대, 329면.

53) 대법원 1985. 6. 11, 84도1958, "형법상 처벌하지 아니하는 소위 사회상규에 반하지 아니하는 행위라 함은 행위가 법규정의 문언상 일응 범죄구성요건에 해당된다고 보이는 경우에도 그것이 극히 정상적인 생활형태의 하나로서 역사적으로 생성된 사회생활질서의 범위 안에 있는 것이라고 생각되는 경우에 한하여 그 위법성이 조각되어 처벌할 수 없게 되는 것으로서, 어떤 법규정이 처벌대상으로 하는 행위가 사회발전에 따라 전혀 위법하지 않다고 인식되고 그 처벌이 무가치할 뿐 아니라 사회정의에 위반된다고 생각될 정도에 이를 경우나, 국가법질서가 추구하는 사회의 목적 가치에 비추어 이를 실현하기 위하여서 사회적 상당성이 있는 수단으로 행하여 졌다는 평가가 가능한 경우에 한하여 이를 사회상규에 위배되지 아니한다고 할 것이다."

54) 박상기, 166면; 이재상, 286면.

나 방법이 없다는 보충성 등의 요건을 갖추어야 한다고 판시한다.[55] 따라서 속칭 생일빵을 한다는 명목 하에 피해자를 가격한 경우,[56] 의사가 간호조무사로 하여금 모발이식시술행위 중 일정 부분을 직접 하도록 맡겨 둔 경우,[57] 부항침과 부항을 이용하여 체내의 혈액을 밖으로 배출되도록 하는 시술행위,[58] 교사가 많은 학생들 앞에서 손과 주먹으로 여학생의 머리를 때리고 신고 있던 슬리퍼로 양손을 때렸으며 여학생들에게 모욕감을 느낄 지나친 욕설을 한 경우,[59] 남북정상회담의 개최과정에서 이루어진 대북송금 행위,[60] 간통현장을 직접 목격하고 그 사진을 촬영하기 위하여 상간자의 주거에 침입한 경우[61] 채권을 변제받기 위해 채무자에게 사회통념상 용인될 수 있는 정도를 넘어서는 협박을 가한 경우,[62] 민족정기를 세우기 위하여 김구선생 암살 범인을 살해한 경우,[63] 불법선거운동을 적발할 목적으로 타인의 식당에 침입하여 도청장치를 설치한 경우,[64] 가요담당 방송프로듀서가 직무상 알고 지내던 가수매니저들로부터 20만원 내지 100만 원정도의 금품을 28회에 걸쳐 받은 경우,[65]는 정당행위에 해당하지 않는다.

그러나 회사의 이익을 빼돌린다는 소문을 확인할 목적으로 비밀장치를 한 개인용 컴퓨터의 하드디스크를 검색한 경우,[66] 시장번영회의 관리규정에 따라 관리비 체납자의 점포에 대하여 단전조치를 실시한 경우,[67] 수지침 시술행위를 한 경우,[68] 상대방의 불법적 폭행에 대하여 자신을 보호하기 위하여 소극적인 방어를 한 경우,[69] 피고인의 차를 손괴하고 도망하려는 피해자를

55) 대법원 2010. 5. 27, 2010도2680; 2009. 12. 24, 2007도 6243; 1999. 2. 23, 98도1869.
56) 대법원 2010. 5. 27, 2010도2680.
57) 대법원 2007. 6. 28, 2005도8317.
58) 대법원 2004. 10. 28, 2004도3405.
59) 대법원 2004. 6. 10, 2001도5380.
60) 대법원 2004. 3. 26, 2003도7878.
61) 대법원 2003. 9. 26, 2003도3000.
62) 대법원 2000. 2. 25, 99도4305.
63) 대법원 1997. 11. 14, 97도2118.
64) 대법원 1997. 3. 28, 95도2674.
65) 대법원 1991. 6. 11, 91도688.
66) 대법원 2009. 12. 24, 2007도6243.
67) 대법원 2004. 8. 20, 2003도4732.
68) 대법원 2000. 4. 25, 98도2389.
69) 대법원 1999. 10. 12, 99도3377.

도망하지 못하게 멱살을 잡고 흔들어 피해자에게 전치 14일의 흉부찰과상을 가한 경우,[70] 야간에 술에 만취된 채 시비를 하며 거실로 들어오려 하므로 이를 제지하며 밀어내는 과정에서 2주 상해를 입힌 경우,[71] "앞으로 수박이 없어지면 네 책임으로 한다"고 협박한 경우,[72] 부당한 행패에서 벗어나기 위해 피해자의 팔을 뿌리쳐 피해자가 상해를 입게 된 경우,[73] 운전사가 폭언을 하면서 멱살을 잡고 흔드는 피해자의 손을 뿌리치면서 택시를 출발시켜 운행한 경우,[74] 뽕밭을 유린하는 소의 고삐가 나무에 얽혀 풀 수 없는 상황에서 고삐를 낫으로 끊은 경우,[75] 피해자에게 치료비를 요구하고 물어 주지 않으면 고소하겠다고 한 경우[76]는 사회상규에 위배되지 않는 정당행위가 된다.

제 3 절 정당방위

I. 정당방위의 의의

정당방위란 자기 또는 타인의 법익에 대한 현재의 부당한 침해를 방위하기 위한 상당한 이유가 있는 행위를 말한다(형법 제21조 제1항). 형법은 정당방위를 긴급피난과 자구행위와 함께 위법성조각사유로 규정하고 있다. 정당방위는 부당한 침해에 대한 방어행위로서 부정 대 정(不正 對 正)의 관계이다. 정당방위의 근본사상은 "법은 불법에 굴복할 필요가 없다"가 된다.[77] 이에 따라 정당방위행위자는 위법한 공격을 해오는 자의 법익을 적극적으로 침해할 권한을 가지며 공격자는 이러한 법익침해를 감내할 의무를 진다. 이 경우에 공격의 피해자는 공격을 회피할 수 있더라도 회피할 필요가 없다.

70) 대법원 1999. 1. 26, 98도3029.
71) 대법원 1995. 2. 28, 94도2746.
72) 대법원 1995. 9. 29, 94도2187.
73) 대법원 1995. 8. 22, 95도936.
74) 대법원 1989. 11. 14, 89도1426.
75) 대법원 1976. 12. 28, 76도2359.
76) 대법원 1971. 11. 9, 71도1629.
77) Jescheck/Weigend, S. 336.

II. 정당방위의 근거

정당방위는 자기보호의 원리(Selbstschutzprinzip)와 법질서수호(Rechts-bewährung)에 근거한다.

자기보호의 원리는 자기보존 또는 종족보존의 본능이라는 자연법상의 권리에서 유래한다. 정당방위는 타인의 위법한 공격으로부터 개인적 법익을 보호할 수 있다는 자기보호의 원리에 근거한다. 정당방위는 개인의 권리보호를 목적으로 하므로 사회적 · 국가적 법익의 보호를 위한 정당방위는 허용되지 않는다.[78] 예를 들면 마약류제조나 판매행위에 대한 정당방위는 위법성을 조각하지 않는다.

부당한(위법한) 공격으로부터 법질서를 수호한다는 사회권적 측면도 정당방위의 정당화근거가 된다. 법익에 대한 부당한 침해를 방지하는 방위행위가 동시에 법질서를 침해로부터 보호하는 것이 된다. 여기에는 "법은 불법에 굴복할 필요가 없다"는 명제가 지배한다. 따라서 정당방위는 이익교량을 요하지 않는다.

III. 정당방위의 성립요건

정당방위가 성립하기 위해서는 ① 현재의 부당한 침해가 있을 것(정당방위상황), ② 자기 또는 타인의 법익을 방위하기 위한 행위일 것(방위의사), ③ 상당한 이유가 있을 것(상당성)이라는 세 가지 요건이 구비되어야 한다.

1. 현재의 부당한 침해

정당방위는 현재의 부당한 침해, 즉 정당방위상황(Notwehrlage)을 전제로 한다. 정당방위상황은 인간의 침해, 침해의 현재성 및 침해의 부당성을 포함한다.

(1) 침해

보호법익에 대한 공격을 침해라고 한다. 공격의 주체는 사람이어야 한다. 동물의 공격, 자연재해 또는 무의식적 행위 · 반사행위는 여기의 침해에 해당하지 않는다. 따라서 개의 공격에 대해서는 정당방위가 불가능하

78) 박상기, 167면; 성낙현, 229면; 이재상, 221면.

다. 이에 대해서는 긴급피난이 가능하다.[79] 그러나 사람이 도구로 이용한 동물의 공격은 도구로 이용한 사람의 행위이므로 침해가 된다. 사람의 행위인 이상 고의에 의한 행위이든 과실에 의한 행위이든 묻지 않으며, 책임무능력자의 공격도 침해에 해당한다.

침해는 부작위에 의해서도 가능하다.[80] 부작위에 의한 침해는 작위의무(보증인의무)의 존재를 전제로 한다.

(2) 침해의 현재성

법익의 침해는 현재적일 것을 요한다. 침해의 현재성은 침해가 임박하거나 시작되었거나 계속되고 있는 것을 의미한다. 따라서 과거의 침해나 장래에 발생할 침해에 대해서는 정당방위가 허용되지 않는다. 계속범의 경우에는 법익침해가 계속되고 있는 한 침해의 현재성이 인정된다. 또 범죄가 기수에 이른 후에도 법익침해가 계속되는 한 침해의 현재성은 성립한다. 예를 들면 물건을 절취하여 달아나는 절도범을 추격하여 도품을 탈환하는 것은 정당행위가 된다.[81]

침해의 현재성을 판단하는 시점은 방위행위 시가 아니라 침해행위 시를 기준으로 하므로 장래의 침해를 방지하기 위하여 미리 설치한 고압전기철조망은 침해행위 시에 방위효과가 있는 때에는 현재성이 인정된다.[82]

장래에 반복될 위험이 있는 침해에 대한 예방적 정당방위가 가능한지가 문제된다. 예를 들면 반복된 성폭행을 막기 위하여 의붓아버지를 살해하는 경우와 술만 마시면 어머니를 폭행하는 아버지를 살해하는 경우가 여기에 해당한다. 이 경우에 정당방위가 가능하다는 견해[83]는 예방적 정당방위를 긴급피난으로 본다면 현재성을 일반적 정당방위에서 보다 넓게 해석할 필요가 있고 폭력행위등처벌에관한법률 제8조가 예방적 정당방위를 규정하고 있다는 것을 이유로 든다. 그러나 정당방위가 허용되지 않는다는 견해[84]가 타당하다. 정당방위는 법익이 침해되는 위급한 상황에서 예외적으

79) 배종대, 343면.

80) 김일수/서보학, 293면; 박상기, 168면; 배종대, 344면; 이재상, 223면; 임웅, 213면.

81) 김일수/서보학, 294면; 박상기, 169면; 배종대, 344면; 성낙현, 234면; 이재상, 223면; 임웅, 21면.

82) 김일수/서보학, 294면; 임웅, 214면.

83) 박상기, 170면.

84) 김일수/서보학, 294면; 배종대, 344면; 오영근, 364면; 이재상, 224면; 정성근/박광민, 225면.

로 허용되는 것이기 때문이다. 침해의 현재성을 요건으로 하지 않는 예방적 정당방위는 허용되지 않는다고 해야 한다. 판례는 반복적인 성폭행을 막기 위하여 의붓아버지를 살해한 사건에서 침해의 현재성은 있으나 상당성이 결여하였기 때문에 정당방위가 성립하지 않는다고 판시한다.[85] 그러나 이 경우에는 침해의 현재성도 부정되어야 한다.[86]

(3) 침해의 부당성

부당한 침해가 있어야 한다. 여기서 부당은 위법을 의미한다. 위법이라 함은 객관적으로 법질서에 반하는 것을 말한다. 따라서 고의에 의한 침해는 물론 과실에 의한 침해도 위법한 침해가 된다. 또한 책임무능력자의 행위도 위법하므로 이에 대한 정당방위도 가능하다. 구성요건에 해당하지 않는 행위에 대해서도 정당방위를 할 수 있다. 예를 들면 실수로 타인 발을 밟은 행위에 대한 정당방위가 그것이다. 그러나 법익의 침해가 위법성조각사유에 의하여 법적으로 허용되는 경우에는 위법하다고 할 수 없다. 따라서 정당방위, 긴급피난, 자구행위 또는 정당행위에 대한 정당방위는 허용되지 않는다. 예를 들면 피고인이 피해자를 살해하려고 먼저 가격하였다면 피해자의 반격이 있었더라도 피해자를 살해한 행위는 정당방위에 해당하지 않는다.[87]

싸움의 경우에 정당방위가 허용되는가가 문제된다. 판례는 싸움의 경우에는 가해자의 가해행위는 방어행위인 동시에 공격행위의 성격을 가지므로 정당방위라고 할 수 없다고 판시한다.[88]

ㅁ 판례(대법원 1993. 8. 24, 92도1329)

피해자 일행 중 1명의 뺨을 때린 데에서 비롯된 가해자 등의 행위는 피해자 일행의 부당한 공격을 방위하기 위한 것이라기보다는 서로 공격할 의사로 싸우다가 먼저 공격을 받고 이에 대항하여 가해하게 된 것이라고 봄이 상당하고 이와 같은 싸움의 경우 가해행위는 방어행위인 동시에 공격행위의 성격을 가지므로 정당방위 또는 과잉방위행위라고 볼 수 없다.

85) 대법원 1992. 12. 22, 92도2540.
86) 성낙현, 233면; 이재상, 224면.
87) 대법원 1983. 9. 13, 83도1467.
88) 대법원 2000. 3. 28, 2000도228; 1993. 8. 24, 92도1329; 1984. 5. 22, 83도3020.

그러나 싸움에 있어서도 예상할 수 있는 정도를 초과하는 공격을 하는 때에는 정당방위가 인정될 수 있다. 예를 들면 싸움에서 격투를 하는 자 중 한사람이 살인의 흉기를 사용하는 경우가 여기에 해당한다.[89)]

> **ㅁ 판례(대법원 2010. 2. 11, 2009도12958)**
>
> 맞붙어 싸움을 하는 사람 사이에서는 공격행위와 방어행위가 연달아 행하여지고 방어행위가 동시에 공격행위인 양면적 성격을 띠어서 어느 한쪽 당사자의 행위만을 가려내어 방어를 위한 '정당행위'라거나 '정당방위'에 해당한다고 보기 어려운 것이 보통이다. 그러나 겉으로는 서로 싸움을 하는 것처럼 보이더라도 실제로는 한쪽 당사자가 일방적으로 위법한 공격을 가하고 상대방은 이러한 공격으로부터 자신을 보호하고 이를 벗어나기 위한 저항수단으로서 유형력을 행사한 경우에는, 그 행위가 새로운 적극적 공격이라고 평가되지 아니하는 한, 이는 사회관념 상 허용될 수 있는 상당성이 있는 것으로서 위법성이 조각된다.

2. 자기 또는 타인의 법익을 방위하기 위한 행위

(1) 자기 또는 타인의 법익

법익이란 법에 의하여 보호되는 이익 또는 가치를 말한다. 개인의 생명 · 신체 · 자유 · 명예 · 재산 · 소유권 · 주거권뿐만 아니라 민법상의 사생활이나 가족관계[90)] 등도 여기에 해당한다. 따라서 목욕탕을 엿보는 행위에 대해서도 정당방위가 허용된다.

타인의 법익을 방위하기 위한 정당방위도 가능하다. 이를 긴급구조(Nothilfe)라고 한다. 여기서 타인이란 자기 이외의 자연인, 법인 또는 국가를 의미한다.[91)] 국가 또는 사회의 법익이 개인적 법익인 경우에는 정당방위가 허용된다. 예를 들면 국가가 소유하는 물건이나 건물에 대한 절도 · 손괴 · 방화 등의 위법한 행위를 막기 위한 정당방위는 가능하다. 그러나 국가적 또는 사회적 법익은 정당방위의 대상이 될 수 없다고 해야 한다. 정당방위는 타인의 위법한 공격으로부터 개인의 법익을 보호하기 위한 제도이기 때문이다. 국가의 존재에 관한 명백하고 중대한 위험에 직면하여 국가기관이

---

89) 대법원 1968. 5. 7, 68도370; 1999. 10. 12, 99도3377; 2010. 2. 11, 2009도12958.
90) 대법원 1974. 5. 14, 73도2401.
91) 배종대, 343면; 이재상, 225면.

스스로 방위조치를 취할 수 없는 경우에는 예외적으로 국가적 법익을 방위하기 위한 정당방위가 가능하다는 견해[92]도 있다. 그러나 국가적 법익은 정당행위에 의해서 충분히 보호될 수 있기 때문에 예외적인 정당방위를 인정할 필요가 없다.[93] 판례는 국군보안사령부의 민간인에 대한 정치사찰을 폭로한다는 명목으로 군무를 이탈한 행위가 정당방위나 정당행위에 해당하지 않는다고 판시하였으나[94] 정당행위가 된다고 보는 것이 타당하다.[95]

(2) 방위의사

방위행위는 방위의사를 요한다. 방위의사는 정당방위에서의 주관적 정당화요소에 해당한다. 객관적으로 정당화상황이 존재하더라도 방위하기 위한 행위가 아니면 정당방위는 성립하지 않는다. 방위의사는 정당방위상황을 인식하고 방위행위를 하려는 의사를 의미한다. 방위의사가 있는 한 증오·복수 등과 같은 다른 목적이 동반되어도 정당방위의 성립에 영향이 없다.[96] 싸움의 경우에는 원칙적으로 방위의사와 공격의사가 함께 있기 때문에 정당방위가 인정되지 않는다.

방위행위는 소극적 방어행위(보호방위)와 적극적 방어행위(공격방위)를 포함한다. 예를 들면 공격행위를 막는 것이 보호방위이고 공격자에 대해 반격하는 것이 공격방위가 된다. 방위행위는 공격자의 법익을 대상으로 한다. 공격자와 상관없는 제3자의 법익을 침해하는 것은 정당방위에 해당하지 않는다. 다만 공격자가 제3자의 물건을 사용하여 공격하는 경우에 방위행위에 의해서 이 물건을 손괴하는 것이 공격자에 대한 방위가 되는 때에는 정당방위에 해당한다고 해야 한다.[97]

3. 상당한 이유

방위행위는 상당한 이유가 있어야 한다. 상당한 이유가 무엇이가에 대해서는 견해가 대립한다. 상당성을 ① 방위행위의 필요성으로 보는 견해,[98]

---

92) 이재상, 226면.
93) 박상기, 174면; 배종대, 3434면.
94) 대법원 1993. 6. 8, 93도766.
95) 같은 의견으로는 박상기, 174면.
96) 김일수/서보학, 304면; 배종대, 347면; 이재상, 226면; 임웅, 216면.
97) 이재상, 227면.

② 필요성과 정당방위의 제한원리를 내포하는 요구성으로 이해하는 견해,[99] ③ 약화된 비례성(필요성과 적합성)으로 파악하는 견해[100]가 그것이다. 세 번째 견해가 타당하다고 생각한다. 약화된 비례성은 원래의 비례성의 내용인 적합성, 필요성 및 균형성 중에서 균형성이 배제된 것을 의미한다.

이에 의하면 방위행위는 먼저 자기 또는 타인의 법익에 대한 현재의 부당한 침해를 방위하는 데 적합한 수단이어야 한다. 즉 방위행위는 법익에 대한 공격을 확실하게 막을 수 있는 수단일 것을 요한다. 방위행위자는 불충분한 방위행위로 방위에 실패할 위험부담을 져야 할 필요가 없다. 그 다음으로 방위행위자는 법익을 보호하는 데 적합한 수 개의 방어수단 중 공격자에게 최소한의 손해를 입히는 방어수단을 선택하여야 한다. 예를 들면 따귀 때리는 사람을 살해하는 것은 상당하다고 할 수 없다. 그러나 법은 불법에 굴복할 필요가 없으므로 방위행위자는 회피하거나 도망가야 할 의무가 없다. 또 방위행위에 의하여 침해되는 법익과 보호되는 법익 사이의 균형성은 상당성의 내용에 해당하지 않는다.[101] 방위행위에 의하여 침해되는 것은 위법한 공격자의 법익이고 법익의 균형성을 요구할 때에는 정당방위가 부정될 수 있기 때문이다. 따라서 성적 자결권에 대한 공격을 방위하기 위하여 공격자의 생명이나 신체를 침해하는 것도 상당성이 인정된다.[102]

□ 판례(대법원 1989. 8. 8, 89도358)

갑과 을이 공동으로 인적이 드문 심야에 혼자 귀가중인 병여에게 뒤에서 느닷없이 달려들어 양팔을 붙잡고 어두운 골목길로 끌고 들어가 담벽에 쓰러뜨린 후 갑이 음부를 만지며 반항하는 병여의 옆구리를 무릎으로 차고 억지로 키스를 함으로 병여가 정조와 신체를 지키려는 일념에서 엉겁결에 갑의 혀를 깨물어 설절단상을 입혔다면 병여의 범행은 자기의 신체에 대한 현재의 부당한 침해에서 벗어나려고 한 행위로서 그 행위에 이르게 된 경위와 그 목적 및 수단, 행위자의 의사 등 제반사정에 비추어 위법성이 결여된 행위이다.

---

98) 김일수/서보학, 298면.

99) 박상기, 176면; 오영근, 374면; 이형국, 180면.

100) 배종대, 347면.

101) 김일수/서보학, 298면; 박상기, 175면; 배종대, 350면; 이재상, 228면; 임웅, 220면; 정성근/박광민, 231면.

102) 대법원 1989. 8. 8, 2003도358.

판례는 정당방위는 침해행위에 의해 침해되는 법익의 종류, 정도, 침해방법, 침해행위의 완급과 방위행위에 의해 침해될 법익의 종류, 정도 등 일체의 구체적 사정을 참작하여 방위행위가 사회적으로 상당한 것이었다고 인정할 수 있는 것이어야 하는바, 상관의 심한 기합에 격분하여 상관을 사살한 경우,[103] 밤 18개를 주워 담은 푸대를 빼앗으려다 피해자에게 상해를 가한 경우,[104] 난동을 제압키 위해 출동한 경찰관이 칼을 들고 항거하던 피해자를 총격 사망하게 한 경우,[105] 이혼소송중인 남편이 찾아와 가위로 폭행하고 변태적 성행위를 강요하는 데에 격분하여 처가 칼로 남편의 복부를 찔러 사망에 이르게 한 경우[106]에는 상당성이 인정되지 않는다고 판시한다.

IV. 정당방위의 제한

정당방위가 제한되어야 한다는 데에는 견해가 일치하고 있다. 다만 정당방위의 제한의 이론적 근거가 무엇인가에 대해서는 견해가 대립하고 있다. 법수호원리설,[107] 권리남용금지설[108] 및 상당성원칙설[109] 등이 그것이다. 정당방위가 법질서를 수호하기 위하여 인정된다고 한다면 법질서를 수호할 이익이 없는 때에는 정당방위는 제한되어야 한다.

정당방위의 제한이 문제되는 경우로는 ① 책임무능력자의 침해에 대한 방위, ② 보증관계에 있는 자의 침해에 대한 방위, ③ 경미한 침해에 대한 방위, ④ 도발된 침해에 대한 방위를 들 수 있다.

(1) 책임무능력자의 침해에 대한 방위

정당방위는 위법한 침해에 대하여 허용되므로 책임이 있을 것을 요건으로 하는 것은 아니다. 따라서 책임무능력자의 행위는 위법하므로 이에 대한 정당방위는 허용된다. 다만 유아, 정신병자, 만취한 자 또는 정당한 이유가 있는 금지착오에 빠진 자의 침해에 대해서는 정당방위가 제한된다고 해야

103) 대법원 1984. 6. 12, 84도683.
104) 대법원 1984. 9. 25, 84도1611.
105) 대법원 1991. 9. 10, 91다19913.
106) 대법원 2001. 5. 15, 2001도1089.
107) 김일수/서보학, 298면; 이재상, 230면; 임웅, 222면.
108) 이정원, 160면.
109) 박상기, 181면.

한다. 이 경우에는 법질서를 수호할 이익이 현저히 약화되었다고 볼 수 있기 때문이다.[110] 그러므로 방위행위자는 책임무능력자의 공격을 회피하여야 하고 회피할 수 없는 때에 한하여 정당방위를 할 수 있다고 해야 한다.

(2) 보증관계에 있는 자의 침해에 대한 방위

부부, 부자 또는 친족과 같은 긴밀한 인적 관계에 있는 사람들 사이에서는 정당방위가 제한된다. 보증관계에 있는 사람들은 서로 상대방을 보호할 의무가 있기 때문이다. 그러므로 보증관계에 있는 자의 침해에 대해서는 회피하거나 경미한 방어방법을 사용하고 공격을 피할 수 없는 극단적 상황에서만 자기보호를 위한 방위행위를 할 수 있다. 이 경우에도 생명을 침해하는 방위행위는 불가피한 경우에만 허용된다고 해야 한다. 따라서 처가 남편의 폭행을 피하기 위하여 우산으로 남편의 목을 찔러 살해한 때에는 정당방위가 성립하지 않는다.

(3) 경미한 침해에 대한 방위

지극히 경미한 법익을 방위하기 위하여 중대한 법익을 침해하는 방위행위도 허용되지 않는다. 예를 들면 실수로 발을 밟은 사람을 마구 때려 중상을 입힌 때에는 정당방위가 성립하지 않는다. 이와 같이 방위행위에 의하여 침해되는 법익과 보호되는 법익 사이에 현저한 불균형이 있는 경우에 정당방위를 인정하는 것은 오히려 법질서수호의 원리에 반할 수 있기 때문이다. 이 경우에 방위행위자는 공격을 회피하거나 수인하거나 소극적 방어행위를 하여야 한다.

(4) 도발된 침해에 대한 방위

공격이 도발된 경우에 정당방위가 가능한가가 문제된다. 도발은 의도적 도발과 과실에 의한 도발로 나누어진다.

1) 의도적 도발

방위행위자가 정당방위를 가장하여 상대방의 법익을 침해할 목적으로 의도적으로 상대방의 공격을 유발한 경우를 말한다. 의도적 도발에 의하여 야기된 침해에 대해서는 정당방위가 성립하지 않는다.[111] 의도적 도발의

110) 이재상, 231면.

경우에는 법질서를 수호해야 할 필요가 없고, 의도적으로 도발한 자가 방위행위를 하는 것은 권리남용에 해당하기 때문이다. 판례가 싸움에서 서로 상대방의 상해행위를 유발한 경우에 정당방위가 성립하지 않는다고 판시하였으나[112] 도발된 침해에 대한 정당방위의 허용문제를 판단한 것은 아니다.[113] 여기서는 방위행위와 공격행위가 서로 교차하는 싸움에서 정당방위가 성립하는지의 문제가 본질이기 때문이다.

2) 과실에 의한 도발

과실로 도발된 침해에 대해서는 원칙적으로 정당방위가 허용된다.[114] 침해가 의도적으로 도발된 것이 아니기 때문이다. 그러나 이 경우에는 먼저 침해를 회피하거나 소극적으로 방어하는 보호방어에 제한되며 피할 수 없거나 보호방위만으로 방어할 수 없는 경우에만 정당방위가 가능하다고 해야 한다. 과실로 도발된 침해의 경우에는 법질서수호의 이익이 현저히 약화되기 때문이다.[115] 예를 들면 택시요금을 내지 않고 도망가는 승객을 택시운전자가 추격하여 붙잡고 폭행을 가하자 승객이 이를 피하기 위하여 흉기로 택시운전자에게 상해를 입힌 경우에는 회피 또는 소극적 방어가 불가능한 때에 한하여 정당방위에 해당할 수 있다. 과실로 도발된 침해에 있어서의 정당방위의 제한은 그 밖의 의도적이지 않은 유책한 도발, 즉 미필적 고의로 도발된 침해에 대해서도 그대로 적용된다.[116] 여기의 도발행위는 위법하고 유책하여야 하므로 사회 윤리적으로 비난받는 행위에 의하여 야기된 침해에 대해서는 정당방위가 허용된다고 해야 한다.[117]

V. 정당방위의 법적 효과

정당방위의 성립요건이 구비되면 구성요건에 해당하는 행위는 위법성이

---

111) 김일수/서보학, 330면; 박상기, 182면; 배종대, 350면; 유기천, 180면; 이재상, 233면; 이형국, 297면; 임웅, 224면; 정성근/박광민, 232면.

112) 대법원 1984. 6. 26, 83도3090; 1986. 12. 23, 86도1491.

113) 배종대. 350면.

114) 김일수/서보학, 331면; 박상기, 183면; 이재상, 233면; 임웅, 225면.

115) 이재상, 233면.

116) 김일수/서보학, 331면; 박상기, 183면.

117) 배종대, 351면; 임웅, 225면.

조각된다. 정당방위로 행해진 행위는 위법한 행위가 아니므로 이에 대해서는 정당방위가 허용되지 않는다.

VI. 과잉방위

과잉방위는 정당방위의 요건인 상당성의 정도를 초과한 경우를 말한다. 상당성의 결여에 대한 인식은 과잉방위의 요건에 해당하지 않는다. 형법 제21조 제2항은 "방위행위가 그 정도를 초과한 때에는 정황에 의하여 그 형을 감경 · 면제할 수 있다"고 규정하고 있다.

과잉방위의 법적 성질이 무엇인가에 대해서는 책임소멸 · 감소설 및 위법성소멸 · 감소설 및 위법성 · 책임소멸 · 감소설이 대립하고 있다. 과잉방위의 경우에는 위법성이 조각되지 않기 때문에 책임소멸 · 감소설이 타당하다고 생각한다.[118)]

또 형법 제21조 제3항은 "그 행위가 야간 기타 불안스러운 상태 하에서 공포 · 경악 · 흥분 또는 당황으로 인한 때에는 벌하지 아니한다"고 규정하고 있다. 과잉방위를 처벌하지 않는 이유는 이러한 상황에서는 적법행위에 대한 기대가능성이 없기 때문에 책임이 조각되기 때문이다.[119)]

VII. 오상방위

객관적으로 정당화상황이 존재하지 않음에도 불구하고 이것이 존재하는 것으로 오인하고 방위행위를 한 경우를 오상방위(Putativnotwehr)라고 한다. 예를 들면 밤중에 길을 물으려고 다가오는 자를 강도로 오인하고 흉기로 찔러 살해한 경우가 여기에 해당한다. 오상방위는 위법성조각사유의 전제사실에 대한 착오로서 구성요건착오와 금지착오를 모두 포함한다. 오상방위는 정당화상황이라는 사실에 대한 착오라는 점에서 사실의 착오에 해당하고 이 착오에 근거하여 자신의 행위가 허용되는 것으로 오인하였다는 점에서 금지의 착오가 된다. 오상방위는 정당화상황이 존재하지 않는 경우임에 반하여, 과잉방위는 상당성 이외의 성립요건이 구비된 경우라는 점에서 양

118) 김일수/서보학, 334면; 박상기, 189면; 배종대, 353면; 오영근, 379면; 이재상, 235면; 임웅, 227면.
119) 이재상, 235면; 임웅 227면.

자는 구별된다. 따라서 오상방위는 위법성이 조각되지 않는다. 오상방위를 어떻게 취급할 것인가에 대하여는 엄격책임설, 제한적 책임설 및 소극적 구성요건요소이론이 대립한다. 오상방위는 고의를 조각하지 않지만 법적 효과에 있어서는 사실의 착오와 같이 취급해야 한다는 견해(법효과 제한적 책임설)가 있으나[120] 금지의 착오로 보고 책임이 인정되는 때에는 양형에서 착오를 고려하는 것이 타당하다고 생각한다(엄격책임설). 이에 대하여 자세한 것은 후술하는 위법성조각사유의 전제사실에 대한 착오에서 다루기로 한다.

VIII. 오상과잉방위

정당화상황이 존재하지 않음에도 불구하고 존재하는 것으로 오인하고 방위행위를 하였으나 상당성의 정도를 초과한 경우를 오상과잉방위라고 한다. 오상과잉방위의 처리에 대하여 오상방위와 같이 엄격책임설에 의하여 처리하자는 견해,[121] 제한적 책임설에 따라 처리하자는 견해[122] 및 과잉성을 인식한 협의의 오상방위는 과잉방위로, 착오로 상당성의 정도를 초과하는 광의의 오상방위는 오상방위로 처리하자는 견해[123]가 대립하고 있다.

생각건대 오상과잉방위도 오상방위이므로 엄격책임설에 따라 처리하자는 견해가 타당하다.

제 4 절 긴급피난

I. 긴급피난의 의의

1. 긴급피난의 개념

긴급피난(Notstand)이란 자기 또는 타인의 법익에 대한 현재의 위난을 피하기 위한 행위를 말한다(형법 제22조 제1항). 예를 들면 개가 물려고 덤비자

---

120) 박상기, 252면; 배종대, 386면; 이재상, 236면; 이형국, 155면; 임웅, 228면. 김일수/서보학, 334면은 구성요건유추적용설의 입장을 취한다.

121) 정성근/박광민, 239면.

122) 박상기, 190면; 배종대, 360면; 오영근, 508면; 이재상, 237면; 임웅, 228면.

123) 차용석, 625면.

허락 없이 타인의 집으로 피신한 경우가 여기에 해당한다. 긴급피난은 자기 또는 타인의 법익을 보호하기 위하여 위난과 상관없는 제3자의 법익을 침해하는 행위이므로 보호되는 법익은 침해되는 법익보다 월등히 높은 가치를 가져야 한다는 균형성을 요건으로 한다.

2. 긴급피난과 정당방위의 이동

긴급피난은 자기 또는 타인의 법익에 대한 침해를 피하기 위한 긴급행위라는 점에서 정당방위와 같다. 그러나 정당방위와 긴급피난은 다음과 같은 점에서 구별된다.

첫째, 정당방위는 부당한 침해에 대한 방어행위라는 점에서 부정 대 정(不正 對 正)의 관계인 반면, 긴급피난은 위난의 원인이 위법하든 적법하든 묻지 않고 위난을 피하기 위하여 위난과 무관한 제3자의 이익을 침해할 수 있다는 점에서 정 대 정(正 對 正)의 관계이다. 둘째, 정당방위는 부당한 공격을 하는 자의 법익을 침해하는 것이기 때문에 보호되는 법익이 침해되는 법익보다 우월할 필요가 없지만, 긴급피난은 보호되는 법익의 가치가 침해되는 법익의 가치보다 훨씬 높을 것을 요구한다. 셋째, 긴급피난은 무고한 제3자의 법익을 침해하지만, 정당방위는 공격자의법익을 침해한다. 넷째, 긴급피난에서는 개인적 법익 이외에 국가적·사회적 법익도 보호되지만 정당방위는 개인적 법익만을 보호대상으로 한다.

II. 긴급피난의 법적 성질

긴급피난의 법적 성질에 대해서는 긴급피난을 위법성조각사유 또는 책임조각사유라고 하는 일원설과 위법조각사유인 긴급피난과 면책적 긴급피난으로 나누는 이원설이 대립하고 있다.

1. 일원설

(1) 위법성조각사유설

긴급피난은 이익교량설에 입각하여 긴급행위에 의하여 보호되는 법익과 침해된 이익을 교량하여 보호되는 법익이 우월한 때에는 위법성조각사유가 된다는 견해이다.[124] 위법성조각사유설에 대해서는 생명과 생명, 신체와 신체의 법익이 충돌하는 경우와 같이 이익교량이 불가능한 긴급피난을 처리할 수 없다는 비판이 가해진다.[125]

(2) 책임조각사유설

책임조각사유설은 긴급피난행위는 무고한 제3자의 법익을 침해하기 때문에 위법하지만 적법행위에 대한 기대가능성이 없으므로 책임이 조각된다고 하는 견해이다. 그러나 이 견해에 대해서는 ① 형법 제22조가 규정하고 있는 타인의 법익에 대한 위난을 피하기 위한 긴급피난은 적법행위에 대한 기대가능성이 없는 경우가 아니므로 책임이 조각된다고 할 수 없고, ② 긴급피난은 우월한 법익의 보호를 위하여 경미한 법익을 희생시킨다는 우월한 이익의 원칙에 기초하는 제도라는 것을 간과하였다는 비판이 가해진다.[126]

2. 이원설

이원설은 긴급피난을 위법조각사유로서의 긴급피난과 책임조각사유로서의(면책적) 긴급피난을 나누는 견해이다.[127] 전자는 우월한 법익을 위한 긴급피난이고, 후자는 생명과 생명, 신체와 신체와 같은 동가치의 법익이 충돌할 때 인정되는 긴급피난이라고 한다. 이 견해는 형법 제22조는 위법성조각사유인 긴급피난과 책임조각사유인 긴급피난을 규정하고 있다고 한다. 이원설에 대해서는 긴급피난이 책임조각사유에 해당하는가 여부는 책임조각사유의 일반원리에 의하여 해결하여야 하며, 형법 제22조의 상당성을 기대불가능성을 포함하는 개념으로 파악할 수 없다는 비판이 제기된다.[128]

3. 검토

현재 우리나라에서 책임조각사유설을 취하는 학자는 없으므로 위법성조각설과 이원설 가운데 어느 것이 타당한지가 문제된다. 형법 제22조는 상

---

124) 김성천/김형준, 283면; 박상기, 191면; 오영근, 386면; 유기천, 187면; 이재상, 239면; 이형국, 321면; 정성근/박광민, 245면.

125) 배종대, 364면.

126) 배종대, 364면; 이재상, 239면.

127) 김일수/서보학, 337면; 배종대, 367면; 이정원, 169면; 임웅, 231면.

128) 이재상, 240면.

당한 이유를 긴급피난 이외에 정당방위와 자구행위의 요건으로 규정하고 있으므로 긴급피난이 위법성조각사유라고 하는 위법성조각설이 타당하다고 생각한다. 다만 동가치의 법익이 충돌할 때에는 위법성조각사유로서의 긴급피난이 아니라 적법행위에 대한 기대불가능성을 이유로 책임조각사유로서의 긴급피난이 허용된다고 해야 한다. 위법성조각설도 면책적 긴급피난을 인정하고 있다.[129] 형법이 면책적 긴급피난을 규정하고 있지 않기 때문에 초법규적 책임조각사유를 인정하지 않을 수 없다. 초법규적 책임조각사유를 인정하는 것은 법치국가원리를 파괴하는 것이라는 견해[130]는 수긍할 수 없다. 독일에서는 초법규적 위법성조각사유를 무제한 인정하고 있으며 초법규적 책임조각사유를 인정하는 것이 행위자에게 유리하므로 법치국가원칙에 반한다고 할 수 없기 때문이다. 위법성조각설이나 이원설 모두 책임조각사유로서의 긴급피난을 인정하는 것에 일치하기 때문에 이러한 논란을 하기 위해서는 형법에 책임조각사유로서의 긴급피난을 규정할 필요가 있다.

III. 긴급피난의 정당화근거

위법성조각사유로서의 긴급피난이 인정되는 근거는 이익교량의 원칙과 정당한 목적을 위한 상당한 수단은 위법하지 않다는 목적설이라고 하는 견해[131]가 있으나 형법은 긴급피난을 자기 또는 타인의 법익에 대한 현재의 위난을 피하기 위한 긴급행위로 규정하고 있으므로 자기법익의 보호의 경우에는 자기보호의 원칙과 이익교량의 원칙이, 타인의 법익보호에 있어서는 연대성의 원칙과 이익교량의 원칙이 정당화근거가 된다는 견해가 타당하다고 생각한다.[132] 면책적 긴급피난은 동가치의 법익이 충돌할 때 적법행위에 대한 기대불가능성을 근거로 한다.

IV. 긴급피난의 성립요건

긴급피난이 성립하기 위하여는 ① 자기 또는 타인의 법익에 대한 현재의

129) 이재상, 241면; 임웅, 231면.
130) 배종대, 368면.
131) 이재상, 242면.
132) 김일수/서보학, 338면; 배종대, 369면.

위난이 있을 것(긴급피난상황), ② 위난을 피하기 위한 행위일 것(피난의사), ③ 상당한 이유가 있을 것(상당성)이라는 요건이 갖추어져야 한다.

1. 자기 또는 타인의 법익에 대한 현재의 위난이 있을 것

(1) 현재의 위난

위난이란 법익의 침해가 예상되는 경우를 말한다. 위난은 장래의 법익침해로 발전될 수 있는 상황이라고 할 수 있다. 여기의 위난은 형법상의 위험과 구별된다. 위험은 법익침해의 가능성이 높고 침해 여부는 우연에 맡겨지는 것이지만, 긴급피난에서의 위난은 약간의 위험성이 존재하는 것만으로도 인정된다.[133]

위난의 원인은 묻지 않는다. 위난이 사람에 의한 것이든 동물에 의한 것이든 천재지변에 의한 것이든 중요하지 않다. 또 위난은 반드시 위법할 필요가 없다. 따라서 위법한 위난뿐 아니라 적법한 위난에 대하여도 긴급피난이 허용된다. 위난이 위법한 때에는 정당방위를 할 수 있고 긴급피난도 가능하다. 그러나 모든 적법한 위난에 대해서 긴급피난을 할 수 있는 것이 아니다. 적법한 위난이 법률에 근거한 법익의 침해인 때에는 그 위난을 감수해야 한다. 그러므로 정당방위, 긴급피난 또는 자구행위에 대한 긴급피난은 허용되지 않는다.[134]

위난은 현재 존재하여야 한다. 여기의 현재성은 정당방위의 그것보다 넓게 해석된다. 그러므로 오래 전에 발생하여 계속·반복되는 계속위난도 현재의 위난이 된다. 현재의 위난이 존재하는가 여부는 행위자의 특수지식을 고려하고 행위 당시의 구체적 사정을 기초로 이해력 있는 관찰자 또는 전문가의 판단에 따라 결정되어야 한다.[135]

긴급피난은 행위자가 위난에 책임이 없을 것을 요건으로 하지 않는다. 따라서 행위자에게 책임 있는 사유로 발생한 위난에 대해서도 긴급피난이 가능하다고 해야 한다. 그러나 긴급피난을 빙자하여 타인의 법익을 침해할 의도로 위난을 자초한 때에는 긴급피난이 허용되지 않는다.[136]

---

133) 김일수/서보학, 339면.
134) 임웅, 232면.
135) 김일수/서보학, 340면; 배종대, 372면 이하; 이재상, 243면.

> ㅁ 판례(대법원 1995. 1. 12, 94도2781)
>
> 피고인이 스스로 야기한 강간범행의 와중에서 피해자가 피고인의 손가락을 깨물며 반항하자 물린 손가락을 비틀며 잡아 뽑다가 피해자에게 치아결손의 상해를 입힌 소위를 가리켜 법에 의하여 용인되는 피난행위라 할 수 없다.

(2) 자기 또는 타인의 법익

긴급피난은 자기 또는 타인의 법익을 보호대상으로 한다. 여기의 법익은 법률에 의해 보호되는 이상 형법에 의해 보호되는 이익일 필요는 없다. 법익에는 개인적 법익은 물론 국가적·사회적 법익도 포함된다. 이러한 점에서 개인적 법익만을 보호하는 정당방위와는 다르다. 타인이란 자기 이외의 자연인과 법인을 말한다. 타인의 법익을 보호하기 위한 긴급피난을 긴급구조(Notstandshilfe)라고 한다.

2. 위난을 피하기 위한 행위

주관적 정당화요소인 피난의사도 긴급피난의 요건에 해당한다. 피난의사가 유일한 동기일 것을 요하지 않는다. 피난의사가 있는 한 다른 동기나 목적이 있더라도 긴급피난의 성립에 영향이 없다. 피난의사는 긴급피난상황, 즉 객관적인 정당화상황을 인식하고 우월한 이익을 보호하기 위한 의사를 의미한다. 객관적으로 긴급피난상황이 존재하더라도 피난의사가 없는 때에는 피난행위는 위법하므로 긴급피난은 성립하지 않는다.

3. 상당한 이유

상당한 이유도 긴급피난의 성립요건에 속한다. 따라서 다른 요건이 구비되더라도 상당한 이유가 없는 때에는 긴급피난은 성립하지 않는다. 정당방위와는 달리 긴급피난의 경우에는 피난행위가 무고한 제3자의 법익을 침해하는 것이므로 상당한 이유의 요건이 엄격히 요구된다. 상당한 이유는 비례성의 원칙, 즉 적합성의 원칙, 필요성의 원칙 및 균형성의 원칙을 내용으로 한다.

---

136) 김일수/서보학, 344면; 박상기, 194면; 배종대, 370면; 오영근, 395면; 이재상, 243면; 이형국, 185면; 임웅, 233면; 정성근/박광민, 278면.

(1) 적합성의 원칙

피난행위는 현재의 위난을 피하기 위한 적합한 수단이어야 한다. 한 번에 확실하게 위난을 피할 수 있는 모든 수단이 여기에 해당한다. 그러나 피난행위는 사회 윤리적으로 적합하여야 한다.[137] 예를 들면 환자의 생명을 구하기 위하여 강제로 채혈하거나 신장을 이식하기 위하여 신장을 강제로 적출하는 행위는 환자의 생명을 구하기 위한 적합한 수단이라고 할 수 없으므로 상당한 이유의 요건이 구비되었다고 할 수 없다. 또한 위난을 피하기 위한 법적 절차가 규정되어 있는 때에는 법적 절차를 거치지 않은 피난행위는 상당성이 없다.[138] 예를 들면 테러집단의 위치를 알아내기 위하여 체포된 테러범에게 고문 등의 가혹행위를 하는 것은 긴급피난에 해당하지 않는다.

(2) 필요성의 원칙

피난행위는 현재의 위난을 피하기 위한 유일한 수단이어야 한다. 이를 보충성의 원칙이라고도 한다.[139] 법익을 보호할 다른 방법이 있을 때에는 긴급피난은 허용되지 않는다. 또 위난을 피하기 위한 수단이 수개일 때에는 피해자에게 가장 경미한 손해를 주는 방법을 사용해야 한다. 이를 최소침해의 원칙이라고 한다.[140] 따라서 술 취한 의사가 응급환자에게 택시를 타고 갈 수 있음에 불구하고 직접 자동차를 운전한 때에는 긴급피난에 해당하지 않는다.[141]

(3) 균형성의 원칙

피난행위에 의하여 보호되는 법익의 가치가 침해되는 법익의 가치보다 높아야 한다는 원칙을 균형성의 원칙이라고 한다. 이를 우월한 이익의 원칙 또는 이익형량의 원칙이라고도 한다.[142] 긴급피난에 있어서는 균형성의 원칙이 철저히 요구된다. 보호되는 법익과 침해되는 이익이 동가치일 때에는 위법성조각사유로서의 긴급피난이 인정되지 않는다.[143] 이는 경우에 따

137) 이재상, 247면; 임웅, 235면.
138) 박상기, 197면; 이재상, 247면.
139) 김일수/서보학, 340면; 박상기, 196면; 배종대. 374면; 이재상, 244면; 임웅, 234면.
140) 김일수/서보학, 340면; 박상기, 196면; 배종대. 374면; 이재상, 244면; 임웅, 234면.
141) 김일수/서보학, 340면.
142) 박상기, 196면; 임웅, 234면.
143) 김일수/서보학, 341면; 박상기, 196면; 배종대. 375면; 오영근, 391면; 이재상, 245면; 이형국, 186면; 임웅, 234면; 정성근/박광민, 250면.

라서 면책적 긴급피난에 해당할 수 있을 뿐이다.[144]

균형성의 판단기준으로는 법익의 가치, 위난의 종류와 정도, 법익침해의 가능성 및 충돌하는 법익 사이의 중요도 등을 들 수 있다.

1) 법익의 가치

이익형량에 있어서 우선적으로 고려해야 할 것은 충돌하는 법익의 가치이다. 인격적 법익(생명, 신체, 자유, 명예 등)은 재산적 법익(소유권, 재산, 점유 등)보다 우월하다. 예를 들면 임산부의 생명이나 신체를 보호하기 위한 낙태수술행위는 긴급피난에 해당한다.[145]

2) 위난의 종류와 정도

법익의 가치뿐 아니라 위험의 종류나 정도도 이익교량의 기준이 된다. 경미한 법익을 보호하기 위하여 우월한 법익을 침해하는 경우에도 피난행위가 될 수 있다. 예를 들면 원칙적으로 인격적 법익은 재산적 법익보다 우월하지만 침해되는 인격적 법익에 대한 위난의 정도가 경미한 때에는 막대한 재산상의 손해를 막기 위한 피난행위가 허용될 수 있다.[146] 예를 들면 불을 끄기 위하여 방해하는 자를 밀어 넘어뜨려 가벼운 상해를 입힌 경우가 여기에 해당한다.[147] 충돌하는 법익의 가치가 동일한 때에도 이익교량이 가능하면 피난행위가 허용될 수 있다. 예를 들면 막대한 재산상의 손해를 방지하기 위한 재산에 대한 경미한 침해는 긴급피난에 해당한다. 그러나 피난행위에 의하여 사람의 생명을 침해하는 것은 위법성이 조각되지 않는다. 생명은 절대적으로 보호되어야 할 법익으로서 이보다 더 우월한 법익이 없고, 생명과 생명은 이익교량이 불가능하기 때문이다.[148]

3) 법익침해의 가능성

보호법익이 침해될 가능성이 높으면 그 법익을 보호하기 위한 피난행위는 허용될 수 있다. 예를 들면 생명이 위독한 환자를 병원으로 이송하기 위하여 과속하거나 신호를 위반하는 것은 허용된다.

144) 배종대, 375면.
145) 대법원 1976. 7. 13, 75도1205.
146) 배종대, 376면.
147) Jescheck/Weigend, S. 362.
148) 배종대, 376면; 이재상, 244면.

4) 구조가능성

피난행위는 법익의 침해를 방지할 수 있을 때에만 정당화된다. 위난을 피할 가능성이 희박한 때에는 긴급피난은 허용되지 않는다. 보호되는 법익과 침해되는 법익이 동일한 주체에 속하는 경우에 구조가능성에 따라 긴급피난이 성립하는지를 판단할 수 있다. 예를 들면 화재현장에서 죽을 것이 확실한 어린 아이를 구조하기 위하여 창밖으로 던졌으나 사망한 경우에는 피난행위가 생명을 구할 수 있었기 때문에 긴급피난이 인정된다.[149)]

5) 공격적 긴급피난과 방어적 긴급피난

자기 또는 타인의 법익에 대한 현재의 위난을 피하기 위하여 위난과 무관한 제3자의 법익을 침해하는 피난행위를 공격적 긴급피난, 위난을 야기한 자의 법익을 침해하는 피난행위를 방어적 긴급피난이라고 한다. 공격적 긴급피난의 경우에는 피난행위에 의하여 보호되는 법익이 침해되는 법익보다 우월하여야 한다. 반면 방어적 긴급피난의 경우에는 위난을 야기한 자가 자신의 법익침해를 수인하여야 하므로 보호되는 법익이 침해되는 법익보다 우월할 필요가 없다. 예를 들면 사람에게 위해를 가할 수 있는 정신병자를 감금하는 경우에 긴급피난이 인정되어 위법성이 조각된다.

V. 긴급피난의 특칙

위난을 피하지 못할 책임이 있는 자에게는 긴급피난이 허용되지 않는다(제22조 제2항). 여기서 위난을 피하지 못할 책임이 있는 자란 군인·경찰관·소방관·의사·선장 등과 같이 직무를 수행함에 있어서 일정한 위난을 감수할 의무가 있는 자를 말한다. 이들은 직무의 성격 때문에 일반인에 비하여 높은 위험의무를 부담한다. 그러나 이들은 일반인처럼 긴급피난을 할 수 없다는 것일 뿐이고 이들에게 긴급피난이 절대적으로 금지되는 것은 아니다. 이들도 타인의 법익을 보호하기 위한 피난행위를 할 수 있을 뿐 아니라 자신의 생명 또는 신체에 대한 위난을 피하기 위한 긴급피난도 허용된다.[150)]

149) 배종대, 376면.
150) 김일수/서보학, 345면; 박상기 199면; 배종대, 376면; 이재상, 247면; 임웅, 236면.

VI. 과잉피난

피난행위가 상당성을 초과한 경우를 과잉피난이라고 한다. 과잉피난은 위법성을 조각하지 않고 정황에 따라 형을 감경 또는 면제할 수 있다(제22조 제2항, 제21조 제2항). 다만 피난행위가 야간 기타 불안스러운 상태에서 공포·경악·흥분 또는 당황으로 인한 때에는 벌하지 않는다(제22조 제3항, 제21조 제3항).

VII. 오상피난

객관적으로 현재의 위난이 없음에도 불구하고 존재한다고 오인하고 피난행위를 한 경우를 오상피난이라고 한다. 오상피난은 긴급피난에 해당하지 않으므로 위법성을 조각하지 않는다. 이것은 위법성조각사유의 전제사실에 대한 착오에 속하므로 엄격책임설에 따라 법률의 착오와 같이 취급된다.

VIII. 의무의 충돌

1. 의무충돌의 의의

의무의 충돌이란 두 개 이상의 법적 의무가 충돌하여 행위자가 그 중 하나의 의무만을 이행할 수 있는 상태에서 다른 의무를 이행하지 못한 것이 구성요건에 해당하는 경우를 말한다. 예를 들면 의사가 사고로 중상을 입은 두 명의 환자 중에서 한 환자의 생명은 구하였으나 다른 환자는 사망한 경우가 여기에 해당한다. 의무의 충돌은 둘 이상의 작위의무가 충돌하는 경우이다. 작위의무와 부작위의무가 충돌하는 경우도 의무의 충돌에 해당한다는 견해[151)]가 있으나 긴급피난으로 보아야 한다는 견해[152)]가 타당하다.

2. 의무충돌의 법적 성질

형법은 의무의 충돌에 관한 규정을 두고 있지 않다. 따라서 의무충돌의 법적 성질이 무엇인가에 대하여는 견해가 대립하고 있다. 의무의 충돌을 긴급피난의 특수한 경우로 보는 견해,[153)] 초법규적 위법성조각사유라는 견

151) 오영근, 397면; 이형국, 연구(I), 339면.
152) 박상기, 201면; 배종대, 389면; 이재상, 249면; 임웅, 237면.

해[154] 및 사회상규에 위배되지 않는 정당행위라는 견해[155]가 그것이다.

의무의 충돌은 현재의 위난을 요건으로 하지 않고 법적 의무가 충돌하여야 하며 의무의 이행이 강제된다는 점에서 현재의 위난이 있어야 하고 위난의 원인은 중요하지 않으며 피난행위를 반드시 할 필요가 없는 긴급피난과 구별된다.[156] 이러한 의미에서 의무의 충돌을 긴급피난의 특수한 형태로 보는 것은 타당하다고 할 수 없다. 의무의 충돌에 있어서 하나의 의무를 이행하기 위하여 충돌하는 다른 의무의 이행을 포기한 것은 불가피하므로 작위의무의 불이행을 사회상규에 위배되지 않는 행위로 보아 위법성이 조각된다고 해야 한다.

3. 의무충돌의 종류

(1) 논리적 충돌과 실질적 충돌

논리적 충돌은 의무를 규정한 법규가 모순관계에 있기 때문에 발생하는 충돌을 말한다. 예를 들면 전염병예방법 제4조에 의한 신고의무와 형법상 비밀유지의무의 충돌이 여기에 해당한다. 반면 실질적 충돌이란 의무를 규정한 법규 자체와 상관없이 행위자의 개인적 사정 때문에 두 개의 의무가 충돌하는 경우를 말한다.[157] 작위의무와 부작위의무가 충돌하는 논리적 충돌의 경우에는 작위의무의 이행이 우선하므로 의무의 충돌이라고 할 수 없다. 형법에서 의무의 충돌이라 함은 실질적 의무의 충돌을 의미한다.

(2) 해결할 수 있는 충돌과 해결할 수 없는 충돌

해결할 수 있는 충돌이란 행위자가 적법행위인가 위법행위인가를 선택할 수 있는 충돌을 말한다. 반면 해결할 수 없는 충돌이란 행위자에게 선택의 가능성이 없고 하나의 의무이행을 이행함으로써 다른 의무의 불이행이 구성요건에 해당하는 경우를 말한다. 전자는 의무형량이 가능한 경우이고,

---

153) 김성천/김형준, 284면; 배종대, 390면; 이재상, 251면; 이형국, 연구 (I), 345면; 정성근/박광민, 256면.

154) 손해목, 502면.

155) 김일수/서보학, 352면; 성낙현, 268면; 오영근, 399면; 임웅, 238면.

156) 이재상, 251면.

157) 김일수/서보학, 352면; 배종대, 391면; 이재상, 249면.

후자는 의무교량이 불가능한 경우에 해당한다. 여기서 문제되는 것은 해결할 수 없는 의무의 충돌(동가치 의무의 충돌)을 위법성조각사유로서의 의무충돌로 볼 것인가 아니면 면책적 의무충돌로 볼 것인가 하는 것이다. 이에 대해서는 면책적 의무충돌이라는 견해[158]와 정당화적 의무충돌이라는 견해[159]가 대립한다. 법질서는 누구에 대해서도 불가능한 것을 요구할 수 없으므로 의무충돌의 경우에 행위자가 하나의 의무를 이행하였다면 다른 의무를 이행하지 않은 것은 위법하다고 할 수 없다.[160] 따라서 해결할 수 없는 충돌은 위법성을 조각하는 의무의 충돌이라는 견해가 타당하다고 본다.

4. 의무충돌의 요건

(1) 의무의 충돌

두 개 이상의 의무가 충돌하여야 한다. 여기서 의무는 법적 의무를 의미하고 도덕적·종교적 의무는 여기에 포함되지 않는다. 법적 의무가 충돌하는 경우에만 위법성이 조각되는지가 문제가 될 수 있기 때문이다.

행위자의 책임으로 의무의 충돌이 발생한 경우에도 위법성이 조각될 수 있는지에 대하여는 견해가 대립하고 있다. 행위자가 고의 또는 과실로 의무충돌을 야기한 경우에는 위법하다고 하는 견해,[161] 경미한 과실에 의한 충돌은 의무의 충돌에서 배제된다는 견해[162] 및 의무충돌의 상태에 있었던 이상 그 원인은 묻지 않는다는 견해[163]가 그것이다. 행위자의 고의 또는 과실에 의하여 발생한 의무의 충돌도 위법성을 조각한다고 하는 견해가 타당하다고 생각한다. 다만 의도적으로 의무의 충돌을 유발한 때에는 위법성이 조각되지 않는다.

(2) 높은 가치 또는 동등한 가치의 의무이행

의무의 충돌이 위법성을 조각하기 위해서는 높은 가치의 의무를 이행하여야 한다. 예를 들면 의사는 교통사고로 중상을 입은 환자와 경상을 입은

158) 김일수/서보학, 353면; 정성근/박광민, 258면.
159) 배종대, 391면.
160) 김일수/서보학, 353면.
161) 임웅, 238면.
162) 성낙현, 268면; 이형국, 연구 (I), 328면.
163) 김일수/서보학, 354면; 배종대, 392면; 이재상, 253면; 정성근/박광민, 259면.

환자를 동시에 치료해야 할 경우에 중상을 입은 환자를 치료한 때에는 경상을 입은 환자를 돌보지 않았더라도 위법하다고 할 수 없다. 의무의 교량은 보호법익의 가치, 위험의 종류와 정도, 행위자의 목적 및 의무자와 행위자의 관계 등을 고려하여 판단되어야 한다.[164]

동가치의 의무가 충돌하는 경우에 하나의 의무를 이행하고 다른 의무를 이행하지 못한 때에는 동가치의 법익을 보호할 의무 중 어느 하나도 포기될 수 없으므로 어떠한 의무도 정당화할 수 없고 책임이 조각될 수 있을 뿐이라는 견해가 있다.[165] 그러나 행위자가 의무충돌을 유발한 것이 아니고 법질서는 행위자에게 불가능한 것을 요구할 수 없으므로 행위자가 어느 하나의 의무를 이행하였을 때에는 위법성이 조각된다고 해야 한다.[166]

(3) 주관적 정당화요소

의무의 충돌이 위법하지 않기 위해서는 주관적 정당화사유가 있어야 한다. 행위자는 의무의 충돌에 대한 인식과 높은 가치 또는 같은 가치의 의무 중 하나를 이행한다는 인식을 가져야 한다. 하나의 의무를 선택하게 된 동기는 중요하지 않다.

제 5 절 자구행위

I. 자구행위의 의의

자구행위(Selbsthilfe)란 법정절차에 의하여 청구권을 보전하기 불가능한 경우에 그 청구권의 실행불능 또는 현저한 실행곤란을 피하기 위한 행위를 말한다(형법 제23조 제1항). 민법상의 자력구제(민법 제209조)와 유사한 개념이다. 예를 들면 채무자가 채무를 이행하지 않고 외국으로 이민가기 위해 비행기에 탑승하려고 하자 채권자가 채무자를 체포한 경우나 도품을 지니고 있는 절도범을 길에서 우연히 만난 피해자가 도품을 탈환하는 경우가 여기에 해당한다.

---

164) Jescheck/Weigend, S. 366; 박상기, 203면; 이재상, 253면; 임웅, 239면.
165) 배종대, 393면.
166) 김일수/서보학, 353면; 박상기, 204면; 이재상, 254면; 임웅, 239면.

II. 자구행위 본질

자구행위는 위법성조각사유에 해당한다는 것에 견해가 일치하고 있다. 자구행위는 국가권력의 도움을 기대할 수 없는 긴급한 상황에서 인정되는 긴급행위라는 점에서 정당방위와 긴급피난과 같다. 자구행위는 위법한 권리침해에 대한 청구권의 보전행위로서 부정 대 정의 관계라는 점에서 정당방위와 같으나 정 대 정의 관계인 긴급피난과는 구별된다. 또한 정당방위와 긴급피난은 현재의 침해를 막기 위한 사전적 긴급행위이지만 자구행위는 침해된 청구권을 보전하기 위한 사후적 긴급행위이고 정당방위와 긴급피난은 모든 법익을 보호하기 위해 허용되지만 자구행위는 청구권의 보전에 제한된다는 점이 차이점이다.

III. 자구행위의 성립요건

자구행위는 ① 법정절차에 의하여 청구권을 보전하는 것이 불가능한 경우(자구행위상황), ② 청구권의 실행불능 또는 현저한 실행곤란을 피하기 위한 행위(자구의사), ③ 상당한 이유(상당성)를 요건으로 한다.

1. 법정절차에 의하여 청구권을 보전하는 것이 불가능한 경우

(1) 청구권

청구권이란 특정인에게 일정한 행위(작위 또는 부작위)를 요구하는 권리이다. 여기에는 재산적 청구권뿐 아니라 무체재산권·친족권·상속권 등에서 발생한 청구권도 포함된다.[167] 자구행위는 침해된 청구권을 보전하기 위한 제도이기 때문에 청구권은 원상회복이 가능한 권리이어야 한다. 따라서 한번 침해되면 원상회복이 불가능한 생명·신체·자유·명예 등의 권리는 여기의 청구권에 해당하지 않는다.

청구권의 주체는 자구행위를 하는 자이다. 타인을 위한 자구행위는 허용되지 않는다. 예외적으로 청구권의 주체로부터 자구행위의 실행을 위임받은 때에는 타인을 위한 자구행위도 가능하다.

167) 김일수/서보학, 322면; 박상기, 205면; 배종대, 396면; 이재상, 258면; 정성근/박광민, 265면.

(2) 청구권에 대한 침해

1) 위법한 침해

자구행위는 청구권에 대한 침해를 전제로 한다. 그 침해는 위법한 것이어야 한다. 적법한 침해에 대한 자구행위는 허용될 수 없기 때문이다. 위법한 침해가 있는지 여부는 민법에 따라 결정된다. 이미 발생한 침해에 대해서만 자구행위가 가능하다. 이 때문에 자구행위를 사후적 긴급행위로 파악한다. 현재의 위법한 침해에 대하여는 정당방위를 할 수 있다.

2) 정당방위와의 구별문제

절도피해자가 절도범인을 현장에서 추적하여 재물을 탈환한 때에는 현재의 위법한 침해가 인정되므로 정당방위가 성립한다.[168] 그러나 추적하던 절도범인을 놓친 후에 길에서 우연히 만난 절도범인으로부터 도품을 탈환하는 것은 자구행위에 해당한다.

3) 부작위에 의한 침해

부작위에 의한 침해에 대해서도 정당방위가 성립한다. 현재의 침해는 작위뿐 아니라 부작위에 의해서도 발생할 수 있기 때문이다. 예를 들면 퇴거불응자를 강제로 퇴거시키는 것은 자구행위가 아니라 정당방위가 된다.

(3) 법정절차에 의한 청구권보전의 불가능

1) 법정절차

여기의 법정절차는 민사소송법상의 가처분이나 가압류 등과 같은 보전절차뿐 아니라 경찰 기타 국가기관에 의한 구제제도도 포함한다.[169]

2) 청구권보전의 불가능

자구행위는 청구권보전이 불가능하여야 허용된다. 이를 자구행위의 보충성의 원칙이라고 한다.[170] 청구권보전이 불가능한 경우란 시간적·장소적 관계로 법정절차에 의한 청구권의 구제가 불가능한 경우를 말한다. 그러므로 소유권자가 소송계속 중인 건조물의 자물쇠를 쇠톱으로 절단하고 침입

---

168) 배종대, 396면; 유기천, 203면; 이재상, 259면; 이형국, 193면; 임웅, 244면; 정성근/박광민, 265면.
169) 김일수/서보학, 324면; 박상기, 205면; 배종대, 397면; 성낙현, 275면; 이재상, 260면.
170) 김일수/서보학, 324면; 박상기, 206면; 배종대, 397면.

한 경우,[171] 암장된 분묘를 당국의 허가 없이 이를 발굴하여 개장한 경우,[172] 채무자가 유일한 재산인 가옥을 처분하고 부산방면으로 떠나려는 순간 가옥대금을 받는 현장에서 채권을 추심하는 경우,[173] 피고인이 주민들이 농경지나 임야에 통행하기 위해 이용하는 자신 소유의 도로에 깊이 1m 정도의 구덩이를 판 경우[174]에는 법정절차에 의하여 청구권을 보전하는 것이 불가능한 경우에 해당한다고 볼 수 없으므로 자구행위가 성립하지 않는다.

ㅁ 판례(대법원 1984. 12. 26, 84도2582)

피고인이 피해자에게 석고를 납품한 대금을 받지 못하고 있던 중 피해자가 화랑을 폐쇄하고 도주하자, 피고인이 야간에 폐쇄된 화랑의 베니어판 문을 미리 준비한 드라이버로 뜯어내고 피해자의 물건을 몰래 가지고 나왔다면, 위와 같은 피고인의 강제적 채권추심 내지 이를 목적으로 하는 물품의 취거행위를 형법 제23조 소정의 자구행위라고 볼 수 없다.

단순히 권리행사를 위하여 폭행·협박·강취·편취하는 때에는 법정절차에 의하여 청구권보전의 불가능이라는 요건이 구비되지 않으므로 자구행위가 허용되지 않는다. 이 경우에 권리행사가 사회상규에 위배되는지에 따라 정당행위를 인정할 수 있다.[175]

2. 청구권의 실행불능 또는 현저한 실행곤란을 피하기 위한 행위

(1) 청구권의 실행불능 또는 현저한 실행곤란

자구행위를 할 수 있기 위해서는 청구권의 실행이 불가능하거나 현저히 곤란한 사정이 있어야 한다. 법정절차에 의한 청구권의 보전이 불가능하더라도 그 청구권에 대하여 충분한 인적·물적 담보가 확보되어 있는 때에는 청구권의 실행이 가능하므로 자구행위가 허용되지 않는다. 청구권의 실행이 불가능할 필요는 없고 그 실행이 매우 곤란한 경우에도 자구행위를 할 수 있다.

171) 대법원 1985. 7. 9, 85도707.
172) 대법원 1976. 10. 29, 76도2828.
173) 대법원 1966. 7. 26, 66도469.
174) 대법원 2007. 3. 15, 2006도9418.
175) 배종대, 397면; 이재상, 261면.

(2) 자구의사

자구행위는 청구권의 실행불능 또는 현저한 실행곤란을 피하기 위한 행위이어야 한다. 행위자는 주관적으로 자구의사를 가져야 한다. 따라서 자구행위는 자구의사를 주관적 정당화요소로 한다. 자구행위로는 폭행, 협박, 체포, 감금, 물건의 강취 · 손괴 · 파괴, 주거침입 등을 들 수 있다.

3. 상당한 이유

자구행위는 상당한 이유가 있어야 한다. 상당한 이유는 사회상규에 따라 당연히 허용될 수 있는 것을 말한다.[176] 자구행위는 정당방위와 마찬가지로 부정 대 정의 관계이므로 충돌하는 보호되는 법익과 침해되는 법익 사이의 엄격한 균형성이 요구되는 것은 아니다. 따라서 여기의 상당성은 적합성, 필요성 및 법익 사이의 완화된 균형성을 내용으로 한다. 먼저 자구행위는 실행불능이나 현저한 실행곤란을 피하기 위한 적합한 수단이어야 한다(적합성). 그리고 자구행위가 실행불능이나 현저한 실행곤란을 피하기 위한 유일한 행위이어야 한다(필요성). 또 자구행위는 단지 청구권을 보전하는 수단이어야 한다. 따라서 청구권보전의 정도를 넘어 채권을 추심하거나 재산을 처분하거나 채무이행을 받은 때에는 상당성이 인정되지 않는다. 예를 들면 술집주인이 길에서 단골손님을 만나자 외상 술값을 받기 위하여 손님의 지갑을 빼앗아 현금을 강취한 경우에는 자구행위가 성립하지 않는다.[177]

IV. 과잉자구행위

과잉자구행위(Selbsthilfeexess)란 자구행위가 상당성의 정도를 초과한 경우를 말한다. 과잉자구행위는 자구행위가 아니므로 위법하지만 책임이 감경될 수 있으므로 형을 감경하거나 면제할 수 있다(제23조 제2항). 과잉자구행위에 대해서는 과잉방위에 관한 규정인 형법 제21조 제3항은 준용되지 않는다.

V. 오상자구행위

객관적으로 자구행위의 상황이 존재하지 않음에도 불구하고 존재한다고

176) 김일수/서보학, 325면; 이재상, 262면.
177) BGHSt. 17, 89f.

오신하고 자구행위를 한 경우를 오상자구행위(Putativselbsthilfe)라고 한다. 오상자구행위는 자구행위가 아니므로 위법성이 조각되지 않는다. 이것은 위법성조각사유의 전제사실에 대한 착오의 문제에 속한다.

제 6 절 피해자의 승낙

I. 피해자승낙의 의의

법익의 주체인 피해자가 행위자에게 자신의 법익에 대한 침해를 허락하는 것을 피해자의 승낙이라고 한다. 형법 제24조는 "처분할 수 있는 자의 승낙에 의하여 법익을 훼손하는 행위는 법률에 특별한 규정이 없는 한 벌하지 아니한다"고 규정하여 피해자의 승낙을 위법성조각사유로 인정하고 있다. 이에 반하여 피해자의 승낙은 개인이 자유롭게 처분가능한 법익을 처분했을 경우 국가형벌권은 애당초 관여할 필요가 없고, 피해자의 승낙은 다른 위법성조각사유와 비교할 때 이질성이 커서 굳이 위법성조각사유의 하나로 보아야 할 실익이 없으며, 피해자의 승낙은 결과반가치를 결여한다는 이유로 구성요건해당성배제사유로 다루어야 한다는 견해도 있다.[178] 그러나 신체의 완전성 · 명예 · 비밀 등과 같은 법익은 피해자의 승낙과 상관없이 헌법에 의하여 보호되는 사회의 생활이익이므로 이 경우에 피해자의 승낙은 위법성조각사유에 해당한다.[179] 따라서 피해자의 승낙은 구성요건해당성을 배제하는 양해와 구별되어야 한다.[180]

II. 양해

1. 양해의 의의

처분권자의 동의가 구성요건배제사유가 되는 경우를 양해라고 한다. 절도죄(제329조), 강간죄(제297조), 주거침입죄(제319조) 등은 피해자의 의사에 반하

178) 김일수/서보학, 257면.
179) 배종대, 401면; 성낙현, 279면; 이재상, 264면; 임웅, 248면.
180) 성낙현, 280면; 오영근, 418면; 유기천, 198면; 이재상, 264면; 이형국, 200면; 임웅, 248면; 정성근/박광민, 272면. 양해와 승낙의 구별을 반대하는 견해로는 박상기, 209면; 배종대, 404면.

여 구성요건을 실현하는 경우에 성립하므로 피해자의 동의가 있는 때에는 처음부터 절도죄, 강간죄, 주거침입죄 등의 구성요건이 실현되지 않는다.

2. 양해의 법적 성질

양해의 본질에 대해서는 사실적 성격설과 개별설이 대립하고 있다. 사실적 성격설은 양해를 순수한 사실적 성격을 가진 것으로 파악하는 견해이다. 이에 의하면 양해라고 할 수 있기 위해서는 내부적 동의로도 족하고 의사표시가 있거나 행위자가 양해를 인식할 필요도 없다. 그러므로 양해가 인정되기 위하여는 피해자의 자연적 의사능력이 있으면 충분하고 피해자에게 행위능력이나 판단능력이 있어야 하는 것은 아니라고 한다.[181] 이에 반하여 개별설은 양해는 항상 순수한 사실적 성격을 갖는 것이 아니고, 의사를 외부에 명시적으로 표시해야 하는지와 양해가 기망이나 강요에 의하여 영향을 받을 수 있는지의 문제는 일반적으로 결정될 수 있는 것이 아니라 개개 구성요건의 해석의 범위에서 해결될 수 있다고 한다.[182]

생각건대 개별설이 타당하다. 양해의 법적 성질은 일반적으로 결정될 수 있는 것이 아니고, 개개의 구성요건을 그 목적과 의미에 따라 해석하는 것에 의해서 구체적으로 결정되어야 하기 때문이다.[183]

3. 양해의 유효요건

양해의 요건은 개개의 구성요건에 따라 다르다. 강간죄와 절도죄에 있어서는 자연적 의사능력이 있는 것으로 족하지만 주거침입죄의 경우에 양해는 피해자의 판단능력을 요건으로 한다.[184] 양해의 표시문제에 관해서도 구성요건에 따라 개별적으로 결정되어야 한다. 절도죄의 경우에는 점유자의 묵시적 동의가 있는 것으로 충분하지만[185] 배임죄에 있어서는 양해가 표시되어야 한다.[186]

---

181) 이재상, 266면; 임웅, 249면.
182) Jescheck/Weigend, S. 374.
183) 이재상, 266면; 이형국, 199면; 임웅, 250면; 정성근/박광민, 273면.
184) Jescheck/Weigend, S. 374.
185) 대법원 1985. 11. 26, 85도1487.
186) 이재상, 266면.

III. 피해자승낙의 위법성조각의 근거

1. 법률행위설

법률행위설은 피해자의 승낙은 법률행위로서 행위자에게 침해의 권리를 부여하므로 그 권리를 행사하는 것은 위법성을 조각한다고 하는 견해이다. 이 견해는 민법상의 법률행위의 개념을 원용함으로써 형법과 민법의 목적이 다르다는 것을 간과하였다는 비판을 받는다.

2. 이익포기설

이익포기설은 처분권을 가진 피해자가 보호받을 법익을 스스로 포기한 때에는 사회가 개입할 여지가 없다는 견해이다.[187] 이 견해는 구성요건은 법익뿐 아니라 법익주체의 처분권도 보호할 의무가 있다고 한다. 이에 대하여 개인적 법익포기가 국가의 법익보호의무를 면제하는 이유와 생명에 대해서는 피해자의 승낙이 허용되지 않으면서 다른 법익에 대해서는 허용하는 이유를 제시하지 못한다는 비판이 가해진다.

3. 법률정책설

법률정책설은 피해자의 승낙이 위법성조각사유가 되는 것은 법률정책적 고려에 기인한다고 한다. 개인의 자유행사는 법치국가에서 사회적 가치로 인정되어야 하므로 개인의 법익처분권행사와 법익보호에 대한 공동체의 이익을 교량하여 전자가 우월한 때에는 법익침해에 대한 승낙이 위법성을 조각한다고 한다.[188] 다른 견해에 비하여 법률정책설이 단점이 적기 때문에 타당하다고 생각한다.

4. 상당설

상당설은 피해자의 승낙이 사회전체의 이념에 비추어 상당하기 때문에 위법성이 조각된다고 하는 견해이다.[189] 이 견해는 너무 추상적이라는 비판을 받는다.

---

187) 박상기, 210면.
188) 성낙현, 282면; 이재상, 268면; 이형국, 201면; 임웅, 252면; 정성근/박광민, 276면.
189) 진계호, 254면.

IV. 피해자승낙의 요건

1. 법익주체의 승낙

승낙할 수 있는 자는 행위자의 행위에 의하여 침해되는 법익의 주체이다. 따라서 개인이 처분할 수 있는 개인적 법익에 대해서만 피해자의 승낙이 허용된다. 그러나 처분권이 있는 경우에는 타인의 법익에 대해서도 피해자의 승낙이 성립할 수 있다.

2. 처분할 수 있는 법익

(1) 개인적 법익

피해자의 승낙이 위법성을 조각하기 위해서는 처분할 수 있는 법익에 대하여 승낙하여야 한다. 처분할 수 있는 법익은 개인적 법익에 제한되므로 국가적 · 사회적 법익에 대해서는 승낙할 수 없다. 예를 들면 자유, 명예, 신용, 비밀, 소유권, 재산 등이 처분할 수 있는 개인적 법익에 속한다. 개인적 법익 중에서 생명과 신체에 대한 피해자의 승낙이 위법성을 조각하는지가 문제된다.

1) 생명

법익의 보호가 개인의 이익을 위한 것이라도 법익주체의 처분권은 법적으로 무제한 인정되지 않는다. 개인의 법익은 법익주체로부터도 보호되어야 하므로 위법성을 조각하는 승낙에 한계가 있다. 인간의 생명은 가장 가치 있는 법익으로서 절대적으로 보호된다. 따라서 생명에 대한 침해는 피해자의 승낙에도 불구하고 위법성을 조각하지 않는다. 형법도 촉탁 · 승낙에 의한 살인죄(제252조)를 처벌하고 있다. 판례도 폭행에 대한 승낙이 있었더라도 폭행치사죄는 피해자의 승낙에 의하여 위법성을 조각하지 않는다고 판시한다.

□ 판례(대법원 1989. 11. 28, 89도201)

각종의 장기와 신경이 밀집되어 있어 인체의 가장 중요한 부위를 점하고 있는 흉부에 대한 강도의 타격은 생리적으로 중대한 영향을 줄 뿐만 아니라 신경에 자극을 줌으로써 이에 따른 쇼크로 인해 피해자를 사망에 이르게 할 수 있고, 더욱이 그 가격으로 급소를 맞을 때에는 더욱 그러할 것인데, 피할만한 여

유도 없는 좁은 장소와 상급자인 피고인이 하급자인 피해자로부터 아프게 반격을 받을 정도의 상황에서 신체가 보다 더 건강한 피고인이 피해자에게 약 1분 이상 가슴과 배를 때렸다면 사망의 결과에 대한 예견가능성을 부정할 수도 없을 것이며 위와 같은 상황에서 이루어진 폭행이 장난권투로서 피해자의 승낙에 의한 사회상규에 어긋나지 않는 것이라고도 볼 수 없다.

2) 신체의 완전성

형법은 피해자의 승낙에 의한 신체상해에 관한 특별한 규정을 두고 있지 않다. 따라서 신체상해에 대한 피해자의 승낙이 위법성을 조각하는지가 문제된다. 통설[190]과 판례[191]는 승낙에 의한 신체상해가 사회상규에 위배된 때에는 위법하다고 한다. 이에 의하면 승낙에 의한 상해행위에 위법하거나 반윤리적 목적이 있는 경우에는 그 상해행위는 사회상규에 위배된다고 한다.[192] 예를 들면 베니스의 상인에서 채무불이행 시 채무자의 승낙에 의하여 채무자의 살을 1파운드를 베어내는 행위는 사회상규에 위배된다는 것이다. 그러나 위법하거나 반윤리적 목적이 있다는 것만으로 승낙에 의한 행위가 사회상규에 위배된다고 하는 견해는 수긍할 수 없다. 원칙적으로 법익주체는 자신의 법익을 자유롭게 처분할 수 있다. 그러므로 단순상해에 대한 승낙은 목적과 상관없이 항상 상해죄의 위법성을 조각한다고 해야 한다. 그러나 중상해의 경우에는 상해행위가 사회상규에 위배되는지는 승낙의 목적에 따라 결정될 수 있다. 따라서 치료를 위한 중상해에 대한 승낙은 위법성을 조각하지만 목적이 위법하거나 반윤리적인 때에는 위법하다고 해야 한다. 예를 들면 생명에 대한 위험을 발생하게 하는 신체상해 또는 팔이나 다리를 절단하는 행위는 사회상규에 위배되므로 위법성이 조각되지 않는다.

승낙에 의한 신체상해는 법률에 처벌하는 규정이 있는 때에는 그 법률 위반의 위법성을 조각하지 않는다. 예를 들면 병역기피를 위한 상해(병역법 제86조), 군인이 근무를 기피하기 위한 상해(군형법 제41조 제1항)가 여기에 해당

190) 김일수/서보학, 259면; 박상기, 211면; 배종대, 407면; 성낙현, 283면; 유기천, 201면; 이재상, 270면; 임웅, 255면; 정성근/박광민, 278면.

191) 대법원 1985. 12. 10, 85도1892, "형법 제24조의 규정에 의하여 규정에 의하여 위법성이 조각되는 피해자의 승낙은 개인적 법익을 훼손하는 경우에 법률상 이를 처분할 수 있는 사람의 승낙을 말할 뿐만 아니라 그 승낙이 윤리적, 도덕적으로 사회상규에 반하는 것이 아니어야 한다."

192) 성낙현, 283면; 이재상, 270면; 임웅, 255면.

한다. 이 경우에는 행위자는 상해죄 때문이 아니라 병역법위반이나 군형법위반 때문에 처벌되는 것이다.

(3) 승낙

1) 승낙능력

승낙이 위법성을 조각하기 위해서는 피해자가 승낙의 의미와 결과를 인식하고 판단할 수 있는 능력을 가지고 있어야 한다. 승낙능력은 민법상의 행위능력과 구별되며 자연적 동찰능력과 판단능력을 의미한다.[193] 형법은 개별적으로 유효하게 승낙할 수 있는 연령을 규정하고 있다. 예를 들면 미성년자 간음 · 추행죄(제305조)의 경우에는 13세, 아동혹사죄(제274조)의 경우에는 16세, 미성년자약취 · 유인죄(제287조)의 경우에는 20세 등이 여기에 해당한다. 피해자의 승낙에 전문지식이 필요한 경우에는 행위자는 사전에 충분히 설명할 의무가 있다. 예를 들면 의사의 설명의무가 그것이다. 따라서 의사의 부정확하고 불충분한 설명에 근거한 환자의 승낙은 위법성을 조각하지 않는다.[194]

2) 자유로운 승낙

승낙은 자유로운 승낙이어야 한다. 따라서 기망 · 강요 · 착오 등에 의한 승낙은 위법성을 조각하지 않는다. 예를 들면 피해자에게 자기의 물건이라고 속이고 물건을 가져간 경우에는 피해자의 승낙은 위법성조각사유가 되지 않는다.

3) 승낙의 표시방법

승낙의 표시방법, 즉 승낙이 외부에 표시되어야 하는지에 대해서는 견해가 대립한다. 의사방향설(주관설), 의사표시설(객관설) 및 절충설이 그것이다. 의사방향설은 피해자의 내적인 동의로 족하다고 하는 견해이다. 의사표시설은 승낙은 행위자에게 명시적으로 표시되어야 한다는 견해이다.[195] 절충설은 명시적으로 표시될 필요는 없고 어떤 방법으로든 외부에서 인식할 수 있어야 한다는 견해이다. 의사방향설은 승낙이 있는지를 확인하기

---

193) 김일수/서보학, 261면; 박상기, 211면; 배종대, 408면; 성낙현, 284면; 이재상, 270면; 임웅, 252면.
194) 대법원 1993. 7. 27, 92도2345.
195) 임웅, 253면.

어렵고, 의사표시설은 승낙을 지나치게 제한하기 때문에 피해자승낙의 본질에 반한다는 비판을 받는다.

따라서 절충설이 타당하다고 생각한다.[196)]

4) 승낙의 시기

승낙은 법익침해 이전에 있어야 한다. 따라서 법익이 침해된 후에 표시된 사후승낙은 위법성을 조각하지 않는다. 피해자의 승낙은 법익침해 이전에 자유롭게 철회할 수 있다. 이 경우에 철회 이전의 행위는 위법성을 조각한다.

(4) 주관적 정당화요소

행위자는 피해자의 승낙이 존재했었다는 사실을 인식하여야 한다. 행위자가 피해자의 승낙이 없음에도 불구하고 승낙이 있는 것으로 오인한 경우에는 위법성조각사유의 전제사실에 대한 착오의 문제가 된다. 그리고 피해자의 승낙이 있었음에도 불구하고 행위자가 이를 인식하지 못한 때에는 위법성이 조각되지 않는다.

V. 추정적 승낙

1. 추정적 승낙의 의의

추정적 승낙이란 법익이 침해될 위험한 상황에서 피해자의 승낙은 없었으나 그 상황을 알았다면 당연히 승낙하였을 것으로 추정되는 경우를 말한다. 예를 들면 의사가 사고로 의식을 잃은 부상자를 치료하기 위해 수술하는 경우 또는 수도관이 터진 이웃집에 문을 부수고 들어가는 경우가 여기에 해당한다. 형법에는 추정적 승낙에 관한 규정이 없다.

ㅁ 판례(대법원 2011. 9. 29, 2010도14587)

사문서의 위·변조죄는 작성권한 없는 자가 타인 명의를 모용하여 문서를 작성하는 것을 말하므로 사문서를 작성·수정할 때 명의자의 명시적이거나 묵시적인 승낙이 있었다면 사문서의 위·변조죄에 해당하지 않고, 한편 행위 당시 명의자의 현실적인 승낙은 없었지만 행위 당시의 모든 객관적 사정을 종합하여 명의

196) 김일수/서보학, 260면; 박상기, 212면; 배종대, 409면; 성낙현, 285면; 오영근, 421면; 이재상, 271면; 정성근/박광민, 280면.

자가 행위 당시 그 사실을 알았다면 당연히 승낙했을 것이라고 추정되는 경우 역시 사문서의 위·변조죄가 성립하지 않는다고 할 것이나, 명의자의 명시적인 승낙이나 동의가 없다는 것을 알고 있으면서도 명의자가 문서작성 사실을 알았다면 승낙하였을 것이라고 기대하거나 예측한 것만으로는 그 승낙이 추정된다고 단정할 수 없다.

2. 추정적 법적 성질

추정적 승낙의 법적 성질이 무엇인가에 대해서는 견해가 대립하고 있다.

(1) 독자적 위법성조각사유설

이 견해는 추정적 승낙은 피해자의 승낙과 긴급피난의 중간에 위치하는 독자적 구조를 가진 위법성조각사유라는 견해이다.[197] 그러나 형법은 위법성조각사유를 제한적으로 열거하고 있기 때문에 초법규적 위법성조각사유를 인정할 여지가 없다.

(2) 긴급피난설

긴급피난설은 추정적 승낙을 긴급피난의 일종으로 보는 견해이다.[198] 그러나 추정적 승낙은 충돌하는 법익이 동일한 주체에 속하고 피해자의 승낙이 추정되어야 성립하는 반면, 긴급피난은 충돌하는 법익이 서로 다른 주체에 속하고 높은 가치의 법익을 보호하기 위한 피난행위를 요건으로 한다는 점에서 다르다.

(3) 피해자 승낙설

이 견해는 추정적 승낙을 피해자의 승낙과 같이 보는 견해이다.[199] 이에 의하면 피해자가 행위 당시의 사정을 알았더라면 승낙하였을 것으로 추정되는 경우에는 이익흠결의 원칙에 따라 추정적 승낙을 피해자의 승낙이 실제로 있었던 것처럼 취급할 수 있다고 한다. 그러나 현실적인 승낙이 없음에도 불구하고 존재하는 것과 같이 취급하는 것은 옳지 않다.

---

197) 김성천/김형준, 313면; 이재상, 273면; 임웅, 257면; 이형국, 205면; 정성근/박광민, 285면.
198) Welzel, S. 92.
199) 박상기, 214면; 배종대, 412면.

(4) 사무관리설

사무관리설은 추정적 승낙은 민법상의 사무관리에 관한 규정(제734조 제1항)에 의하여 위법성을 조각한다는 견해이다.[200] 그러나 추정적 승낙은 행위자나 제3자의 이익을 위한 경우에도 인정되고 형법상의 위법성조각사유의 근거를 민법에서 찾는 것은 타당하지 않다.

(5) 이원설

이원설은 추정적 승낙은 그 유형에 따라 사회적 상당성이나 허용된 위험원리에 의하여 위법성조각사유가 된다고 하는 견해이다.[201] 이에 대하여는 추정적 승낙을 통일적으로 설명하기 어렵다는 비판이 가해진다.

(6) 검토

독자적 위법성조각설이 다수설의 입장이다. 그러나 형법상의 개별적 위법성조각사유 이외의 정당화사유는 사회상규에 위배되지 않는 정당행위에 포함되므로 추정적 승낙은 정당행위에 해당한다고 해야 한다.[202]

3. 추정적 승낙의 유형

(1) 피해자의 이익을 위한 경우

행위자가 피해자의 우월한 법익을 보호하기 위하여 경미한 법익을 침해하는 경우이다. 예를 들면 의사가 의식이 없는 응급환자를 수술하는 경우, 이웃집이 수도관이 터져 물에 잠기는 것을 막기 위하여 문을 부수고 들어간 경우가 여기에 해당한다.

(2) 행위자 또는 제3자의 이익을 위한 경우

행위자가 자신이나 제3자의 이익을 위하여 피해자의 법익을 침해하는 경우이다. 예를 들면 공중전화를 걸기 위하여 친구의 전화카드를 사용하는 경우, 가정부가 주인이 먹고 남은 음식을 걸인에게 주는 경우가 그것이다.

---

200) Baumann/Weber/Mitsch, S. 403.
201) 정성근, S. 402면.
202) 김일수/서보학, 329면.

4. 추정적 승낙의 요건

(1) 처분할 수 있는 법익

추정적 승낙은 ① 처분할 수 있는 개인의 법익을 대상으로 한다는 점, ② 피해자는 법익침해에 대한 자연적 동찰능력과 판단능력을 가져야 한다는 점(다만 의식 없는 환자에 대한 수술은 그 상황에 대한 의사의 설명을 들으면 동의할 것으로 예상되는 경우에 추정적 승낙을 인정할 수 있다), ③ 승낙의 추정은 행위 시에 하여야 하다는 점, ④ 추정적 승낙에 의한 행위는 사회상규에 위배되지 않아야 한다는 점은 피해자승낙의 경우와 같다.

(2) 승낙의 불가능

피해자가 현실적으로 승낙할 수 없어야 한다. 승낙의 불가능은 피해자가 승낙을 거부하는 것이 아니라 극복할 수 없는 장애로 제때에 피해자의 승낙을 얻을 수 없는 경우를 의미한다.[203)]

(3) 승낙의 객관적 추정

피해자가 행위당시의 사정을 알았더라면 객관적으로 판단하여 볼 때 확실히 승낙할 것으로 추정되어야 한다. 즉 승낙의 추정은 객관적 추정이다.

피해자가 법익침해를 명시적으로 반대하는 경우에는 추정적 승낙을 인정할 수 없다고 해야 한다. 추정적 승낙은 행위자가 피해자의 결정을 대리하는 제도이고 법익주체의 의사는 어떠한 경우에도 존중되어야 하기 때문이다.[204)]

(4) 주관적 정당화요소

추정적 승낙은 행위자의 양심에 따른 심사를 요건으로 한다. 이를 추정적 승낙의 주관적 정당화요소라고 한다. 따라서 행위자가 행위당시의 모든 사정을 충분히 고려하지 않은 때에는 추정적 승낙은 인정되지 않는다.

5. 추정적 승낙의 효과

추정적 승낙의 요건이 구비된 때에는 이에 의한 행위는 위법성을 조각한다. 추정적 승낙에 의한 행위는 사회상규에 위배되지 않는 정당행위이므로 추정적 승낙은 형법 제20조의 위법성조각사유가 된다.

---

203) 김일수/서보학, 330면; 배종대, 413면.
204) 배종대, 413면; 이재상, 275면.

제4장 책 임

제1절 책임이론

I. 책임의 의의

책임은 구성요건해당성 및 위법성과 함께 범죄성립요건을 구성한다. 행위자를 처벌할 수 있기 위해서는 행위가 구성요건에 해당하고 위법한 것만으로는 족하지 않고 행위자가 자신의 행위에 대하여 책임을 질 수 있을 것을 요한다. 이를 위하여 행위자는 적법한 것을 인식할 가능성과 인식한 것에 따라 행위를 할 자유를 가져야 한다.

형법은 "책임 없으면 범죄도 형벌도 없다"라는 책임주의(Schuldprinzip)를 규정하고 있지 않다. 그러나 책임주의는 인간의 존엄과 가치보장(헌법 제10조)과 법치주의(헌법 제12조 제1항)에 근거한다고 해야 한다.[1] 책임주의는 책임은 형벌의 전제가 되고 책임의 정도를 초과하는 형벌을 과해서는 안 된다는 것을 의미한다. 따라서 책임주의는 헌법상의 원칙으로서 형법상의 중요한 원칙이 된다. 책임은 두 가지 기능을 수행한다. 하나는 범죄와 형벌의 근거로서의 기능이고, 다른 하나는 형벌의 상한을 제한하는 기능이다. 결론적으로 책임은 국가형벌권의 자의적인 행사로부터 국민의 자유와 권리를 보장하는 기능을 수행하고 있다. 책임이란 위법한 행위를 한 행위자에 대한 비난가능성을 의미한다. 즉 적법한 행위를 할 수 있음에도 불구하고 위법한 행위를 한 것에 대하여 행위자를 비난할 수 있는 경우에는 책임이 인정된다.

형법상 책임원칙에서의 책임은 도덕적 책임이 아니라 법적 책임을 의미한다. 법규범의 효력은 개인의 동의에 의하여 인정되는 것이 아니라 국가의 법제정행위에 근거하기 때문이다.[2] 법규범은 개인의 동의와 상관없이 모든 수범자에 대하여 일반적 구속력을 가진다. 따라서 법에 위배된다는 것을 인식하면서도 자신의 정치적·종교적·도덕적 신념 때문에 위법한 행위를 한 확신범에 대해서도 형사책임이 인정된다. 예를 들면 여호와의 증인의 신도가 종교적 신념 때문에 병역의무를 거부하는 경우에도 책임이 인정된다.

---

1) 박상기, 217면; 임웅, 265면; Jescheck/Weigend, S. 407.
2) Jescheck/Weigend, S. 414.

ㅁ 판례(헌법재판소 2004. 12. 16, 2003헌가12)

형사법상 책임원칙은 기본권의 최고이념인 인간의 존엄과 가치에 근거한 것으로, 형벌은 범행의 경중과 행위자의 책임 즉 형벌 사이에 비례성을 갖추어야 함을 의미한다. 따라서 기본법인 형법에 규정되어 있는 구체적인 법정형은 개별적인 보호법익에 대한 통일적인 가치체계를 표현하고 있다고 볼 때, 사회적 상황의 변경으로 인해 특정 범죄에 대한 형량이 더 이상 타당하지 않을 때에는 원칙적으로 법정형에 대한 새로운 검토를 요하나, 특별한 이유로 형을 가중하는 경우에도 형벌의 양은 행위자의 책임의 정도를 초과해서는 안 된다.

II. 책임과 자유의사

인간의 의사결정자유는 책임주의의 논리적 전제조건이다. 행위자가 적법한 행위를 할 능력이 있을 때에만 범죄충동을 억제하지 않고 위법한 행위를 한 것에 대하여 형사책임을 물을 수 있기 때문이다. 문제는 인간에게 의사결정의 자유가 있는가 하는 것이다. 이에 대하여는 전통적으로 비결정주의(Indeterminismus)과 결정주의(Determinismus)가 대립하고 있다. 비결정주의는 인간의 절대적 자유의사를 인정하여 인간은 적법한 행위와 위법한 행위 사이에서 어느 하나를 자유롭게 선택할 수 있다고 한다. 반면 결정주의는 인간의 행위는 인과법칙에 의하여 결정되었기 때문에 범죄는 환경과 소질의 산물이라고 한다. 비결정주의는 인간의 행위는 전적으로 인간의 자유선택에 의해서만 결정되는 것이 아니라 인과법칙에 의해서도 영향을 받는다는 것을 간과하였고, 결정주의도 인간은 본능적 충동을 통제하고 행위의 적법성과 위법성을 판단하여 이에 따라 의사를 결정할 수 있다는 생물이라는 것을 무시하였기 때문에 두 이론은 타당하다고 할 수 없다.[3]

의사형성의 기초가 되는 심리적 과정은 혈압, 호흡 및 소화와 같이 자연법칙에 따르는 것이 아니라 자기결정의 법칙에 따라 결정된다. 따라서 행위의 결정은 자신에 대하여 영향을 미치는 충동을 통제하고 의미내용, 가치와 규범에 따라 의사를 결정하는 인간의 능력에 근거한다.[4] 형사책임은 본능적 충동을 통제하고 가치와 규범에 따라 의사를 결정하는 인간의 능력을 전제로 한다.

---

3) 김일수/서보학, 358면; 박상기, 218면; 이재상, 292면.
4) Jescheck/Weigend, S. 410.

III. 책임의 근거

책임의 근거가 무엇인가에 대해서는 도의적 책임론과 사회적 책임론이 대립하고 있다.

1. 도의적 책임론

도의적 책임론은 인간의 절대적 자유의사를 인정하는 비결정주의에 입각하여 자유의사를 책임의 근거로 본다. 이 견해에 의하면 책임은 자유의사를 가진 행위자가 적법한 행위를 할 수 있었음에도 불구하고 위법한 행위를 하였다는 것에 대하여 행위자를 도의적으로 비난하는 것이라고 한다. 따라서 자유의사가 없는 책임무능력자에 대해서는 형벌을 과할 수 없고, 책임능력은 범죄능력을 의미한다. 자유의사를 가진 자에게 과하는 형벌과 자유의사가 없는 자에게 과하는 보안처분은 본질적으로 다르다고 한다. 여기서 책임은 의사책임 또는 행위책임이 된다. 도의적 책임론은 자유의사를 인정하는 구파, 행위를 강조하는 객관주의 및 형벌을 응보로 이해하는 응보형주의의 책임이론이다.

2. 사회적 책임론

사회적 책임론은 인간의 자유의사를 부정하는 결정론의 입장에서 범죄는 환경과 소질의 산물에 지나지 않으므로 책임의 근거는 행위자의 반사회적 성격에 있다고 한다. 사회적 책임론에 있어서는 책임은 성격책임 또는 행위자책임이다. 행위자의 반사회적 성격으로부터 사회를 방위하기 위하여는 책임무능력자에 대해서도 사회방위의 보안처분을 과하여야 한다. 이 견해에 의하면 책임능력은 형벌능력이 되고, 형벌과 보안처분은 사회방위의 수단이므로 양자는 양적인 차이만 있을 뿐이고, 본질적으로 동일하다고 한다. 사회적 책임론은 신파, 주관주의 및 목적형주의의 책임론이다.

3. 인격적 책임론

인격적 책임론은 도의적 책임론과 사회적 책임론을 절충하여 행위자의 인격형성 또는 생활영위를 책임의 근거로 보는 견해이다. 행위책임은 행위당시의 사실로만 설명될 수 있는 것이 아니고 행위자의 사고는 그의 생활과정과 밀접한 관계에 있다고 한다. 즉 행위자가 인격이 형성되는 과정에서 자유로웠기 때문에 인격형성에 대하여 책임을 져야 한다고 한다. 인격적 책임론은 형법상의 책임은 행위책임이지, 인격책임 또는 행위자책임이 아니라는 점을 간과하였다는 비판을 받는다.[5)]

4. 검토

도의적 책임론은 인간이 환경과 소질 등의 인과법칙에 의하여 영향을 받는다는 사실을 간과하고 있고, 사회적 책임론은 인간은 범죄충동을 통제하고 가치와 규범에 따라 행위를 조종할 수 있는 능력이 있다는 것을 망각하고 있다. 또 인격적 책임론에 대해서는 책임이 행위책임이라는 점을 간과하고 있다는 비판이 가해진다. 오늘날 책임의 근거에 대한 이러한 학설의 대립은 더 이상 실익이 없다는 것이 일반적인 견해이다. 따라서 인간은 한편으로는 소질과 환경 등의 인과법칙에 의하여 영향을 받지만 다른 한편으로는 자유롭게 의사를 결정할 수 있는 존재이므로 책임의 근거는 본능적 충동을 통제하고 가치와 규범에 따라 자유롭게 의사를 결정하는 인간의 능력에 있다고 해야 한다.

IV. 책임의 본질

책임의 본질이 무엇인가에 대하여는 견해가 대립하고 있다.

1. 심리적 책임론

심리적 책임론은 행위에 대한 행위자의 심리적 관계를 책임으로 간주한다. 즉 책임은 법적 책임과 관련 있는 발생한 결과에 대한 행위자의 주관적 관계이라고 한다. 따라서 고의 또는 과실이 책임이 된다고 한다. 심리적 책임론은 행위의 주관적 요소와 객관적 요소를 구별하여 객관적 요소는 구성요건요소에 해당하고 주관적 요소는 책임요소가 된다고 하는 고전적 범죄론 체계에서 기인한다.

그러나 심리적 책임론은 ① 어떤 심리적 관계가 형법상 중요하고 왜 심리적 관계가 책임이 되고 그것의 부존재가 책임을 배제하는지에 대한 근거

---

5) 박상기, 220면; 임웅, 270면.

를 제시하지 못하고, ② 행위자가 고의로 행위를 하여 결과에 대한 심리적 관계를 형성하였음에도 불구하고 책임능력이 없거나 책임조각사유가 존재하는 경우에는 책임이 부정되는 이유를 설명하지 못하며, ③ 인식 없는 과실의 경우에는 결과에 대한 심리적 관계가 없으므로 심리적 책임론은 인식 없는 과실의 책임을 인정할 수 없게 된다.[6)]

2. 규범적 책임론

규범적 책임론은 행위와 행위자 사이의 내적 관계에 대한 평가를 책임으로 본다. 프랑크(Frank)에 의하면 책임은 규범명령에 근거한 심리적 사실관계에 대한 가치판단, 즉 구성요건에 해당하는 불법에 대한 비난가능성이라는 것이다. 프랑크는 행위와 행위자 사이에는 심리적 관계가 있음과 동시에 행위자가 비난받을 수 있어야 책임이 인정된다고 한다. 고의와 과실이 불법구성요건에 해당한다면 책임요소는 규범적 요소, 즉 구성요건에 해당하는 불법에 대한 평가가 되기 때문이다. 이에 의하면 책임능력은 책임의 전제조건이 되고, 책임 있는 행위의사는 고의 또는 과실의 형태로 표시된다. 고의범에 있어서는 행위자가 행위불법을 인식할 수 있었고 이러한 인식에 따라 행위를 할 수 있었다는 것에 대하여, 과실범의 경우에는 사회생활에서 요구되는 주의의무를 위반하였다는 것에 대하여 행위자를 비난할 수 있다고 한다. 규범적 책임론이 다수설이며 타당하다고 생각한다.[7)]

3. 기능적 책임론

기능적 책임론은 책임의 내용을 형벌의 예방적 목적에서 찾는다. 이 견해에 의하면 책임을 묻기 위해서는 행위자의 책임과 법률상 형벌의 예방적 목적이 필요하다고 한다.[8)] 행위자가 적법한 행위를 선택할 수 있는 충분한 자기조종능력이 있음에도 불구하고 형법적 불법을 실현하면 행위자의 책임이 인정된다는 것이다. 이러한 책임 있는 행위는 예방적 형벌을 필요로 한다고 한다. 왜냐하면 구성요건에 해당하는 행위는 위법성과 책임이 있을 때 형벌로 방지되어야 하기 때문이다. 기능적 책임론은 책임을 형벌

---

6) Jescheck/Weigend, S. 420; 박상기, 220면; 배종대, 426면; 이재상, 294면; 임웅, 272면.
7) 김일수/서보학, 371면; 박상기, 221면; 배종대, 426면; 이재상, 294면; 임웅, 272면.
8) Roxin, S. 852.

의 예방적 목적을 달성하는 수단으로 이해한다. 그러므로 비난가능성이 있더라도 예방의 필요성이 없으면 책임이 부정된다고 한다.

그러나 기능적 책임론에 대해서는 기능적 책임개념으로는 책임의 내용을 결정할 수 없고, 책임을 형벌의 예방적 목적에 의하여 결정하는 것은 책임주의의 법치국가적 기능을 무의미하게 만드는 것이며, 예방의 필요성이 없으면 책임이 부정되어 무죄판결을 선고해야 하므로 타당하지 않다는 비판이 제기된다.[9)]

4. 책임요소

규범적 책임론 내에서도 무엇을 책임요소로 볼 것인가에 대하여는 견해가 대립하고 있다. 고의 또는 과실을 독자적인 책임요소로 파악할 것인가 여부에 따라 순수 규범적 책임개념과 고의 또는 과실의 이중기능으로 나뉜다.

목적적 행위론은 고의 또는 과실과 같은 심리적 요소를 책임에서 배제하여 순수한 규범적 요소만을 책임요소로 이해하는 순수 규범적 책임개념을 주장하였다. 이에 의하면 책임요소에는 책임능력, 위법성의 인식 및 기대가능성이 포함된다.

고의 또는 과실의 이중기능은 고의 또는 과실은 구성요건요소인 동시에 독자적인 책임요소가 되는 이중의 기능을 가진다고 한다. 불법은 책임의 전제조건이고, 책임은 언제나 불법과 관련이 있어야 하므로 불법의 차이는 간접적으로 책임비난의 경중에 영향을 미친다고 한다. 또한 주관적 불법요소로서의 고의는 동시에 책임비난의 대상이 된다는 것이다. 왜냐하면 행위자가 고의행위를 하였는지 또는 과실행위를 하였는지에 따라 불법내용뿐 아니라 책임내용도 달라지기 때문이라고 한다.[10)] 따라서 이에 의하면 책임요소는 책임능력, 위법성의 인식, 기대가능성 및 고의 또는 과실로 나뉜다고 한다.

생각건대 책임이란 적법한 행위를 할 수 있음에도 불구하고 고의 또는 과실로 위법한 행위를 한 것에 대한 비난가능성을 의미한다. 따라서 위법한 행위를 인식한 행위자가 적법한 행위를 할 수 있음에도 불구하고 위법한 행위를 하였다면 책임은 인정되므로 고의 또는 과실을 독자적 책임요소

---

9) 박상기, 221면; 배종대, 430면; 오영근, 438면; 이재상, 296면; 이형국, 211면; 임웅, 274면.
10) Jescheck/Weigend, S. 429.

로 할 필요는 없다고 본다. 또 구성요건으로서의 고의는 있지만 책임고의가 없는 때에는 과실범이 성립한다고 할 수 있는지도 의문이다. 결론적으로 순수 규범적 책임개념이 타당하다고 본다.

제 2 절 책임능력

I. 책임능력의 의의

책임능력은 책임비난의 첫 번째 전제조건이다. 책임능력이란 행위자가 행위당시에 행위의 불법을 인식하고 이러한 인식에 따라 행위를 포기할 수 있는 능력을 말한다. 따라서 행위자에게 책임능력이 없다면 행위자는 행위를 하더라도 책임을 지지 않는다. 책임능력은 행위가 옳은지 여부를 판단하는 것이 아니라 행위 당시에 행위자의 심리적 상태에 비추어 볼 때 자유롭게 결정할 수 있는 능력을 의미한다. 책임능력의 판단기준으로는 연령(형법 제9조), 심신장애자(형법 제10조)와 농아자(형법 제11조)가 있다. 형법은 형사미성년자(형법 제9조)와 심신상실자(형법 제10조 제1항)를 책임이 조각되는 책임무능력자로, 심신미약자(형법 제10조 제2항)와 농아자(형법 제11조)를 책임이 감경되는 한정책임능력자로 규정하고 있다.

II. 책임무능력자

1. 형사미성년자

형법은 14세 되지 아니한 자의 행위는 벌하지 아니한다고 규정하여(형법 제9조) 14세 미만의 자에 대해서는 개인의 발육상태를 고려하지 않고 일률적으로 책임능력을 부정하고 있다. 이를 책임조각사유라고 한다. 이는 14세 미만의 자는 정신적·육체적으로 성숙하지 못하였다는 판단에 근거한다. 따라서 형사미성년자는 책임이 없으므로 형사처벌을 받지 않는다. 그러나 소년법은 형벌법령에 저촉되는 행위를 한 10세 이상 14세 미만인 촉법소년에 대해서는 보호처분을 과할 수 있다고 규정하고 있다(소년법 제4조 제1항 2호, 제32조).

14세 이상의 소년에게는 책임능력이 인정되지만 19세 미만의 소년범은 소년법에 의하여 특별한 취급을 받는다. 소년이 법정형으로 장기 2년 이상의 유기형에 해당하는 죄를 범한 경우에는 그 형의 범위에서 장기와 단기를 정하여 선고한다. 다만, 장기는 10년, 단기는 5년을 초과하지 못한다(소년법 제60조 제1항). 소년의 특성에 비추어 상당하다고 인정되는 때에는 그 형을 감경할 수 있다(동법 동조 제2항). 형의 집행유예나 선고유예를 선고할 때에는 부정기형을 선고할 수 없다(동법 동조 제2항). 죄를 범할 당시 18세 미만인 소년에 대하여 사형 또는 무기형으로 처할 경우에는 15년의 유기징역으로 한다(동법 제59조). 18세 미만인 소년에게는 형법 제70조에 따른 환형유치선고를 하지 못한다(동법 제62조).

2. 심신상실자

형법 제10조 제1항은 "심신장애로 인하여 사물을 변별할 능력이 없거나 의사를 결정할 능력이 없는 자의 행위는 벌하지 아니한다"고 규정하고 있다. 형법은 심신장애라는 생물학적 요소와 사물을 변별할 능력 또는 의사를 결정할 능력이 없는 자라는 심리적 요소를 책임무능력의 요건으로 규정함으로써 생물학적 · 심리적 방법(혼합적 방법)을 사용하고 있다. 따라서 책임무능력자인 심신상실자가 되기 위해서는 첫째, 심신장애라는 생물학적 요소가 있어야 하고, 둘째, 심신장애로 인하여 사물을 변별할 능력이 없거나 의사를 결정할 능력이 없어야 한다.

(1) 심신장애

형법은 심신장애의 내용을 구체적으로 규정하고 있지 않다. 학설은 책임무능력의 생물학적 요소인 심신장애로 정신병, 정신박약, 정신병질 및 중대한 의식장애를 들고 있다. 정신병은 내인성 정신병과 외인성 정신병으로 나뉜다. 내인성 정신병에는 정신분열증,[11] 조울증, 간질[12] 등이 있고, 외인성 정신병에는 진행성뇌연화증, 뇌손상, 악물 또는 알코올중독 등이 있다. 정신박약이란 백치 · 치매와 같은 선천성지능박약을 말한다. 의식장애란 자

11) 대법원 1980. 5. 27, 80도656, "편집형 정신분열증환자는 자기의 행동을 알 때도 있고 모를 때도 있으나 사물에 대한 판단력이 없는 것이 특징이고 또 사물을 변별하고 그에 따라서 자신의 의사결정을 하거나 자기의 의지를 제어할 능력이 없는 것이다."

12) 대법원 1984. 8. 21, 84도1510.

기의식 또는 환경의식에 손상 또는 침해가 있는 경우를 의미한다. 의식장애의 원인으로는 심한 피로, 실신, 혼수상태, 대취(명정)[13] 등을 들 수 있다. 정신병질이란 감정 또는 성격장애를 의미한다. 그 밖에 노이로제, 충동조절장애[14], 성적인 측면에서의 성격적 결함인 소아기호증[15]도 그 정도가 심한 경우에는 심신장애에 해당할 수 있다.

□ 판례(대법원 1992. 8. 18, 92도1425)

형법 제10조에 규정된 심신장애는 생물학적 요소로서 정신병, 정신박약 또는 비정상적 정신상태와 같은 정신적 장애가 있는 외에 심리학적 요소로서 이와 같은 정신적 장애로 말미암아 사물에 대한 판별능력과 그에 따른 행위통제능력이 결여되거나 감소되었음을 요하므로, 정신적 장애가 있는 자라고 하여도 범행 당시 정상적인 사물판별능력이나 행위통제능력이 있었다면 심신장애로 볼 수 없음은 물론이나, 정신적 장애가 정신분열증과 같은 고정적 정신질환의 경우에는 범행의 충동을 느끼고 범행에 이르게 된 과정에 있어서의 범인의 의식상태가 정상인과 같아 보이는 경우에도 범행의 충동을 억제하지 못한 것이 흔히 정신질환과 연관이 있을 수 있고, 이러한 경우에는 정신질환으로 말미암아 행위통제능력이 저하된 것이어서 심신미약이라고 볼 여지가 있다.

□ 판례(대법원 2006. 10. 13, 2006도5360)

자신의 충동을 억제하지 못하여 범죄를 저지르게 되는 현상은 정상인에게서도 얼마든지 찾아볼 수 있는 일로서, 특단의 사정이 없는 한 위와 같은 성격적 결함을 가진 사람에 대하여 자신의 충동을 억제하고 법을 준수하도록 요구하는 것이 기대할 수 없는 행위를 요구하는 것이라고는 할 수 없으므로, 원칙적으로 충동조절장애와 같은 성격적 결함은 형의 감면사유인 심신장애에 해당하지 아니한다고 봄이 상당하지만, 충동조절장애와 같은 성격적 결함이라 할지라도 그것이 매우 심각하여 원래의 의미의 정신병을 가진 사람과 동등하다고 평가할 수 있는 경우에는 그로 인한 범행은 심신장애로 인한 범행으로 보아야 한다.

심신장애가 존재하는지에 대하여 법관은 원칙적으로 전문가의 감정을 토대로 판단한다. 그러나 책임능력의 인정 여부는 규범적 문제이므로 전문가

---

13) 대법원 1974. 1. 15, 73도2522; 2004. 7. 9, 2004도2116.
14) 대법원 2006. 10. 13, 2006도5360; 2009.2. 26, 2008도9867; 2011. 2. 10, 2010도14512.
15) 대법원 2007. 2. 8, 2006도7900.

의 감정은 판단자료가 될 뿐 법관을 구속하지 않는다. 따라서 법관은 범행의 경위와 수단, 범행 전후의 피고인의 행동 등 기록에 나타난 제반자료와 공판정에서의 피고인의 태도 등을 종합하여 심신장애의 상태에 있는지를 판단할 수 있다.[16)]

(2) 심리적 요소

심신장애로 인하여 사물을 변별할 능력 또는 의사를 결정할 능력이 없어야 한다.

사물을 변별할 능력이란 행위의 불법을 인식할 능력을 말한다. 이는 책임능력의 지적 능력에 해당한다. 사물을 변별할 능력이 없는 경우에는 책임능력이 인정되지 않는다.

ㅁ 판례(대법원 1985. 5. 28, 85도361)

형법상 심신상실자라고 하려면 그 범행당시에 심신장애로 인하여 사물의 시비선악을 변식할 능력이나 또 그 변식하는 바에 따라 행동할 능력이 없어 그 행위의 위법성을 의식하지 못하고 또는 이에 따라 행위를 할 수 없는 상태에 있어야 하며 범행을 기억하고 있지 않다는 사실만으로 바로 범행당시 심신상실 상태에 있었다고 단정할 수는 없다.

의사를 결정할 능력이란 사물을 변별하고 이에 따라 행위할 수 있는 능력, 조종능력을 말한다. 이는 책임능력의 의지적 능력이 된다. 따라서 행위자가 사물을 변별할 능력이 있더라도 사물의 변별에 따라 행위할 수 있는 능력이 없는 때에는 책임능력이 인정되지 않는다. 대취, 노이로제, 충동조절장애에 있어서는 확실하게 불법을 인식하였음에도 불구하고 행위에 대한 충동이 매우 강하거나 억제사유가 너무 약해서 충동을 더 이상 지배할 수 없기 때문에 책임능력이 부정된다.

사물을 변별할 능력 또는 의사를 결정할 능력은 행위당시에 있어야 한다. 심신장애로 인하여 사물을 변별할 능력이나 의사를 결정할 능력이 있

16) 대법원 1993. 12. 7, 93도2701, "피고인이 범행 당시 심신장애의 상태에 있었는지 여부를 판단함에는 반드시 전문가의 감정을 거쳐야 하는 것이 아니고, 법원이 범행의 경위와 수단, 범행 전후의 피고인의 행동 등 기록에 나타난 제반 자료와 공판정에서의 피고인의 태도 등을 종합하여 피고인이 심신장애의 상태에 있지 아니하였다고 판단하더라도 위법이라고 할 수 없다." 같은 판결; 대법원 2007.6.14. 선고 2007도2360.

없는가 여부는 법률적 문제로서 법관이 규범적으로 판단하여야 한다. 따라서 법관은 감정인의 감정에 구속되지 않고 독자적으로 심신장애의 유무를 판단할 수 있다.[17]

> ㅁ 판례(대법원 1998. 4. 10, 98도549)
>
> 피고인이 범행 당시 그 심신장애의 정도가 단순히 사물을 변별할 능력이나 의사를 결정할 능력이 미약한 상태에 그쳤는지 아니면 그러한 능력이 상실된 상태이었는지 여부가 불분명하므로, 원심으로서는 먼저 피고인의 정신상태에 관하여 충실한 정보획득 및 관계 상황의 포괄적인 조사·분석을 위하여 피고인의 정신장애의 내용 및 그 정도 등에 관하여 정신의로 하여금 감정을 하게 한 다음, 그 감정결과를 중요한 참고자료로 삼아 범행의 경위, 수단, 범행 전후의 행동 등 제반 사정을 종합하여 범행 당시의 심신상실 여부를 경험칙에 비추어 규범적으로 판단하여 그 당시 심신상실의 상태에 있었던 것으로 인정되는 경우에는 무죄를 선고하여야 한다.

(3) 심신상실의 효과

심신상실자는 책임능력이 없으므로 형사처벌을 받지 않는다. 그러나 심신상실자가 금고 이상의 형에 해당하는 죄를 범하고 치료감호시설에서 치료를 받을 필요가 있으며 재범의 위험성이 있는 때에는 치료감호를 선고할 수 있다(치료감호법 제2조 제1항 1호).

III. 한정책임능력자

1. 심신미약자

형법은 "심신장애로 인하여 사물을 변별할 능력이나 의사를 결정할 능력이 미약한 자의 행위는 형을 감경한다"고 규정하고 있다(형법 제10조 제2항). 심신미약자는 한정책임능력자로서 책임능력자에 해당하지만 책임능력이 현저히 저하된 자를 말한다. 심신미약은 책임감경사유에 해당한다. 심신미약의 요건에는 생물학적 요소와 심리적 요소가 있다. 심신장애는 심신미약의 생

17) 대법원 1999. 8. 24, 99도1194, "형법 제10조에 규정된 심신장애의 유무 및 정도의 판단은 법률적 판단으로서 반드시 전문 감정인의 의견에 기속되어야 하는 것은 아니고, 정신질환의 종류와 정도, 범행의 동기, 경위, 수단과 태양, 범행 전후의 피고인의 행동, 반성의 정도 등 여러 사정을 종합하여 법원이 독자적으로 판단할 수 있다."

물학적 요소에 해당하고, 사물을 변별할 능력이나 의사를 결정할 능력이 미약하다는 것은 심신미약의 심리적 요소에 속한다.

생물학적 요소인 심신장애는 심신상실의 경우와 같으나 그 정도에 차이가 있을 뿐이다. 예를 들면 경미한 뇌성마비 · 정신분열 · 간질, 노이로제, 조울증, 가벼운 주취상태, 충동조절장애 등이 여기에 해당한다.[18] 사물을 변별할 능력이나 의사를 결정할 능력이 미약한지 여부는 법률문제이므로 심신상실의 경우와 같이 그 판단에 있어서 법관은 감정인의 감정에 구속되지 않는다.

심신미약자의 행위는 형을 감경한다. 심신미약자에 대해서는 보안처분도 과할 수 있다. 치료보호법은 형이 감경되는 심신장애자로서 금고 이상의 형에 해당하는 죄를 범하고 치료감호시설에서 치료를 받을 필요가 있으며 재범의 위험성이 있는 때에는 치료감호에 처한다고 규정하고 있다(치료감호법 제2조 제1항 1호).

□ 판례(대법원 1995. 2. 24, 94도3163)

피고인이 자신의 절도의 충동을 억제하지 못하는 성격적 결함(정신의학상으로는 정신병질이라는 용어로 표현하기도 한다)으로 인하여 절도 범행에 이르게 되었다고 하더라도, 이와 같이 자신의 충동을 억제하지 못하여 범죄를 저지르게 되는 현상은 정상인에게서도 얼마든지 찾아볼 수 있는 일로서 이는 정도의 문제에 불과하고, 따라서 특단의 사정이 없는 한 위와 같은 성격적 결함을 가진 자에 대하여 자신의 충동을 억제하고 법을 준수하도록 요구하는 것이 기대할 수 없는 행위를 요구하는 것이라고는 할 수 없으므로 원칙적으로는 충동조절장애와 같은 성격적 결함은 형의 감면사유인 심신장애에 해당하지 않는다고 봄이 상당하고, 다만 그러한 성격적 결함이 매우 심각하여 원래의 의미의 정신병을 가진 사람과 동등하다고 평가할 수 있다든지, 또는 다른 심신장애사유와 경합된 경우에는 심신장애를 인정할 여지가 있을 것이다.

2. 농아자

농아자의 행위는 형을 감경한다(형법 제11조). 농아자란 청각기능과 발성기능에 모두 장애가 있는 자를 말한다. 그 장애의 원인에는 선천적인 것은 물론 후천적인 것도 포함된다. 농아자와 정상인 사이에는 사물을 변별할 능력이나 의사를 결정할 능력이 차이가 없으므로 입법론적으로 형법 제11조

18) 김일수/서보학, 378면; 배종대, 437면; 이재상, 310면; 임웅, 281면.

의 규정을 삭제하고 심신장애가 있는 농아자에 대해서는 심신상실이나 심신미약에 관한 규정을 적용하면 족하다는 주장도 있다.[19]

IV. 원인에 있어서 자유로운 행위

1. 의의

원인에 있어서 자유로운 행위(actio libera in causa)란 책임능력 있는 행위자가 고의 또는 과실로 심신상실 또는 심신미약의 상태를 야기하고 이러한 상태에서 범죄를 실행하는 것을 말한다. 예를 들면 사람을 살해할 의도로 음주하여 만취상태를 야기하고 이 상태에서 살인을 하거나 술에 취하면 폭력을 행사할 것이 예견되는 자가 음주하여 취한 상태에서 타인에게 폭행을 가한 경우가 여기에 해당한다. 형법은 "위험의 발생을 예견하고 자의로 심신장애를 야기한 자의 행위에는 심신상실과 심신미약의 규정을 적용하지 아니한다"고 규정하고 있다(형법 제10조 제3항).

2. 책임주의와의 관계

형법에서는 행위와 책임능력의 동시존재의 원칙이 적용된다. 이 원칙은 행위자는 행위 시에 책임능력이 있어야 한다는 것을 의미한다. 원인에 있어서 자유로운 행위의 경우에는 행위자가 실행행위 시에 책임능력이 없었음에도 불구하고 그를 처벌하는 것이 행위와 책임능력의 동시존재의 원칙에 위배되는 것이 아닌지가 문제될 수 있다. 그러나 원인에 있어서 자유로운 행위에 있어서는 행위자가 의도적으로 심신장애의 상태를 야기하였고 그 상태에서 범죄를 실현할 것을 예견하였기 때문에 원인에 있어서 자유로운 행위는 처음부터 심신장애의 상태에서 범죄를 실현한 경우와는 구별되어야 한다.

3. 원인에 있어서 자유로운 행위의 가벌성의 근거

원인에 있어서 자유로운 행위는 책임무능력자의 행위가 아니므로 형법은 그 가벌성을 규정하고 있다. 그러나 원인에 있어서 자유로운 행위의 가벌성의 근거가 무엇인가에 대하여는 견해가 대립하고 있다. 원인설정행위설, 원인설정행위와 실행행위의 결합설 및 실행행위설이 그것이다.

---

19) 김일수/서보학, 378면; 이재상, 311면.

(1) 원인설정행위설

원인설정행위설은 행위와 책임능력의 동시존재의 원칙에 입각하여 행위자가 자의로 자신을 심신장애의 상태에 빠뜨리는 원인설정행위가 가벌성의 근거가 된다는 견해이다. 이 견해는 원인에 있어서 자유로운 행위를 자신을 도구로 이용하는 간접정범으로 보아 간접정범에서 이용행위가 실행행위인 것처럼 원인에 있어서 자유로운 행위에서도 책임능력이 있는 원인설정행위가 실행의 착수행위가 되고 책임무능력상태에서의 행위는 원인설정행위의 결과에 지나지 않는다고 한다.[20]

이에 대하여는 다음과 같은 비판이 가해진다.

① 구성요건에 해당하지 않는 원인설정행위를 실행행위 또는 실행의 착수행위로 보는 것은 타당하지 않다. 예를 들면 소매치기를 할 의도로 음주를 한 경우에 음주행위를 절도죄의 실행행위 또는 그 일부라고 볼 수는 없다. ② 원인에 있어서 자유로운 행위를 간접정범과 동일시하는 것은 옳지 않다. 원인에 있어서 자유로운 행위의 경우에는 책임능력이 없거나 한정책임능력이 있는 자신을 도구로 이용하여야 하지만 간접정범의 피이용자는 책임능력이 있는 제3자일 수도 있다는 점에서 양자는 구별되기 때문이다.

(2) 원인설정행위와 실행행위의 결합설

이 견해는 원인설정행위는 실행행위 또는 실행의 착수행위가 될 수 없으나 책임무능력의 상태에서 행한 구성요건의 실행행위와 불가분의 관계가 있기 때문에 원인설정행위를 가벌성의 근거로 본다.[21] 책임무능력의 상태에서 이루어진 실행행위에 대해서는 책임비난을 할 수 없지만 범죄의 실행을 예견하였음에도 불구하고 의도적으로 심신장애의 상태를 야기하는 원인설정행위를 하고 이 상태에서 범죄를 실행하였다면 원인설정행위는 실행행위와 불가분의 관계에 있기 때문에 원인에 있어서 자유로운 행위를 처벌하는 것은 타당하다는 것이다.

이 견해에 대해서는 행위와 책임능력의 동시존재의 원칙의 예외를 인정

---

20) 김일수/서보학, 383면; Stratenwerth, S. 272; Welzel, S. 156.

21) 김성천/김형준, 346면; 박상기, 230면; 배종대, 442면; 신동운, 351면; 이재상, 35면; 이형국, 255면; 임웅, 286면; 정성근/박광민, 322면.

함으로써 형법의 법치국가적 제한을 벗어나게 되고, 부자유한 실행행위 시에는 행위자가 규범명령에 대한 위반을 알지 못하므로 이를 가벌성의 근거로 삼는다면 책임과 규범명령위반과의 관계가 파괴된다는 비판이 제기된다.[22] 그러나 행위와 책임능력의 동시존재의 원칙을 엄격하게 적용해야 하는 것은 아니고, 원인에 있어서 자유로운 행위는 이 원칙에 대한 예외를 인정할 필요가 있는 경우에 해당하므로 이 견해가 타당하다고 생각한다.

(3) 실행행위설

실행행위설은 실행행위는 완전히 무의식상태에서 행해진 것이 아니므로 실행행위를 가벌성의 근거로 보는 견해이다. 이 견해는 행위와 책임능력의 동시존재의 원칙에 대한 예외로서 반무의식상태에서 행해진 실행행위를 가벌성의 근거로 인정한다.

실행행위설에 대해서는 원인설정행위와 상관없이 책임무능력의 상태에서 행해진 실행행위만을 이유로 원인에 있어서 자유로운 행위의 가벌성을 인정할 수 없으며 원인에 있어서 자유로운 행위에 있어서 실행행위가 반무의식상태에서 행해졌다고 한다면 행위자는 책임능력이 있으므로 원인에 있어서 자유로운 행위의 문제는 발생하지 않을 것이라는 비판이 제기된다.

4. 원인에 있어서 자유로운 행위의 유형

원인에 있어서 자유로운 행위는 원인설정행위 시에 구성요건의 실현에 대한 고의가 있었는가 아니면 예견할 수 있었는가에 따라 고의에 의한 원인에 있어서 자유로운 행위와 과실에 의한 원인에 있어서 자유로운 행위로 나누어진다.

(1) 고의에 의한 원인에 있어서 자유로운 행위

고의에 의한 원인에 있어서 자유로운 행위는 원인설정행위와 실행행위에 대한 고의 또는 미필적 고의가 있는 경우를 의미한다. 즉 이것은 행위자가 구성요건의 실현에 대한 고의를 가지고 고의로 심신장애의 상태를 야기하고 이 상태에서 구성요건을 실현하는 경우를 말한다. 예를 들면 사람을 살해할 의도로 음주하고 만취상태에서 사람을 살해하는 경우가 그것이다.

---

22) 김일수/서보학, 384면.

ㅁ 판례(대법원 1996. 6. 11, 96도857)

피고인들이 피해자들을 살해할 의사를 가지고 범행을 공모한 후에 대마초를 흡연하고, 위 각 범행에 이른 것으로 대마초 흡연 시에 이미 범행을 예견하고도 자의로 위와 같은 심신장애를 야기한 경우에 해당하므로 형법 제10조 제3항에 의하여 심신장애로 인한 감경 등을 할 수 없다.

이 경우에 심신장애의 상태를 고의로 야기할 필요가 없다는 견해[23]도 있으나 형법은 "자의로 심신장애를 야기한 자의 행위"를 명시적으로 규정하고 있고 범죄를 범하기 위해 심신장애의 상태를 야기하여야 하므로 원인행위도 고의로 야기하여야 한다.[24]

(2) 과실에 의한 원인에 있어서 자유로운 행위

과실에 의한 원인에 있어서 자유로운 행위란 행위자가 범죄의 실행을 예견하였거나 예견할 수 있음에도 불구하고 자의로 심신장애의 상태를 야기하고 이 상태에서 과실로 범죄를 실행하는 경우를 의미한다. 예를 들면 술에 취하면 타인의 물건을 절취할 수 있다는 것을 예견하였음에도 불구하고 음주한 후 대취상태에서 타인의 물건을 절취한 경우가 여기에 해당한다. 이 경우에 행위자는 과실로 범죄를 실행하고 원인행위를 고의로 야기하여야 한다. 여기에는 심신장애의 상태에서의 구성요건의 실현에 대한 고의가 있었으나 심신장애의 상태를 과실로 야기한 경우도 포함된다.[25] 따라서 음주운전을 할 의사를 가지고 음주만취한 후 운전을 결행하다가 교통사고를 일으킨 경우에는 음주 시에 교통사고를 일으킬 위험성을 예견하였는데도 자의로 심신장애를 야기한 경우에 해당하므로 형법 제10조 제3항에 의하여 심신장애로 인한 감경 등을 할 수 없다.[26]

5. 실행의 착수시기

고의에 의한 원인에 있어서 자유로운 행위에 있어서는 실행의 착수시기가 문제된다. 이에 대해서는 원인행위시를 착수시기로 보는 원인행위시

23) 박상기, 227면; Maurach/Zipf, S. 486; Welzel, S. 156.
24) 배종대, 444면; 성낙현, 343면; 이재상, 317면.
25) 이재상, 318면.
26) 대법원 2007. 7. 27, 2007도4484; 1992. 7. 28, 92도999.

설[27]과 구성요건을 실현하는 행위를 시작할 때 실행의 착수가 있는 것으로 보는 구성요건행위시설[28]이 대립하고 있다. 원인행위는 구성요건적 행위도 아니고 구성요건의 실현을 위한 직접적인 행위도 아니므로 원인행위 시를 실행의 착수시기로 보는 것은 가벌성의 범위를 지나치게 확대하는 결과를 초래한다. 사람을 살해할 의사로 음주하는 행위를 살인의 착수행위라고 할 수 없다. 따라서 심신장애의 상태에서 구성요건을 실현하는 행위를 시작한 때를 실행의 착수시기로 보는 구성요건행위시설이 타당하다고 생각한다. 그러나 과실범에는 미수의 성립이 불가능하므로 과실에 의한 원인에 있어서 자유로운 행위의 경우에는 실행의 착수시기의 문제는 발생하지 않는다.

6. 형법상의 규정

형법 제10조 제3항은 "위험발생을 예견하고 자의로 심신장애의 상태를 야기한 자의 행위는 전 2항의 규정(심신상실 또는 심신미약의 규정)을 적용하지 아니한다"고 규정하고 있다. 원인에 있어서 자유로운 행위가 성립하기 위해서는 위험발생의 예견과 자의에 의한 심신장애상태의 야기가 요구된다.

(1) 위험발생의 예견

위험발생의 예견은 구성요건의 실현을 인식하고 의욕한 경우(고의)뿐 아니라 결과발생을 예견하는 경우(과실)도 포함한다. 위험발생을 예견하지 못하고, 즉 위험발생에 대한 고의 또는 과실 없이 심신장애의 상태를 야기하여 범죄를 실행한 경우는 원인에 있어서 자유로운 행위에 해당하지 않는다.

(2) 자의에 의한 심신장애의 야기

형법은 자의에 의한 심신장애상태의 야기를 원인에 있어서 자유로운 행위의 요건으로 규정하고 있다. 여기의 자의란 "행위자가 책임능력 있는 상태에서 스스로"를 말하므로 심신장애의 상태는 고의는 물론 과실에 의해서도 야기될 수 있다는 견해[29]와 과실로 심신장애의 상태를 초래한 자는 자의로 심신장애상태를 야기하였다고 볼 수 없으므로 형법은 과실로 심신장

27) 황산덕, 198면.
28) 김성천/김형준, 348면; 박상기, 232면; 배종대, 443면; 오영근, 457면; 이재상, 317면; 이형국, 226면; 임웅, 288면; 정성근/박광민, 319면.
29) 김일수/서보학, 388면; 이형국, 228면; 임웅, 291면; 정성근/박광민, 323면.

애의 상태를 야기한 경우를 규정한 것이 아니라는 견해[30]가 대립한다.

생각건대 여기의 자의를 고의 또는 과실로 이해할 것이 아니라 "자기 의지로" 또는 "스스로"라는 의미로 해석하는 것이 타당하므로[31] 심신장애상태의 야기에 대한 인식이 있어야 한다. 따라서 과실로 심신장애의 상태를 야기하는 것은 자의에 의한 심신장애의 상태의 야기에 포함되지 않는다고 해야 한다. 행위자가 자신도 모르게 심신장애의 상태를 야기한 경우에는 그 상태에서 구성요건을 실현하더라도 원인에 있어서 자유로운 행위에 해당하지 않는 않는다.

□ 판례(대법원 1992. 7. 28, 92도999)

형법 제10조 제3항은 "위험의 발생을 예견하고 자의로 심신장애를 야기한 자의 행위에는 전2항의 규정을 적용하지 아니한다"고 규정하고 있는 바, 이 규정은 고의에 의한 원인에 있어서의 자유로운 행위만이 아니라 과실에 의한 원인에 있어서의 자유로운 행위까지도 포함하는 것으로서 위험의 발생을 예견할 수 있었는데도 자의로 심신장애를 야기한 경우도 그 적용 대상이 된다고할 것이어서, 피고인이 음주운전을 할 의사를 가지고 음주만취한 후 운전을 결행하여 교통사고를 일으켰다면 피고인은 음주시에 교통사고를 일으킬 위험성을 예견하였는데도 자의로 심신장애를 야기한 경우에 해당하므로 위 법조항에 의하여 심신장애로 인한 감경 등을 할 수 없다.

(3) 원인에 있어서 자유로운 행위의 효과

원인에 있어서 자유로운 행위는 심신상실의 경우와 심신미약의 경우를 모두 포함한다. 원인에 있어서 자유로운 행위의 요건이 구비되면 책임무능력의 상태에서 구성요건을 실현하였더라도 행위자는 고의범(고의에 의한 원인에 있어서 자유로운 행위) 또는 과실범(과실에 의한 원인에 있어서 자유로운 행위)으로 처벌되고, 한정책임능력의 상태에서 행한 실행행위에 대해서는 형이 감경되지 않는다.

30) 박상기, 235면; 배종대, 446면; 이정원, 225면; 이재상, 319면.
31) 박상기, 235면.

제 3 절 위법성의 인식

I. 위법성인식의 의의

위법성의 인식이란 행위자가 자신의 행위가 법적으로 금지되어 있다는 사실을 인식하는 것을 말한다. 위법성의 인식은 완전한 책임비난의 전제조건이고 핵심에 해당한다.[32] 위법성을 인식하였음에도 불구하고 범죄를 결의한 것은 법을 준수하겠다는 자세가 결여되어 있다는 것을 의미하기 때문이다. 행위자가 위법성을 인식하지 못하였다면 이에 정당한 이유가 있는 때에 한하여 책임이 인정되지 않는다. 반대로 이것은 위법성을 인식하지 못한 경우에도 그것에 정당한 이유가 없는 때에는 책임이 인정된다는 것을 의미한다.

행위자는 자신의 행위가 보호법익을 침해하기 때문에 법적으로 금지되어 있다는 것을 인식하였을 때에는 위법성을 인식하였다고 할 수 있다. 이와 같이 위법성의 인식은 법규범의 위반에 대한 인식을 의미하므로 도덕적 또는 윤리적 가치의 위반에 대한 인식은 위법성의 인식이 아니다.

위법성의 인식은 고의와 구별되어야 한다. 고의는 구성요건에 대한 인식을 의미하는 반면, 위법성의 인식은 법규범의 위반에 대한 인식이다. 따라서 고의는 구성요건요소이지만 위법성인식은 책임요소에 속한다. 형법도 고의(형법 제13조)와 위법성의 인식(형법 제16조)을 구별하여 규정하고 있다.

II. 위법성인식의 내용

위법성의 인식은 위반하고 있는 법규정 또는 행위의 가벌성에 대한 인식을 요구하는 것이 아니다. 행위자가 자신의 행위가 사회질서에 반하거나 법적으로 금지되어 있다는 것에 대한 인식,[33] 즉 실질적 위법성에 대한 인식으로 족하다. 따라서 도덕위반에 대한 인식은 위법성인식에 해당하지 않는다. 실질적 위법성에 대한 인식은 행위자가 형벌규범, 민법규범 또는 행정규범을 침해한다고 인식하는 것을 의미한다.[34] 도덕적 · 종교적 또는 정

32) Jescheck/Weigend, S. 452.

33) 대법원 1987. 3. 24, 86도2673, “범죄의 성립에 있어서 위법의 인식은 그 범죄사실이 사회정의와 조리에 어긋난다는 것을 인식하는 것으로서 족하고 구체적인 해당 법조문까지 인식할 것을 요하는 것은 아니다.”

치적 확신에 따라 자신의 행위를 정당한 것으로 믿은 확신범이나 양심범도 자신이 위반하는 법규범이 헌법에 일치하는 법규범이라는 것을 인식한 때에는 위법성의 인식을 갖는다.[35)]

위법성인식의 대상은 불법이다.[36)] 위법성인식은 문제된 범죄유형의 특수한 불법내용을 파악하여야 한다. 행위자가 문제의 구성요건에 의하여 포함된 특수한 법익침해를 불법으로 인식하였다면 위법성인식은 인정된다.

따라서 수개의 구성요건을 실현한 실체적 경합의 경우뿐 아니라 상상적 경합의 경우에도 일부에는 위법성인식이 있을 수 있고 다른 일부에는 위법성인식이 없을 수 있다(위법성인식의 분리가능성원칙).[37)]

III. 위법성인식의 체계적 지위

위법성인식과 고의는 어떤 관계에 있는가에 대하여 고의설과 책임설이 대립하고 있다.

1. 고의설

고의설은 고의를 책임요소로 보는 고전적 범죄론체계(인과적 행위설)에 입각하여 위법성의 인식과 구성요건적 고의를 책임요소로서의 고의로 파악하는 견해이다. 따라서 위법성인식이 없는 때에는 고의가 조각되므로 고의범은 성립하지 않는다. 다만 이 경우에 정당한 이유가 없는 때에는 과실범 처벌규정이 있으면 과실범으로 처벌될 수 있을 뿐이다.[38)] 고의설은 엄격고의설과 제한적 고의설로 나누어진다.

(1) 엄격고의설

엄격고의설은 고의의 성립을 위해서는 구성요건에 대한 인식 이외에 현실적 위법성인식이 있어야 한다는 견해이다. 이 견해는 위법성인식이 없으면 고의가 조각되므로 사실의 착오와 법률의 착오를 구별할 필요가 없으며

---

34) BGH 11, 263; Jescheck/Weigend, S. 454.
35) Jescheck/Weigend, S. 454; 박상기, 237면; 이재상, 321면.
36) Jescheck/Weigend, S. 453.
37) Jescheck/Weigend, S. 455; Roxin, S. 935; 이재상, 323면; 임웅, 293면.
38) 배종대, 449면; 이재상, 323면.

형법상의 착오를 모두 사실의 착오로 처리할 수 있다는 장점이 있다.

그러나 위법성인식을 고의의 구성요소로 볼 경우에 법의 요구에 무관심하거나 순간적으로 격분하여 위법성을 인식할 수 없었던 상습범 또는 격정범죄는 고의가 조각되므로 단지 과실범으로 처벌될 수 있을 뿐이다. 그리고 확신범도 위법성을 인식할 수 없으므로 고의범으로 처벌하는 것이 불가능하게 된다. 또한 예외적으로 처벌되는 과실범의 처벌규정이 없는 경우에는 무죄를 선고해야 한다. 따라서 엄격고의설은 타당하다고 할 수 없다.

(2) 제한적 고의설

제한적 고의설은 위법성의 인식은 반드시 현실적 인식일 필요는 없고 인식의 가능성만 있으면 족하다는 견해이다. 행위자가 법률맹목성이나 법적대적 태도에 의하여 위법성의 인식이 없는 경우에도 고의를 인정해야 한다고 한다.

이 견해에 대해서는 인식가능성이라는 과실요소를 현실적인 위법성인식을 의미하는 고의와 동일시하여 고의와 과실을 결합하려고 한 것은 옳지 않으며,[39] 또 위법성인식의 가능성이 모호하여 행위자에게 불리한 유추적용을 허용하는 결과를 초래한다[40]는 비판이 제기된다.

2. 책임설

책임설은 위법성인식을 고의와 구별되는 독립한 책임요소로 보는 견해이다. 이에 의하면 위법성의 인식이 없는 때에는 고의의 성립에는 영향을 미치지 않고 단지 책임이 조각될 뿐이다. 책임설은 위법성조각사유의 전제사실에 대한 착오의 처리문제와 관련하여 엄격책임설과 제한적 책임설로 나누어진다.

(1) 엄격책임설

엄격책임설은 위법성조각사유의 전제사실에 대한 착오를 금지의 착오로 보는 견해로서 고의는 주관적 구성요건에 귀속시키고 위법성의 인식은 책임요소가 된다고 하는 목적적 행위론에 근거하는 이론이다. 따라서 이에 의하면 위법성조각사유의 전제사실에 대한 착오는 고의를 조각하는 것이 아니라 책임을 조각하게 된다.

---

39) 배종대, 449면; 이재상, 324면.
40) 박상기, 238면; 성낙현, 351면.

(2) 제한적 책임설

제한적 책임설은 위법성조각사유의 전제사실에 대한 착오와 위법성조각사유의 범위나 한계에 대한 착오로 구별하여 전자는 사실의 착오와 같이 고의를 조각하지만 후자는 법률의 착오에 해당한다고 한다.

(3) 판례의 입장

판례는 "피고인이 유선방송업은 당국의 허가 대상이 아니라고 알았다거나 체신부장관의 위 회신내용에 의하여 자기의 행위가 법령에 의하여 죄가 되지 아니하는 것으로 오인하였다 하더라도 피고인에게 원심의 위 판시사실에 대한 범의가 없었다고는 할 수 없으며... 그 오인에 정당한 이유가 있다고도 할 수 없다"고 판시하거나[41] "부동산중개업자가 부동산중개업협회의 자문을 통하여 인원수의 제한 없이 중개보조원을 채용하는 것이 허용되는 것으로 믿고서 제한인원을 초과하여 중개보조원을 채용함으로써 부동산중개업법 위반행위에 이르게 되었다고 하더라도 그러한 사정만으로 자신의 행위가 법령에 저촉되지 않는 것으로 오인함에 정당한 이유가 있는 경우에 해당한다거나 범의가 없었다고 볼 수는 없다"고 판시하여[42] 고의설의 입장을 취하고 있다는 견해[43]가 있다. 그러나 판례가 위법성인식을 고의의 구성요소로 본다고 명확하게 판시한 것이 아니므로 고의설의 입장을 취하고 있다고 보기는 어렵다.

제 4 절 금지착오

I. 금지착오의 의의

금지착오란 행위자가 자신의 행위가 구성요건에 해당한다는 사실은 인식하였으나 법적으로 허용된다고 오인한 경우를 말한다. 형법은 이를 법률의 착오(형법 제16조)로 규정하여 구성요건착오 또는 사실의 착오(형법 제15조)와 구별하고 있다. 그러나 반전된 금지착오와 금지착오는 구별된다. 예를 들면 법

---

41) 대법원 1987. 4. 14, 87도160.
42) 대법원 2000. 8. 18, 2000도2943.
43) 배종대, 451면.

적으로 금지되어 있는 행위를 허용되는 것으로 오인한 경우는 금지착오가 아니라 처벌되지 않는 환각범에 해당한다.

II. 금지착오의 유형

1. 직접적 금지착오

직접적 금지착오란 행위자가 자신의 행위가 법적으로 허용된다고 오인하여 그 행위의 위법성을 전혀 인식하지 못한 경우를 말한다. 여기에는 법률의 부지, 효력의 착오 및 포섭의 착오가 있다.

(1) 법률의 부지는 자신의 행위를 금지하는 법규범의 존재를 인식하지 못한 경우를 말한다. 판례는 "형법 제16조에 자기가 행한 행위가 법령에 의하여 죄가 되지 아니한 것으로 오인한 행위는 그 오인에 정당한 이유가 있는 때에 한하여 벌하지 아니한다고 규정하고 있는 것은 단순한 법률의 부지를 말하는 것이 아니다"라고 하여 법률의 부지를 금지착오에서 제외시킨다.[44] 그러나 금지착오는 위법성에 대한 착오가 있는 모든 경우를 의미하고, 또 오늘날 법의 홍수 속에 살고 있는 상황에서 모든 법의 내용을 파악할 능력이 없는 사람들도 있을 수 있으며, 금지규범의 존재를 인식하지 못하는 경우와 위법한 행위가 허용된다고 오인하는 경우는 다른 것이 아니기 때문에 법률의 부지도 금지착오에 해당한다고 하여야 한다.[45]

□ 판례(대법원 1985. 4. 9, 85도25)

유흥접객업소의 업주가 경찰당국의 단속대상에서 제외되어 있는 만 18세 이상의 고등학생이 아닌 미성년자는 출입이 허용되는 것으로 알고 있었더라도 이는 미성년자보호법 규정을 알지 못한 단순한 법률의 부지에 해당하고 특히 법령에 의하여 허용된 행위로서 죄가 되지 않는다고 적극적으로 그릇 인정한 경우는 아니므로 비록 경찰당국이 단속대상에서 제외하였다 하여 이를 법률의 착오에 기인한 행위라고 할 수는 없다.

---

44) 대법원 2010. 4. 29, 2009도13868; 2006. 4. 28, 2003도4128; 2004. 2. 12, 2003도6282; 2004. 1. 15, 2003도6282; 2001. 6. 29, 99도5026.

45) 김성천/김형준, 361면; 김일수/서보학, 398면; 박상기, 241면; 배종대, 455면; 성낙현, 356면; 이재상, 331면; 이정원, 239면; 이형국, 235면; 임웅, 304면; 정성근//박광민, 331면.

(2) 효력의 착오란 행위자가 자신의 행위에 적용되는 법규범이 효력이 없는 것으로 오인한 경우를 말한다. 예를 들면 간통죄의 규정이 헌법재판소의 위헌결정으로 효력이 없어진 것으로 오인한 경우가 여기에 해당한다.

(3) 포섭의 착오란 행위자가 법규범을 잘못 해석하여 자기행위의 위법성을 인식하지 못한 경우를 말한다. 예를 들면 공무원이 뇌물의 개념을 좁게 해석하여 명절에 즈음하여 받은 떡값은 뇌물에 해당하지 않는다고 오인한 경우가 여기에 해당한다.

2. 간접적 금지착오

간접적 금지착오란 행위자가 법규범의 위반을 인식하였으나 존재하지 않는 위법성조각사유가 존재한다고 오인하거나 구체적인 경우에 자신의 행위가 예외적으로 허용된다고 믿은 경우를 말한다. 이를 위법성조각사유의 착오(Erlaubnisirrtum)라고도 한다. 간접적 금지착오는 위법성조각사유의 존재와 한계에 대한 착오와 위법성조각사유의 전제사실에 대한 착오로 구별된다.

위법성조각사유의 존재에 대한 착오는 현실적으로 존재하지 않는 위법성조각사유를 존재하는 것으로 오인한 경우와 위법성조각사유의 한계에 대한 착오로 자신의 행위가 예외적으로 허용된다고 믿은 경우를 포함한다. 예를 들면 공무원이 공공의 이익을 위하여 직무상의 비밀을 누설하는 행위는 허용된다고 믿은 경우가 전자에 해당하고, 폭행하는 자를 살해하는 것이 정당방위에 해당한다고 오인한 경우가 후자에 해당한다.

III. 위법성조각사유의 전제사실에 대한 착오

1. 의의

위법성조각사유의 전제사실에 대한 착오란 행위자가 존재하지 않는 객관적 정당화상황을 존재한다고 믿고 자신의 행위가 허용된다고 오인한 경우를 말한다. 이를 허용구성요건의 착오라고도 한다. 오상방위, 오상피난 및 오상자구행위 등이 여기에 속한다. 허용구성요건의 착오는 구성요건착오와 금지착오를 포함하는 독자적인 형태의 착오에 해당한다. 형법은 위법성조각사유의 전제사실에 대한 착오를 규정하고 있지 않으므로 그 처리문제는 학설에 의하여 해결될 수밖에 없다.

2. 법적 취급

위법성조각사유의 전제사실에 대한 착오를 어떻게 처리할 것인가에 대하여는 견해가 대립하고 있다.

(1) 엄격책임설

엄격책임설은 위법성조각사유의 전제사실에 대한 착오를 금지착오로 본다.[46] 객관적 정당화상황은 구성요건요소가 아니므로 구성요건착오와 같이 취급할 수 없다는 것을 이유로 한다. 따라서 착오에 정당한 이유가 있는 때에는 책임이 조각된다고 한다.

그러나 이 견해에 대해서는 ① 기본적으로 법에 충실하게 행동한 자를 고의범으로 취급하고 있고,[47] ② 위법성조각사유의 전제사실에 대한 착오는 평가의 착오가 아니라 사실의 착오라는 특수성을 무시하였으며, ③ 적으로 오인하고 아군을 살해한 사람을 살인죄로 처벌하는 것은 법감정에 반한다는[48] 비판이 제기된다.

(2) 제한적 책임설

제한적 책임설은 위법성조각사유의 전제사실에 대한 착오는 구성요건착오는 아니지만 구성요건착오와 구조적으로 유사하므로 구성요건착오와 같이 취급해야 한다는 견해이다. 제한적 책임설에 의하면 위법성조각사유의 전제사실에 대한 착오는 행위불법이 없기 때문에 구성요건적 고의를 조각하지는 않으나 고의책임을 배제하기 때문에 과실범처벌규정이 있는 때에는 과실범으로 처벌된다는 것이다. 제한적 책임설은 구성요건착오의 유추적용설과 법효과 제한적 책임설로 나누어진다.

1) 구성요건착오의 유추적용설

이 견해는 위법성조각사유의 전제사실에 대한 착오는 구성요건착오가 아

46) 오영근, 492면; 정성근/박광민, 351면; Schroeder, LK, § 16 Rn. 52; Welzel, S. 164.
47) 박상기, 249면.
48) 이재상, 332면.

니지만 구성요건착오와 본질적으로 유사하고 구성요건적 불법을 실현한다는 의사가 없다는 점에서 행위불법을 인정할 수 없기 때문에 구성요건착오에 관한 규정을 유추 적용하여 고의를 조각한다고 한다.[49] 그러나 이 견해는 구성요건적 고의가 조각된다고 할 경우에는 공범성립이 불가능하여 처벌의 결함을 초래한다는 비판을 받는다.[50]

2) 법효과 제한적 책임설

법효과 제한적 책임설은 위법성조각사유의 전제사실에 대한 착오를 독자적인 형태의 착오로 간주한다. 이러한 착오는 고의를 조각하는 것은 아니므로 구성요건착오에 관한 규정이 직접 적용될 수 없다고 한다. 그러나 행위자는 위법성조각사유와 관련하여 법에 충실하려고 하였지만 부주의로 착오에 빠져 구성요건적 결과를 야기한 것이므로 법효과에 있어서 구성요건착오와 같이 취급하여 과실범에 따라 처벌하는 것이 타당하다고 한다. 이 견해가 다수설이다.[51] 여기서는 구성요건적 고의가 인정되므로 제한적 종속설에 따라 공범이 성립할 수 있다.

3) 소극적 구성요건요소이론

소극적 구성요건요소이론은 위법성조각사유는 소극적 구성요건요소이므로 객관적 정당화상황에 대한 착오는 구성요건착오가 된다고 한다.[52][53] 따라서 위법성조각사유의 전제사실에 대한 착오는 고의를 조각하므로 과실이 있고 과실범처벌규정이 있는 경우에는 과실범으로 처벌된다고 한다.

그러나 이 견해는 ① 처음부터 구성요건에 해당하지 않는 행위와 구성요건에는 해당하지만 위법성이 조각되는 행위를 동일시하는 것은 문제가 있고, ② 구성요건적 고의가 인정되지 않으므로 이에 대한 공범성립이 불가능하며, ③ 구성요건의 인식과 의사가 있는 이상 구성요건적 고의가 조각된다고 할 수 없다는 비판을 받는다.[54]

---

49) 김일수/서보학, 317면.
50) 배종대, 458면; 이재상, 333면.
51) 박상기, 252면; 배종대, 455면; 신동운, 421면; 이재상, 334면; 이형국, 155면; 임웅, 315면.
52) 문채규, 소극적 구성요건표지이론을 위한 변론, 형사법연구, 1999, 82면 이하; 이정원, 244면.
53) 이에 대하여 자세한 것은 김선복, 소극적 구성요건요소이론에 대한 비판적 고찰, 비교형사법연구, 2007, 25면 이하.
54) 김일수/서보학, 286면; 박상기, 251면; 배종대, 460면; 이재상, 333면; 임웅, 311면.

4) 비독립책임설

비독립책임설은 위법성조각사유의 전제사실에 대한 착오를 고의범으로 간주하지만 고의범의 형을 과실범의 형에 맞게 현실화하자는 견해이다.[55] 법효과 제한적 책임설을 수정한 이론이다. 고의범이지만 과실범의 형벌에 종속시킨다는 의미에서 비독립책임설이라고 부른다.

5) 검토

구성요건착오 또는 사실의 착오는 죄의 성립요소인 사실 또는 구성요건적 사실에 대한 착오를 의미한다. 객관적 정당화상황은 구성요건요소가 아니므로 위법성조각사유의 전제사실에 대한 착오는 구성요건착오가 아니다. 객관적 정당화상황에 대한 착오로 위법성을 인식하지 못한 경우에 착오에 과실이 있기 때문에 고의책임이 조각된다면 법률의 부지, 효력의 착오 및 포섭의 착오와 같은 직접적 금지착오뿐 아니라 위법성조각사유의 존재나 한계에 대한 착오와 같은 간접적 금지착오의 경우에도 착오에 과실이 있을 때에는 고의책임이 조각된다고 하지 않을 수 없다. 그럴 경우에는 구성요건착오와 금지착오를 구별할 필요가 없게 된다. 위법성조각사유의 전제사실에 대한 착오는 존재하지 않는 위법성조각사유의 존재에 대한 착오와 다르지 않으므로 금지착오에 해당한다고 하는 엄격책임설이 타당하다고 생각한다. 따라서 착오에 정당한 이유가 있는 때에 한하여 책임이 조각되고, 정당한 이유가 없는 때에는 고의범으로 처벌된다. 다만 양형 시 착오를 고려하여 형을 감경할 필요가 있다.

IV. 형법 제16조의 해석

1. 정당한 이유(회피가능성)

형법 제16조는 "자기의 행위가 법령에 의하여 죄가 되지 않는 것으로 오인한 행위는 그 오인에 정당한 이유가 있는 때에 한하여 벌하지 아니한다"고 규정하고 있다. 책임설에 의하면 위법성의 인식은 책임요소에 속하므로 위법성에 대한 착오에 정당한 이유가 있는 때에는 책임이 조각되고, 정당한 이유가 없는 때에는 책임이 조각되지 않기 때문에 고의범으로 처벌된다.

55) Jakobs, 11/58.

정당한 이유는 독일형법 제17조(Unvermeidbarkeit, 회피불가능성)와 같이 회피가능성으로 해석된다. 즉 정당한 이유가 없다는 것은 곧 회피가 불가능하다는 것을 의미한다. 회피가능성은 위법성의 인식가능성을 전제로 한다. 그러므로 행위자가 위법성을 인식할 능력이 있었음에도 불구하고 위법성을 인식하지 못한 때에는 책임이 조각되지 않는다.

2. 회피가능성의 판단기준

회피가능성의 판단기준은 과실범에 있어서 주의의무의 판단기준과 같다.[56] 위법성을 인식할 수 있었는가에 대한 판단은 행위자의 지적 인식능력을 기준으로 해야 한다.[57] 즉 위법성의 인식가능성은 행위자의 지적 인식능력을 전제로 한다. 지적 인식능력을 위해서는 법률을 올바르게 해석하는 것과 위반한 법규범의 효력에 대한 가치판단 또는 합목적성에 대한 판단이 필요하다.[58]

회피가능성을 인정할 수 있는지 여부를 판단하기 위해서는 ① 행위자에게 자기행위의 위법성을 심사해야 할 특별한 계기가 있었는지, ② 이러한 계기가 있다고 할 경우에 행위자가 행위의 위법성을 확인하고 조회하기 위하여 진지한 노력을 다하였는지, ③ 행위자가 노력을 다하였더라면 위법성을 인식할 수 있었는지 여부를 검토하여야 한다.[59]

ㅁ 판례(대법원 2006. 3. 24, 2005도3717)

정당한 이유가 있는지 여부는 행위자에게 자기 행위의 위법의 가능성에 대해 심사숙고하거나 조회할 수 있는 계기가 있어 자신의 지적 능력을 다하여 이를 회피하기 위한 진지한 노력을 다하였더라면 스스로의 행위에 대하여 위법성을 인식할 수 있는 가능성이 있었음에도 이를 다하지 못한 결과 자기 행위의 위법성을 인식하지 못한 것인지 여부에 따라 판단하여야 할 것이고, 이러한 위법성의 인식에 필요한 노력의 정도는 구체적인 행위정황과 행위자 개인의 인식능력 그리고 행위자가 속한 사회집단에 따라 달리 평가되어야 한다.

56) Jescheck/Weigend, S. 458; 대법원 1983. 2. 22, 81도2763.
57) Schönke/Schröder/Cramer, § 17 Rn. 16.
58) Schönke/Schröder/Cramer, § 17 Rn. 16.
59) Roxin, S. 950; Schönke/Schröder/Cramer, § 17 Rn. 16; Schroeder, LK, § 17 Rn. 29; 이재상, 337면; 대법원 2006. 3. 24, 2005도3717; 2006. 3. 24, 2005도3717; 2008. 2. 28, 2007도5987; 2008. 10. 23, 2008도5526.

3. 위법성심사의 계기

(1) 행위자가 자기행위의 적법성에 의문을 가지거나 그 내용이나 적용범위를 충분히 인식하지는 못하였으나 그 행위에 적용되는 법규정이 있다는 것을 알고 있었던 때에는 원칙적으로 회피가능성이 인정된다. 행위자가 행위의 위법성에 대하여 관할관청의 명시적 암시가 있다는 것을 알았거나 관할관청의 지시를 무시한 때에도 마찬가지이다. 따라서 행위자가 관할관청의 지시에 의하여 행위를 하거나 동일한 행위로 이미 무죄의 확정판결을 선고받은 때에는 정당한 이유가 인정된다.

(2) 행위자가 자기행위의 적법성에 의문을 가졌어야 했을 때에도 회피가능성이 인정된다. 행위가 법을 침해할 뿐 아니라 도덕질서에 위배되는 때 법적 평가는 직접 법감정에서 기인하고, 또 양심의 긴장에 의하여도 인식될 수 있기 때문에 회피가능성이 인정된다. 그러나 행위가 도덕질서와 밀접한 관련이 없을지라도 행위자의 직업생활영역과 같이 경험상 법적 규정이 존재하는 사실관계가 논란의 대상이 되는 경우에는 구성요건적 고의로부터 조회의무가 생긴다.

(3) 행위자가 자신이 알고 있는 규정의 효력에 대하여 의문을 가진 때에는 자신에게 유리한 견해에 따를 것이 아니라 법률전문가에게 조회를 하여야 하고 신뢰할 수 있는 법률전문가의 법률정보를 얻은 경우에도 행위의 위법성에 대한 자세한 검토가 실제로 이루어졌다는 것을 전제로 정당한 이유가 인정된다.[60] 신뢰할 수 있는 정보제공자는 결정권한, 전문성 및 공정성이 있는 자이다.[61] 개개의 사안에서 신뢰할 수 있는 자를 구체화할 수 없는 경우에는 법원은 사안의 모든 사정을 고려하여 추상적·규범적인 판단으로 신뢰할 수 있는 자가 행위자에게 행위의 위법성에 대하여 어떤 정보를 제공했어야 했을 것인지를 결정하여야 한다.

판례는 국민학교 교장이 도교육위원회의 지시에 따라 양귀비를 교과식물로 비치하기 위하여 양귀비종자를 교무실 앞 화단에 심은 경우,[62] 교통부장관의 허가를 얻어 설립된 사단법인 한국교통사고상담센타의 하부직원이

60) Jescheck/Weigend, S. 459.
61) Schönke/Schröder/Cramer, § 17 Rn. 18.
62) 대법원 1972. 3. 31, 72도64.

목적사업인 교통사고 피해자의 위임을 받아 사고회사와의 사이에 화해의 중재나 알선을 하고 피해자에게서 교통부장관으로부터 승인받은 조정수수료를 받은 경우,[63] 구청의 질의회시에 따라 사람들이 물에 씻어 오거나 볶아온 쌀 등을 빻아서 미싯가루를 제조하게 된 경우,[64] 범행과 동일한 성질의 행위에 대해 이전에 검찰의 혐의 없음 결정을 받은 적이 있는 경우,[65] 광역시의회 의원이 선거구민들에게 의정보고서를 배부하기에 앞서 미리 관할 선거관리위원회 소속 공무원들에게 자문을 구하고 그들의 지적에 따라 수정한 의정보고서를 배부한 경우,[66] 행정청의 허가가 있어야 함에도 담당공무원이 허가를 요하지 않는다고 잘못 알려 주어 믿은 경우에는[67] 정당한 이유를 인정한다.

그러나 판례는 다음과 같은 경우에 정당한 이유가 없다고 판시한다. 압류물을 집달관의 승인 없이 관할구역 밖으로 옮기면서 변호사 등에게 문의하여 자문을 받은 경우,[68] 변리사의 자문과 감정을 받아 자신이 제작한 물통의 의장등록하고 타인의 등록상표와 유사한 상표를 사용하는 경우,[69] 공직선거및선거부정방지법에 관하여 비전문가인 스스로의 사고에 의하여 피고인의 행위들이 의례적인 행위로서 합법적이라고 잘못 판단한 경우,[70] 피고인들이 변리사로부터 그들의 행위가 고소인의 상표권을 침해하지 않는다는 취지의 회답과 감정결과를 통보받은 경우,[71] 부동산중개업자가 부동산중개업협회의 자문을 통하여 제한인원을 초과하여 중개보조원을 채용한 경우,[72] 담당공무원에게 법 위반 여부에 관하여 질의를 한 바 있으나 그 공

---

63) 대법원 1975. 3. 25, 74도2882.
64) 대법원 1983. 2. 22, 81도2763.
65) 대법원 1995. 8. 25, 95도717.
66) 대법원 2005. 6. 10, 2005도835.
67) 대법원 2005. 8. 19, 2005도1697; 1995. 7. 15, 94도1814; 1992. 5. 22, 91도2525.
68) 대법원 1992. 5. 26, 91도894.
69) 대법원 1995. 7. 28, 95도702, "피고인이 변리사로부터 타인의 등록상표가 상품의 품질이나 원재료를 보통으로 표시하는 방법으로 사용하는 상표로서 효력이 없다는 자문과 감정을 받아 자신이 제작한 물통의 의장등록을 하고 그 등록상표와 유사한 상표를 사용한 경우, 설사 피고인이 위와 같은 경위로 자기의 행위가 죄가 되지 아니한다고 믿었다 하더라도 이러한 경우에는 누구에게도 그 위법의 인식을 기대할수 없다고 단정할 수 없으므로 피고인은 상표법 위반의 죄책을 면할 수 없다."
70) 대법원 1996. 5. 10, 96도620.
71) 대법원 1998. 10. 13, 97도3337.
72) 대법원 2000. 8. 18, 2000도2943.

무원이 이에 관하여 확실한 답변을 하지 아니한 경우,[73] 레스토랑은 청소년을 고용해도 괜찮다는 담당공무원의 대답을 믿고 일반음식점에서 음식류를 조리 · 판매하는 영업을 하면서 19세 미만의 청소년을 고용하는 경우,[74] 남원시로부터 영업허가를 받고 녹동달오리골드를 제조한 경우[75]에는 정당한 이유가 없다.

제 5 절 기대가능성

I. 기대가능성의 의의

책임은 행위자가 적법한 행위를 할 수 있음에도 불구하고 위법한 행위를 하였다는 것에 대한 비난가능성을 말한다. 비난가능성은 적법한 행위의 기대가능성을 전제로 한다. 따라서 기대가능성은 책임요소 가운데 하나이다. 기대가능성이란 행위당시의 구체적 사정에 비추어 행위자로부터 위법한 행위 대신 적법한 행위를 기대할 수 있는 것을 말한다. 그러므로 행위자에게 적법한 행위를 기대할 수 없는 때에는 비난이 불가능해지므로 책임이 조각된다. 적법행위의 기대불가능성은 책임조각사유의 유무를 판단하는 근거가 된다.

형법은 기대가능성에 관한 일반적 규정을 두고 있지 않다. 다만 기대가능성이 없다는 이유로 책임이 조각되는 경우를 개별적으로 규정하고 있을 뿐이다. 예를 들면 강요된 행위(제12조), 과잉방위(제21조 제3항), 과잉피난(제22조 제3항), 과잉자구행위(제23조 제3항) 등이 여기에 해당한다.

II. 기대가능성의 체계적 지위

기대가능성은 범죄체계상 어디에 속하는지가 문제된다. 이에 대하여는 고의 또는 과실의 구성요소라는 견해, 제3의 책임요소라는 견해 및 책임조각사유라는 견해가 대립하고 있다.

73) 대법원 2003. 4. 11, 2003도451.
74) 대법원 2004. 2. 12, 2003도6282.
75) 대법원 2004. 1. 15, 2001도1429.

1. 고의 또는 과실의 구성요소라는 견해

이 견해는 기대가능성을 고의 또는 과실의 구성요소로 이해하여 기대가능성이 없는 때에는 고의 또는 과실이 조각된다고 한다. 우리나라에서는 이 견해를 지지하는 학자가 없다. 그러나 이 견해는 고의 또는 과실이 있더라도 적법행위의 기대가능성이 없는 경우를 설명하지 못한다는 단점이 있다.

2. 독립된 책임요소라는 견해

이 견해는 기대가능성을 책임능력·책임조건(고의 또는 과실)과 동등한 독립된 책임요소로 파악하는 견해이다.[76] 기대가능성은 비난가능성의 가장 본질적 요소이므로 기대가능성의 독립성을 인정해야 한다는 것을 그 이유로 한다. 이 견해는 기대가능성은 그것이 있어야 책임을 인정할 수 있는 책임의 적극적 요소가 아니라 기대가능성이 존재하지 않는 경우에 책임이 조각된다는 책임의 소극적 요소가 된다는 것을 무시한다.

3. 책임조각사유라는 견해

이 견해는 기대가능성을 책임조각사유로 본다. 즉 기대가능성은 책임의 적극적 요소가 아니라 책임능력과 책임조건이 존재하면 원칙적으로 책임이 인정되고 기대가능성이 없는 때에는 예외적으로 책임이 조각된다는 입장이다.[77] 책임능력, 위법성인식 및 책임조건이 있더라도 적법행위의 기대가능성이 존재하지 않으면 책임이 조각된다. 따라서 책임조각사유설이 타당하다고 생각한다.

III. 기대가능성의 판단기준

행위자로부터 적법행위를 기대할 수 있었는지를 판단하는 기준이 무엇인가에 대하여는 견해가 대립하고 있다. 행위자표준설, 평균인표준설 및 국가표준설이 그것이다.

---

76) 오영근, 470면; 이형국, 240면; 임웅, 318면.
77) 김일수/서보학, 440면; 박상기, 260면; 배종대, 467면; 이재상, 347면; 정성근/박광민, 356면.

1. 행위자표준설

행위자표준설은 행위 시 행위자의 구체적 사정을 기초로 하여 행위자에게 적법행위를 기대할 수 있었는가를 판단하여야 한다는 견해이다.[78]

행위자표준설에 대해서는 행위자의 구체적 사정을 기준으로 하여 기대가능성을 판단할 때에는 적법행위의 기대가능성은 거의 있을 수 없게 되고, 특히 확신범은 기대가능성이 없으므로 책임이 없다는 결론이 된다는 비판이 가해진다.[79]

2. 평균인표준설

평균인표준설은 사회의 평균인을 기준으로 기대가능성의 유무를 판단하여야 한다는 입장이다. 즉 사회의 평균인을 행위자의 위치에 두고 적법한 행위를 기대할 수 있었는지를 객관적으로 판단하여야 한다는 것이다. 이는 우리나라의 다수설[80]이고 판례[81]의 입장이다.

평균인설에 대해서는 평균인은 규범화된 관념적 표상이고, 객관적 판단기준이 없기 때문에 법관이 주관적으로 생각한 것이 평균인이 되며 따라서 평균인이라는 기준은 법관의 주관적 자의를 마치 객관적인 것처럼 포장시켜 주는 수단에 지나지 않는다는 비판이 제기된다.[82]

□ 판례(대법원 2004. 7. 15, 2004도2965)

양심적 병역거부자에게 그의 양심상의 결정에 반한 행위를 기대할 가능성이 있는지 여부를 판단하기 위해서는, 행위 당시의 구체적 상황 하에 행위자 대신에 사회적 평균인을 두고 이 평균인의 관점에서 그 기대가능성 유무를 판단하여야 할 것인바, 양심적 병역거부자의 양심상의 결정이 적법행위로 나아갈 동기의 형성을 강하게 압박할 것이라고 보이기는 하지만 그렇다고 하여 그가 적법행위로 나아가는 것이 실제로 전혀 불가능하다고 할 수는 없다고 할 것인바, 법규범은 개인으로 하여금 자기의 양심의 실현이 헌법에 합치하는 법률에 반하는 매우 드문 경우에는 뒤로 물러나야 한다는 것을 원칙적으로 요구하기 때문이다.

---

78) 김성천/김형준, 381면; 박상기, 258면; 배종대, 483면; 이형국, 242면.
79) 이재상, 350면.
80) 김일수/서보학, 440면; 이재상, 349면; 임웅, 320면; 정성근/박광민, 359면.
81) 대법원 1966. 3. 22, 65도1164; 2004. 7. 15, 2004도2965; 2008. 10. 23, 2005도10101.
82) 배종대, 482면.

3. 국가표준설

국가표준설은 적법행위를 기대하는 국가가 법질서 또는 현실을 지배하는 국가이념에 따라 기대가능성의 유무를 판단해야 한다는 견해이다. 국가는 항상 적법행위를 요구한다는 점에서 이 견해는 타당하다고 할 수 없다.

4. 검토

행위자표준설은 기대가능성이 항상 없다고 할 수밖에 없으므로 기대가능성의 범위를 지나치게 축소하고, 반대로 국가표준설은 이를 지나치게 확대하기 때문에 행위당시 행위자의 구체적 사정을 고려하여 평균인을 기준으로 판단하는 평균인표준설이 타당하다고 생각한다. 또 평균인이라는 개념은 판례에 의해서도 오래전부터 사용되어 온 개념이므로 불명확한 것이라는 비판은 타당하다고 할 수 없다.

IV. 기대가능성에 대한 착오

기대가능성에 대한 착오는 기대가능성의 존재와 한계에 대한 착오와 기대가능성의 전제사실에 대한 착오로 나누어진다.

기대가능성의 존재와 한계에 대한 착오는 행위자가 적법행위의 기대불가능성이 없음에도 불구하고 이것이 존재한다고 오인한 경우이다. 어떤 경우에 책임비난이 가능한지는 입법자만이 판단할 수 있으므로 기대가능성의 존재와 한계에 대한 착오는 행위자의 책임에 영향이 주지 않는다.[83]

기대가능성의 전제사실에 대한 착오는 책임을 조각하는 행위상황에 대한 착오로서 고유한 종류의 착오에 해당한다.[84] 따라서 이 경우에 위법성조각사유의 전제사실에 대한 착오의 경우와 같이 금지의 착오를 준용하여 착오에 정당한 이유가 있는 때에 한하여 책임이 조각된다고 해야 한다.[85] 그러나 정당한 이유가 없는 때에는 고의범으로 처벌하되 형을 감경할 수 있다.

---

83) Jescheck/Weigend, S. 507.
84) Jescheck/Weigend, S. 507.
85) 김일수/서보학, 412면; 성낙현, 372면; 이재상, 351면; 임웅, 324면; 정성근/박광민, 362면; Jescheck/Weigend, S. 508.

V. 형법상의 책임조각사유

형법은 기대불가능성을 이유로 한 책임조각사유를 개별적으로 규정하고 있다. 형법총칙에는 강요된 행위(제12조), 과잉방위(제21조 제2항 · 제3항), 과잉피난(제22조 제2항 · 제3항), 과잉자구행위(제23조 제2항)가 있다. 형법각칙은 친족 간의 범인은익 · 증거인멸죄(제151조 제2항, 제155조 제4항)를 책임조각사유로 규정하고 있다.

1. 강요된 행위

(1) 의의

형법 제12조는 "저항할 수 없는 폭력이나 자기 또는 친족의 생명 · 신체에 대한 위해를 방어할 방법이 없는 협박에 의하여 강요된 행위는 벌하지 않는다"고 하여 강요된 행위를 규정하고 있다. 이는 강요상태에서는 행위자에게 적법한 행위를 기대할 수 없기 때문에 책임이 조각된다는 것을 의미한다.

(2) 법적 성질

강요된 행위는 긴급피난과 어떤 관계에 있는지가 문제된다. 독일형법(제35조)은 강요된 행위를 면책적 긴급피난으로 규정하고 있다.

강요된 행위와 긴급피난은 현재의 위난을 피하기 위한 긴급행위라는 공통점을 가지고 있다. 그러나 ① 긴급피난은 자기 또는 타인의 법익에 대한 현재의 위난을 요건으로 하지만 강요된 행위는 폭행 또는 협박으로 인하여 강요된 상태에 있었을 것을 요건으로 하므로 강요상태는 위법하여야 하며, ② 긴급피난은 보호되는 법익과 침해되는 법익 사이에 균형성을 필요로 하지만, 강요된 행위는 적법행위의 기대가능성이 없을 때 성립한다는 점에서 양자는 다르다고 해야 한다.

(3) 성립요건

강요된 행위가 성립하기 위해서는 행위가 저항할 수 없는 폭력이나 자기 또는 친족의 생명 · 신체에 대한 위해를 방어할 방법이 없는 협박에 의하여 강요되어야 한다.

1) 저항할 수 없는 폭력

(가) 폭력의 의의

폭력이란 상대방의 저항을 억압하기 위하여 행사되는 유형력을 말한다. 폭력을 상대방의 의사를 완전히 배제하는 절대적 폭력과 상대방의 의사형성에 영향을 미치는 강제적 폭력으로 구별할 경우에 여기의 폭력은 강제적 폭력만을 의미한다.[86] 절대적 폭력의 경우에는 행위자의 의사가 인정될 수 없기 때문에 형법상의 행위는 존재하지 않기 때문이다.

폭력의 수단과 방법에는 제한이 없다. 반드시 직접 사람에 대하여 행해진 유형력행사일 것을 요하지 않는다. 상대방의 의사형성에 영향을 미칠 수 있는 한 물건에 대한 유형력행사도 여기에 포함된다.

(나) 저항할 수 없는 폭력

폭력은 저항할 수 없을 정도에 이르러야 한다. 저항할 수 없는 폭력은 피강요자가 강제에 대항할 수 없는 정도의 폭력을 의미한다. 폭력이 저항할 수 없는 정도의 것인가는 폭력의 성질과 방법뿐 아니라 구체적인 사정 및 피강요자의 능력 등을 모두 고려하여 판단하여야 한다. 폭력의 정도가 약한 경우에도 당사자 사이의 관계에서 폭력에 대항할 수 없는 처지에 놓여 있는 때에는 저항할 수 없는 폭력에 해당한다.

2) 방어할 방법이 없는 협박

(가) 협박의 의의

협박이란 상대방에게 해악을 고지하여 공포심을 일으키는 행위를 말한다. 천재지변이나 길흉화복 등의 고지를 의미하는 경고는 협박에 해당하지 않는다.

(나) 협박의 범위

협박의 내용은 자기 또는 친족의 생명·신체에 대한 위해에 제한된다. 생명·신체 이외의 법익, 즉 자유·명예·재산·비밀·신용·성적 자결권 등에 대한 위해는 강요된 행위의 협박내용에 포함되지 않는다. 이 경우에 면책적 긴급피난이 인정될 수 있다. 친족의 범위는 민법에 따라 결정된다. 사실혼관계의 부부와 혼인 외의 출생자도 친족에 포함된다고 해야 한다.[87]

---

86) 김일수/서보학, 422면; 박상기, 260면; 배종대, 485면; 성낙현, 374면; 오영근, 476면; 이재상, 353면; 이형국, 247면; 임웅, 327면; 정성근/박광민, 365면; 대법원 1983. 12. 13, 83도2276.

(다) 방어할 방법이 없는 협박

협박은 위해를 방어할 방법이 없는 것이어야 한다. 위해를 방어할 방법이 없다는 것은 강요된 범죄를 실행하는 것 외에는 위해를 저지하거나 피할 수 있는 다른 방법이 없다는 것을 의미한다. 협박이 방어할 수 없는 정도의 것인지는 협박의 성질과 방법, 구체적인 사정, 피강요자의 능력 등을 종합적으로 고려하여 판단한다.

(라) 자초한 강제상태

행위자가 강제상태를 자초한 경우에는 적법행위의 기대가능성이 없는 것은 아니므로 형법 제12조의 강요된 행위가 성립하지 않는다. 따라서 판례도 북한집단구성원과의 회합이 있을 것이라는 사실을 예측할 수 있음에도 불구하고 자의로 북한에 탈출한 경우,[88] 어로작업 중 자의로 북한지역으로 들어 간 경우[89]에는 강요된 행위를 인정하지 않는다.

3) 강요된 행위

강요된 행위는 폭력이나 협박에 의하여 피강요자의 의사결정 또는 의사활동의 자유가 제한된 상태에서 강요자의 요구에 따라 행해진 행위를 말한다. 강요된 행위는 구성요건에 해당하고 위법하여야 한다. 강요된 행위와 폭력 또는 협박 사이에 인과관계가 있어야 한다. 인과관계가 없는 경우에는 강요자와 공범관계가 성립하므로 책임은 조각되지 않는다.

(4) 효과

폭력 또는 협박에 의하여 강요된 행위의 경우에는 행위자에게 적법한 행위를 기대할 수 없기 때문에 책임이 조각된다. 이 경우에 강요자는 처벌되지 아니한 자를 도구로 이용하였으므로 간접정범(형법 제34조)이 된다. 강요된 행위는 위법하므로 이에 대한 정당방위가 허용된다.

---

87) 김일수/서보학, 424면; 박상기, 261면; 배종대, 486면; 성낙현, 375면; 오영근, 478면; 이재상, 354면; 이형국, 248면; 임웅, 329면; 정성근/박광민, 364면.

88) 대법원 1973. 1. 30, 72도2585.

89) 대법원 1973. 9. 12, 73도1684, "어로작업 중 북한지역임을 알고 자의로 들어간 이상 만일의 경우에는 그 기관원에게 체포될 것을 예기 못하였다고 믿을 만한 특별한 사정(예컨대 부근에 북한 선박이나 병력이 전연 없고 안전하게 귀항할 수 있는 해상에서 단시간 내에 사람 혹은 난파선을 구조하거나, 어망 등을 회수하기 위하여 군사분계선을 넘어가는 행위)이 없는 한 북한집단의 구성원과 회합이 있을 것이라는 미필적 예측이라도 하였다고 할 것이다."

2. 그 밖의 책임조각사유

형법에는 규정되어 있지 않으나 적법행위의 기대가능성이 없기 때문에 책임이 조각되는 경우로는 다음과 같은 것이 있다.

(1) 구속력이 있는 상관의 위법한 명령에 따른 행위

상관의 위법한 명령에 복종할 의무가 없기 때문에 그러한 위법한 명령을 집행한 행위는 위법성을 조각하지 않는다. 군형법 제44조도 상관의 정당한 명령에 복종할 의무를 규정하고 있다. 그러나 군대 또는 경찰 등과 같이 상관의 명령이 구속력을 가지는 경우에는 이 명령에 따른 행위의 처리를 두고 견해가 대립한다. 절대적 구속력을 가진 명령의 경우에는 기대가능성이 없다는 이유로 책임이 조각된다는 견해,[90] 면책적 긴급피난에 해당한다는 견해,[91] 부하는 명령집행의 도구에 불과하기 때문에 강요된 행위로 보아야 한다는 견해[92]가 대립한다.

생각건대 기대불가능성을 이유로 한 초법규적 책임조각사유를 인정하는 것은 법관의 법률과 헌법에 대한 구속이념에 반한다는 견해가 있다.[93] 그러나 이 견해는 형법이 책임조각사유를 빠짐없이 규정하는 것은 불가능하고, 행위자에게 유리한 책임조각사유를 인정하는 것은 죄형법정주의에 반하지 않으며, 일반조항의 형태로 규정된 위법성조각사유(제20조)도 실질적으로는 초법규적인 위법성조각사유라고 볼 수 없으므로 타당하다고 할 수 없다. 절대적 구속력을 가진 상관의 위법한 명령에 따른 행위는 기대가능성이 없기 때문에 책임이 조각된다고 해야 한다.

□ 판례(대법원 1988. 2. 23, 87도2358)

공무원이 그 직무를 수행함에 있어 상관은 하관에 대하여 범죄행위 등 위법한 행위를 하도록 명령할 직권이 없는 것이고, 하관은 소속상관의 적법한 명령에 복종할 의무는 있으나 그 명령이 참고인으로 소환된 사람에게 가혹행위를 가하라는 등과 같이 명백한 위법 내지 불법한 명령인 때에는 이는 벌써 직무상

---

90) 이재상, 356면; 이형국, 252면; 임웅, 325면.
91) 김일수/서보학, 425면.
92) 박상기, 262면; 배종대, 487면.
93) 배종대, 474면 이하.

의 지시명령이라 할 수 없으므로 이에 따라야 할 의무는 없다. 설령 대공수사단 직원은 상관의 명령에 절대 복종하여야 한다는 것이 불문률로 되어 있다 할지라도 국민의 기본권인 신체의 자유를 침해하는 고문행위 등이 금지되어 있는 우리의 국법질서에 비추어 볼 때 그와 같은 불문률이 있다는 것만으로는 고문치사와 같이 중대하고도 명백한 위법명령에 따른 행위가 정당한 행위에 해당하거나 강요된 행위로서 적법행위에 대한 기대가능성이 없는 경우에 해당하게 되는 것이라고는 볼 수 없다.

(2) 의무의 충돌

의무가 충돌하는 경우에 낮은 가치의 의무를 이행하기 위하여 높은 가치의 의무이행을 한 때에는 위법성이 조각되지 않는다. 다만 이 경우에 기대가능성이 없다는 이유로 책임이 조각될 수 있을 뿐이다. 예를 들면 의사가 중상자와 경상자를 동시에 치료해야 할 의무가 충돌하는 경우에 부득이 자신의 가족인 경상자를 먼저 치료한 때에는 기대가능성이 없기 때문에 책임이 조각될 수 있다.[94]

(3) 생명 · 신체 이외의 법익에 대한 강요된 행위

형법 제12조는 협박의 내용을 자기 또는 친족의 생명 · 신체에 대한 위해로 제한하고 있기 때문에 그 밖의 법익인 자유 · 명예 · 비밀 · 재산 · 신용 · 성적 자결권 등에 대한 협박에 의한 강요된 행위는 제12조에 포함되지 않는다. 그러나 이 경우에도 기대가능성이 없다는 이유로 책임이 조각될 수 있다고 본다.

ㅁ 판례(대법원 1990. 3. 27, 89도1670)

형법 제12조에서 말하는 강요된 행위는 저항할 수 없는 폭력이나 생명, 신체에 위해를 가하겠다는 협박 등 다른 사람의 강요행위에 의하여 이루어진 행위를 의미하는 것이지 어떤 사람의 성장교육과정을 통하여 형성된 내재적인 관념 내지 확신으로 인하여 행위자 스스로의 의사결정이 사실상 강제되는 결과를 낳게 하는 경우까지 의미한다고 볼 수 없으므로 형법 제12조에 정한 강요된 행위나 기대가능성에 관한 법리오해의 위법이 있다 할 수 없다.

---

94) 이재상, 356면; 임웅, 326면.

제5장 미수와 예비

제1절 미수론

I. 범죄의 실현과정

형법에서 범죄가 성립한다고 함은 기수를 의미한다. 미수는 범죄의 실행에 착수하였으나 기수에 이르지 못한 경우이다. 일반적으로 고의범은 범행의 결의 · 예비 · 미수 · 기수 및 종료의 단계를 거쳐서 완성된다. 이 가운데 범행의 결의는 범죄를 저지르겠다는 내부적 의사로서 외부에 실현되지 않은 때에는 형법상의 행위가 아니므로 형법의 처벌대상이 될 수 없다.

1. 예비

예비는 결의한 범죄를 실현하기 위해 사전에 준비하는 행위를 말한다. 예를 들면 범행도구를 준비하는 행위, 범행대상을 물색하는 행위, 범행장소의 사전답사행위 등이 여기에 해당한다. 예비는 구성요건실현의 전단계행위로서 법익침해와는 거리가 멀고 범죄의사를 입증하는 것도 어렵기 때문에 원칙적으로 처벌되지 않는다. 그러나 매우 중대한 법익을 침해하는 범죄의 경우에는 예외적으로 예비가 처벌될 수 있다. 형법 제28조도 "범죄의 음모 또는 예비행위가 실행의 착수에 이르지 아니한 때에는 법률에 특별한 규정이 없는 한 벌하지 아니한다"고 규정하고 있다. 예를 들면 살인죄, 강도죄, 내란죄, 외환죄, 방화죄, 폭발물사용죄 등이 예비를 처벌하고 있다.

2. 미수

예비의 다음단계는 실행의 착수로부터 기수 전까지의 단계인 미수이다. 미수란 범죄의 실행에 착수하였으나 행위를 종료하지 못하거나 결과가 발생하지 아니한 경우를 말한다(형법 제25조 제1항). 예비와는 달리 미수는 원칙적으로 처벌된다. 미수와 예비를 구별하는 기준은 실행의 착수이다. 미수는 실행의 착수에 의하여 범죄의사를 외부에 표시하고 법익을 위태롭게 한다는 점에서 예비와 구별된다.

3. 기수

기수란 구성요건이 실현된 경우를 말한다. 구성요건의 실현에는 행위를 종료하는 경우(형식범)와 구성요건적 결과가 발생한 경우(결과범)가 포함된다. 기수는 범죄의 형식적 실현으로서 실질적 종료와, 그리고 구성요건적 결과를 야기하였는지에 따라 미수와 구별된다. 기수의 성립 이후에는 교사범은 성립할 수 없으나 방조는 가능하다.

4. 종료

범죄가 기수에 이른 후 보호법익의 침해가 실질적으로 끝난 경우를 범죄의 종료라고 한다. 목적범에서 목적이 달성되거나 계속범에서 법익침해가 끝난 경우가 종료에 해당한다. 예를 들면 절도죄의 경우 재물을 절취하면 절도죄의 기수가 성립하지만 절취한 재물을 안전한 장소로 가져왔을 때 절도죄는 종료된다. 또 체포·감금죄의 경우에도 피해자를 일정한 시간 감금한 때에는 감금죄의 기수가 되지만 피해자가 석방될 때에 감금죄는 종료된다.

기수와 종료를 구별하는 이유는 ① 기수 이후에 범죄가 종료되기 전까지 정당방위가 가능하고, ② 공소시효의 기산점은 범죄의 종료 시이며, ③ 기수 이후 종료 전까지 공범의 성립이 가능하고, ④ 기수 이후에 가중적 구성요건이 실현되면 형을 가중할 수 있기 때문이다.

II. 미수범의 처벌근거

구성요건이 실현되지 않았음에도 불구하고 미수범을 처벌하는 근거가 무엇인가에 대하여 견해가 대립하고 있다. 객관설, 주관설 및 절충설이 그것이다.

1. 객관설

객관설은 보호법익에 대한 위험을 처벌근거로 본다. 예비, 미수 및 기수의 모든 범행단계에서 고의는 동일하므로 미수와 예비의 한계를 객관적 측면에서 찾아야 한다고 한다. 따라서 미수범의 처벌근거는 행위자의 의사에 있는 것이 아니라 구성요건적 결과실현의 위험에 있다고 한다. 결국 미수는 결과불법이 발생할 고도의 개연성 때문에 처벌된다는 것이다. 객관설은 예비행위에 비하여 미수의 처벌을 제한하고 불능범의 처벌을 부정한다.[1]

그러나 객관설은 ① 미수의 경우에는 법익에 대한 위험보다는 행위자의 고의가 중요한 처벌근거가 된다는 것을 간과하였고, ② 미수범의 형을 기수범의 형에 비하여 필요적으로 감경해야 한다고 한다는 점에서 미수의 형을 임의적 감경하고 있는 형법의 태도에 일치하지 않는다.

2. 주관설

주관설은 행위자의 범죄의사의 결의(Verbrecherischer Willensentschluss) 또는 행동에 의하여 표시된 법적대적 의사에 미수범의 처벌근거가 있다고 한다. 이것을 규범위반, 형벌전제조건의 충족, 범죄구성요건의 실현으로 보고 형법상의 불법은 보호되는 규범위반 자체에서, 즉 행위자가 금지 또는 명령을 위반하는 행위에서 찾아야 한다고 한다.[2] 여기서 법익이 구체적으로 침해되었는지 또는 침해될 위험이 있는지는 중요하지 않다고 한다.

주관설에 의하면 미수와 기수는 범죄의사에서 차이가 없기 때문에 동일하게 처벌되어야 하고, 불능범도 처벌되며, 예비 · 음모가 미수에 포함된다고 해야 한다. 그러나 주관설은 미수를 임의적 감경사유로 규정하고 있고, 불능범을 처벌하지 않으며, 미수와 달리 예비를 처벌하지 않는 형법의 태도에 일치하지 않는다. 주관설은 미수의 처벌범위를 지나치게 확대하여 형법을 심정형법으로 만든다는 비판을 받는다.[3]

3. 인상설

인상설은 주관설에 따라 범죄의사의 결의를 미수의 처벌근거로 보지만 미수의 범위가 객관적 기준에 의하여 제한된다고 하는 견해이다. 이에 의하면 미수의 처벌근거는 범죄의사에 있지만 미수의 가벌성은 의사의 실행이 법질서의 효력과 법적 안정성에 대한 일반의 신뢰를 깨드릴 수 있을 때 인정된다고 한다. 인상설을 절충설이라고도 한다. 인상설은 주관적 기준과 객관적 기준을 결합하여 미수와 예비를 구별하고, 불능범을 처벌하지 않으며, 미수의 형을 임의적으로 감경한다. 절충설은 우리나라의 다수설이다.[4]

---

1) Jescheck/Weigend, S. 513.
2) Stratenwerth, S. 301.
3) 배종대, 496면; 이재상, 359면; 이정원, 256면.

4. 검토

형법은 미수의 형을 기수의 형에 비하여 임의적으로 감경하고 있고(제25조 제2항), 결과발생이 불가능한 경우에도 위험성이 있는 불능범은 처벌하나 위험성이 없는 불능범은 처벌하지 않으며(제27조), 형법에 규정된 경우에만 미수를 처벌한다는 점에서 절충설의 입장을 취하고 있다고 볼 수 있다. 절충설이 타당하다고 생각한다.

III. 형법상 미수의 종류와 처벌

형법은 장애미수(제25조), 중지미수(제26조) 및 불능미수(제27조)의 세 가지 종류를 규정하고 있다. 장애미수는 실행에 착수하였으나 행위자의 의사에 반하여 결과가 발생하지 않은 경우이다. 중지미수는 실행에 착수한 행위를 자의로 중지하거나 결과의 발생을 방지한 경우이다. 불능미수는 행위의 수단 또는 대상의 착오로 결과발생이 불가능하지만 위험성이 있는 경우이다.

기수에 비하여 장매미수는 임의적 감경사유이고, 불능미수는 임의적 감면사유이며, 중지미수는 필요적 감면사유이다.

제 2 절 장애미수

I. 장애미수의 의의

장애미수란 범죄의 실행에 착수하여 행위를 종료하지 못하거나 결과가 발생하지 않은 경우를 말한다(형법 제25조 제1항). 미수는 고의범임과 동시에 결과범의 경우에만 가능하므로 과실범의 미수 또는 형식범의 미수는 불가능하다. 미수범의 구성요건에는 주관적 구성요건인 고의, 객관적 구성요건인 실행의 착수와 범죄의 미완성의 세 가지가 있다. 이 세 가지 구성요건은 항상 형법상의 형벌구성요건과 연관되어야 하므로 미수는 독립된 구성요건이 아니다. 미수 그 자체가 있는 것이 아니라 단지 예를 들면 살인미수, 상해미수, 절도미수가 있을 뿐이다.[5]

---

4) 김성천/김형준, 407면; 김일수/서보학, 515면; 박상기, 332면; 배종대, 497면; 이정원, 256면; 이형국, 272면; 임웅, 340면. 절충설과 인상설을 구별하고 절충설이 타당하다고 하는 견해로는 이재상, 360면; 정성근/박광민, 382면.

Ⅱ. 미수범의 구성요건

1. 주관적 구성요건

기수범과 마찬가지로 미수범도 고의범이므로 미수범의 주관적 구성요건으로는 고의가 있어야 한다. 고의란 객관적 구성요건을 인식하고 이를 실현하려고 하는 의사를 말한다. 미필적 고의로도 충분하다. 고의는 범죄를 완성하겠다는 기수의 고의를 의미하므로 단순히 미수에 그치겠다는 미수의 고의는 여기에 해당하지 않는다. 따라서 함정수사(agent provocateur)에 있어서 행위자는 기수의 고의를 가지고 있지 않으므로 원칙적으로 처벌되지 않는다. 목적범의 경우에는 주관적 구성요건으로 고의 이외에 목적이 있어야 한다. 예를 들면 문서위조죄의 경우에 고의로 문서를 위조하였더라도 행사할 목적이 없으면 미수범은 성립하지 않는다.

2. 실행의 착수

미수범이 성립하기 위해서는 먼저 실행의 착수가 있어야 한다. 실행의 착수란 범죄의 실행을 직접적으로 개시하는 것을 말한다. 따라서 실행의 착수는 별도의 연결고리 없이 구성요건을 실현할 행동을 시작하는 것이라고 할 수 있다.[6] 실행의 착수는 미수와 예비를 구별하는 기준이 된다. 실행의 착수시기에 대해서는 견해가 대립하고 있다.

(1) 형식적 객관설

형식적 객관설은 행위자가 최소한 구성요건적 행위의 일부를 실현하여야 실행의 착수가 있다고 한다.[7] 예를 들면 절도죄에서는 타인의 재물을 손으로 잡을 때, 살인죄에서는 사람을 흉기로 찌를 때 실행의 착수가 인정된다.

형식적 객관설에 대해서는 처벌되는 미수의 범위가 좁아지며, 범죄의 실행행위가 다양한 경우에는 어떤 구성요건의 실현을 위한 행위가 실행행위의 일부에 해당하는지를 확인하는 것이 어렵다는 비판이 가해진다.

---

5) Jescheck/Weigend, S. 515.
6) Jescheck/Weigend, S. 516.
7) Stratenwerth, S. 305.

(2) 실질적 객관설

실질적 객관설은 자연적으로 해석하여 구성요건적 행위와 필연적으로 결합되어 있는 행동이 있을 때 실행의 착수가 있다고 한다.[8] 이를 프랑크의 공식이라고도 한다. 또 보호법익에 대한 직접적 위험을 야기하는 행위가 있을 때 실행의 착수가 인정된다는 견해도 실질적 객관설에 속한다.[9]

실질적 객관설은 ① 실행의 착수 여부를 불명확한 개념인 자연적 해석에 의하여 판단하기 때문에 명확한 기준을 제시하지 못하고, ② 형법에는 추상적 위험범과 같이 범죄의 완성을 위하여 법익에 대한 위험이나 법익침해를 필요로 하지 않는 구성요건이 있고, ③ 법익에 대한 위험은 예비단계에서 시작되므로 그 위험이 어느 정도에 이르러야 법익에 대한 직접적인 위험이 있다고 말할 것인지가 명백하지 않으며, ④ 형법은 법익에 대한 위험이 없는 불능미수를 처벌하고 있으며, ⑤ 행위자의 범죄계획(범죄의사)을 고려하지 않고 객관적인 기준만으로는 실행의 착수시기를 확정하는 것은 불가능하다는 비판을 받는다.

□ 판례(대법원 2001. 7. 27, 2000도4298)

외국환거래법 제28조 제1항 제3호에서 규정하는, 신고를 하지 아니하거나 허위로 신고하고 지급수단·귀금속 또는 증권을 수출하는 행위는 지급수단 등을 국외로 반출하기 위한 행위에 근접·밀착하는 행위가 행하여진 때에 그 실행의 착수가 있다고 할 것인데, 피고인이 일화 500만 ￥은 기탁화물로 부치고 일화 400만 ￥은 휴대용 가방에 넣어 국외로 반출하려고 하는 경우에, 500만 ￥에 대하여는 기탁화물로 부칠 때 이미 국외로 반출하기 위한 행위에 근접·밀착한 행위가 이루어졌다고 보아 실행의 착수가 있었다고 할 것이지만, 휴대용 가방에 넣어 비행기에 탑승하려고 한 나머지 400만 ￥에 대하여는 그 휴대용 가방을 보안검색대에 올려놓거나 이를 휴대하고 통과하는 때에 비로소 실행의 착수가 있다고 볼 것이고, 피고인이 휴대용 가방을 가지고 보안검색대에 나아가지 않은 채 공항 내에서 탑승을 기다리고 있던 중에 체포되었다면 일화 400만 ￥에 대하여는 실행의 착수가 있다고 볼 수 없다.

---

8) Frank, Das Strafgesetzbuch für das Deutsche Reich, 18. Aufl., 1931, S. 87.

9) 대법원 1999. 11. 26, 99도2461, "비지정문화재의 수출미수죄가 성립하기 위하여는 비지정문화재를 국외로 반출하는 행위에 근접 · 밀착하는 행위가 행하여진 때에 그 실행의 착수가 있는 것으로 보아야 한다." 같은 판례 대법원 1992. 9. 8, 92도1650; 2001. 7. 27, 2000도4298.

(3) 주관설

주관설은 행위자의 범죄의사 또는 범죄계획을 기준으로 실행의 착수시기를 결정하여야 한다는 견해이다. 따라서 범죄의사의 비약적 표동이 있을 때 실행의 착수가 있다고 한다. 판례가 간첩죄의 경우에 대한민국 지배영역 안에 잠입한 때에 실행의 착수가 있는 것으로 판시한 것도 주관설의 입장을 취한 것이다.[10)]

주관설에 대해서는 예비행위도 범죄의사의 표현이므로 예비와 미수의 구별이 불가능하고, 구성요건의 유형을 도외시하고 범죄의사를 기준으로 실행의 착수를 인정하기 때문에 죄형법정주의에 반한다는 비판이 가해진다.

(4) 절충설

절충설은 행위의 주관적 요소와 객관적 요소를 절충하여 실행의 착수를 판단하는 견해이다. 즉 행위자의 범죄계획에 따라 구성요건의 실현을 위한 직접적인 행위가 있을 때 실행의 착수가 있다고 한다. 예를 들면 남편을 살해하기로 결심한 처가 독약을 넣은 음료를 준비해 놓은 경우에 처가 남편이 곧 마실 것을 기대하였다면 미수가 성립하고, 남편이 나중에 마실 수 있도록 준비해 놓은 것이라면 예비가 된다. 독일형법 제22조는 "범죄에 대한 자신의 생각에 따라 직접 구성요건의 실현을 개시한 자는 미수범이 된다"고 규정하여 절충설의 입장에 따르고 있다. 절충설이 통설이고 타당하다고 생각한다.

(5) 실행의 착수시기에 대한 구체적 판단기준

절충설에 따라 실행의 착수시기를 판단하는 구체적인 기준은 다음과 같다.

① 구성요건적 행위 또는 그 행위의 일부가 개시된 때에는 실행의 착수가 인정된다. 예를 들면 살인죄의 구성요건적 행위는 살해행위이므로 총을 쏘거나 칼로 찌를 때에 살인미수가 된다. 또 결합범인 강도죄나 강간죄의 경우에도 폭행 또는 협박을 한 때에 실행의 착수가 인정된다.[11)] 야간주거침입절도죄의 착수시기는 주거에 침입한 때가 된다.[12)] ② 구성요건의 실현을 위한 직접적인 행위가 있는 때에도 실행의 착수는 인정된다. 이러한 직접성은 구성요건의 실현에 시간적·장소적으로 접근하거나 별도의 연결행

10) 대법원 1969. 10. 28, 69도1606.
11) 대법원 2000. 6. 9, 2000도1253.
12) 대법원 1984. 12. 26, 84도2433.

위 없이도 직접 구성요건을 실현할 수 있는 경우에 인정된다. 예를 들면 절도죄의 경우에 절취할 물건을 물색하거나 그 물건에 접근할 때,[13] 살인을 하기 위해 총을 겨눌 때 실행의 착수가 있다. ③ 구성요건의 실현을 위한 직접적인 행위가 있는지는 행위자의 범죄의사 또는 범죄계획을 토대로 판단하여야 한다. 따라서 자동차 안에 있는 물건을 훔치기 위하여 유리창을 통하여 그 내부를 손전등으로 비추어 보는 행위,[14] 물건을 절취하기 위하여 2층 다세대주택의 가스배관을 타고 올라가는 행위,[15] 절도의 목적으로 피해자의 집 현관을 통하여 그 집 마루에 올라서서 창고 쪽으로 간 행위,[16] 피해자의 뒤에 접근하여 그가 들고 있던 가방으로 돈이 들어 있는 피해자의 하의 왼쪽 주머니를 스치면서 지나간 행위[17]는 실행의 착수가 아니지만, 자동차 안에 있는 밍크코트를 훔치기 위하여 차의 오른쪽 앞문을 열려고 손잡이를 잡아당긴 행위[18]는 실행의 착수에 해당한다.

3. 범죄의 미완성

미수범이 성립하기 위하여는 범죄가 기수에 이르지 않아야 한다. 범죄의 미완성은 원칙적으로 구성요건적 결과가 발생하지 않는 것을 의미하지만 결과가 발생하더라도 행위와 결과 사이에 인과관계가 없는 때에는 미수가 된다. 범죄의 미완성은 행위자가 착수한 실행행위를 종료하지 못한 착수미수와 실행행위를 종료하였으나 결과가 발생하지 않은 실행미수를 포함한다. 착수미수와 실행미수의 구별은 중지미수의 성립요건을 정함에 있어서 의미가 있다.

Ⅲ. 장애미수의 처벌

장매미수의 형은 감경할 수 있다(제25조). 즉 장애미수는 임의적 감경사유이다. 임의적 감경대상은 주형에 제한되고 부가형이나 보안처분은 감경할 수 없다. 병과된 징역형이나 벌금형에 대해서도 감경이 가능하다. 미수범은 형법각칙에 처벌규정이 있는 때에만 처벌된다(제29조).

13) 대법원 1985. 4. 23, 85도464.
14) 대법원 2008. 3. 27, 2008도917.
15) 대법원 1986. 12. 23, 86도2256.
16) 대법원 1986. 10. 28, 86도1753.
17) 대법원 1986. 11. 11, 86도1109,
18) 대법원 1986. 12. 23, 86도2256.

Ⅳ. 개별범죄에 있어서 실행의 착수

1. 공동정범

공동정범의 경우에 실행의 착수는 공동정범자의 전체행위를 기초로 판단하여야 한다. 따라서 공동정범 중 1인이 공동의 범죄계획에 따라 실행에 착수한 때에는 다른 공동정범자가 아직 실행에 착수하지 않았더라도 모든 공동정범자에 대하여 실행의 착수가 인정된다.

그러나 교사범이나 종범에 있어서는 정범이 실행에 착수한 때에 미수가 성립한다고 해야 한다. 따라서 정범이 미수에 그치면 공범도 미수로 처벌된다.

2. 간접정범

간접정범의 실행의 착수시기에 대해서는 견해가 대립하고 있다. 이용자가 피이용자를 이용한 때라고 하는 견해,[19] 피이용자가 선의의 도구인 때에는 이용행위가 있을 때이지만, 악의의 도구인 때에는 피이용자의 실행행위가 있을 때라는 견해[20] 및 피이용자가 실행행위를 개시한 때라는 견해[21]가 그것이다.

생각건대 간접정범에서는 이용자는 피이용자를 단순히 도구로 이용하였고 피이용자의 행위는 이용자의 행위로 볼 수 있으므로 이용자가 피이용자를 이용한 때 실행의 착수가 있다고 해야 한다.

3. 원인에 있어서 자유로운 행위

원인에 있어서 자유로운 행위에 있어서 실행의 착수시기에 대해서도 원인에 있어서 자유로운 행위를 간접정범으로 이해하여 원인설정행위 시에 실행의 착수가 있다고 하는 견해와 심신장애의 상태에서 실행행위를 할 때 실행의 착수가 인정된다는 견해가 대립하고 있다.

생각건대 원인에 있어서 자유로운 행위의 가벌성의 근거는 원인설정행위와 심신장애상태에서의 실행행위와의 불가분의 관계에 있다고 해야 하므로 심신장애의 상태에서 실행행위를 할 때 실행의 착수가 있다고 보는 견해가 타당하다.

---

19) 박상기, 340면; 이재상, 369면; 임웅, 336면.
20) 김성천/김형준, 419면; 배종대, 506면; 정성근/박광민, 389면.
21) 신동운, 623면; 이형국, 277면.

4. 격리범

격리범이란 구성요건적 행위와 결과발생이 시간적·장소적으로 다른 범죄를 말한다. 예를 들면 살해의 고의로 외국에 거주하고 있는 자에게 폭발물이 들어 있는 소포를 우송하여 폭발물의 폭발로 피해자가 사망한 경우가 여기에 해당한다. 격리범에 있어서 실행의 착수시기는 구성요건의 실현을 위한 직접적인 행위를 할 때, 즉 배송기관에 소포의 배송을 위탁한 때로 보아야 한다.[22]

5. 부작위범

진정부작위범은 결과범이 아니므로 미수가 성립할 여지가 없다. 따라서 부작위범에서는 결과범에 해당하는 부진정부작위범의 실행의 착수시기가 문제된다. 이에 대해서는 견해가 대립하고 있다. 최초의 구조가능성이 있을 때 실행의 착수가 있다는 견해,[23] 최후의 결과방지가능성이 있을 때 실행의 착수가 인정된다는 견해 및 구조행위의 지체로 인하여 보호법익에 대한 직접적인 위험을 야기하거나 기존의 위험이 증대되었을 때 실행의 착수가 있다는 견해[24]가 그것이다.

생각건대 보증인은 보호법익에 대한 위험을 제거할 작위의무를 지므로 부작위에 의해 법익에 대한 직접적인 위험을 야기하거나 기존의 위험을 증대시킨 때를 실행의 착수시기로 보는 견해가 타당하다.

6. 결과적 가중범의 미수[25]

형법은 인질치사상죄(제324조의3, 4), 강도치사상죄(제337조, 제338조), 해상강도치사상죄(제340조 제2항, 제3항) 및 현주건조물일수치사상죄(제177조 제2항)의 미수범을 처벌하고 있고(제324조의5, 제342조, 제182조), 성폭력범죄의 처벌 및 피해자보호 등에 관한 법률도 특수강도·강간치사상죄, 특수강간·강제추행치사상죄, 미성년자의제강간·강제추행치사상죄, 친족관계에 의한 강간·강제추행치사상죄 및 장애인간음치사상죄의 미수범을 처벌한다는 규정을 두고 있다. 이와 관련하여 결과적 가중범의 미수를 인정할 것인가가 논란이 된다. 판

22) 임웅, 337면.
23) 오영근, 532면.
24) 김일수/서보학, 523면; 박상기, 322면; 이재상, 372면; 이형국, 278면; 임웅, 337면; 정성근/박광민, 474면.
25) 이에 대하여 자세한 것은 김선복, 결과적 가중범의 미수, 비교형사법연구, 1999, 93면 이하.

례[26]와 다수설[27]은 결과적 가중범의 미수를 인정할 수 없다는 입장을 취하고 있다. 그러나 다음과 같은 이유로 결과적 가중범의 미수를 인정하는 것이 타당하다고 생각한다.[28]

① 기본범죄의 미수와 기수는 불법내용에 있어서 크게 차이가 나므로 결과적 가중범의 미수를 인정하지 않는 것은 책임원칙에 반한다. ② 처벌규정이 없어도 현행법상 결과적 가중범의 미수를 처벌할 수 있다. 예를 들면 강간치사죄에 있어서 기본범죄인 강간죄가 미수에 그쳤다면 형법이 강간미수를 처벌하므로 강간미수치사죄가 성립하게 된다. ③ 판례와 부정설은 비록 일부 범죄이긴 하지만 결과적 가중범의 미수를 인정하고 있는 형법의 입장에 반한다. 결과적 가중범의 미수를 인정할 수 있는 경우로는 세 가지가 있다.

(1) 기본범죄가 미수에 그치고 중한 결과를 과실로 야기한 경우

여기서 결과적 가중범을 두 가지로 구별하여 살펴보아야 한다. 중상해죄(형법 제258조)와 상해치사죄(형법 제259조)와 같이 기본범죄의 결과가 중한 결과를 발생시키는 때에는 기본범죄가 미수에 그치고 중한 결과를 과실로 야기한 경우는 결과적 가중범에 해당하지 않으므로 결과적 가중범의 미수가 인정될 수 없다. 따라서 기본범죄의 구성요건적 행위가 결과발생의 원인이 된 경우만 여기에 해당한다. 이 경우에는 결과적 가중범의 미수가 인정될 수 있다. 예를 들면 강도가 상대방에게 폭행을 가하여 그를 사망에 이르게 한 경우 강도미수범은 처벌되므로 강도미수치사죄가 성립한다.

(2) 기본범죄가 미수에 그치고 의도된 중한 결과가 발생하지 않은 경우

중한 결과에 대하여 고의가 있는 부진정결과적 가중범에 있어서 기본범죄가 미수에 그치고 의도된 중한 결과가 발생하지 않은 때에는 미수범이 성립할 수 있다. 예를 들면 행위자가 상해의 고의를 가지고 중상해의 발생을 감수하면서 쇠파이프로 상대방의 머리를 가격하였으나 성공하지 못한 경우에는 중상해의 미수가 성립할 수 있다. 그러나 형법이 중상해의 미수를 처벌하는 규정을 두고 있지 아니하므로 결과적 가중범의 미수는 인정될 수 없다.

---

26) 대법원 1985. 10. 22, 85도2001; 1986. 7. 3, 86도1526.

27) 김일수/서보학, 448면; 배종대, 508면; 오영근, 254면; 이재상, 373면; 이정원, 396면; 정성근/박광민, 448면.

28) 성낙현, 493면; 손동권, 304면; 임웅, 516면. 박상기, 302면은 기본범죄가 미수이고 중한 결과가 발생한 경우에는 결과적 가중범의 미수를 인정하지 않고 있다.

(3) 기본범죄가 기수에 이르고 의도된 중한 결과가 발생하지 않은 경우

이 경우에도 중한 결과에 최소한 미필적 고의가 있다면 결과적 가중범의 미수가 인정될 수 있다. 예를 들면 보험금을 노리고 사람이 현존하는 집에 불을 놓았으나 집만 전소하고 사망의 결과가 발생하지 않은 경우가 여기에 해당한다. 그러나 이 경우에도 미수범 처벌규정이 없으므로 미수범이 성립할 여지가 없다.

제 3 절 중지미수

Ⅰ. 중지미수의 의의

중지미수란 범죄의 실행에 착수한 자가 범죄가 기수에 이르기 전에 자의로 범행을 중지하거나 결과의 발생을 방지하는 경우를 말한다. 중지미수는 필요적 감면사유에 해당한다(제26조). 중지미수는 착수미수와 실행미수로 나누어진다.

Ⅱ. 필요적 감면의 이유

중지미수를 필요적 감면사유로 규정한 이유가 무엇인가에 대하여는 견해가 대립하고 있다. 즉 중지미수의 법적 성격이나 본질이 무엇인가가 문제된다.

1. 형사정책설

형사정책설은 중지미수를 특별히 가볍게 처벌하는 이유는 범죄의 실행에 착수한 자에게 범죄의 실행을 중지하거나 필요한 경우 결과의 발생을 방지하는 동기를 부여하는 데 있다고 보는 견해이다. 실행에 착수한 행위자에게 스스로 물러날 수 있는 황금의 다리를 놓아 준 것이라고 하여 이를 황금의 다리이론(Die Theorie von der goldenen Brücke)이라고도 한다.

형사정책설에 대해서는 ① 행위자가 중지미수에 관한 규정을 알고 있지 못한 때에는 필요적 감면은 중요한 순간에 행위자에게 영향을 미치지 못하고, ② 중지미수가 불가벌인 독일형법과는 달리 필요적 감면사유에 불과한 형법에서는 형사정책적 효과가 있을지 의문이며, ② 형이 감경되는 경우와 면제되는 경우를 구별하는 기준이 제시되지 않고 있다는 비판이 가해진다.

2. 보상설

보상설은 중지미수에 관한 규정을 행위자가 자의로 범죄의 실행을 중지한 것에 대한 보상으로 보는 견해이다. 이를 은사설 또는 공적설이라고도 부른다.

보상설에 대해서는 미수에 의하여 실현되는 형벌을 예외적으로 포기 또는 감경하는 것은 은사의 문제가 아니라 형벌필요성의 형법적 문제라는 비판이 제기된다.

3. 형벌목적설

형벌목적설은 중지미수는 일반예방이나 특별예방과 같은 형벌의 목적에 비추어 처벌이 필요 없는 경우라고 한다. 즉 행위자가 자의로 범행을 중지하거나 결과의 발생을 방지한 경우에는 일반예방이나 특별예방을 이유로 처벌될 필요가 없거나 그 필요성이 감소한다고 한다.

형벌목적설에 대해서는 범행의 중지는 우연한 외적 사정에 의하여 이루어질 수 있기 때문에 행위자의 의사는 미수당시에 기수에 이를 정도로 충분히 강력하였을 수도 있고, 행위자와 행위의 위험성도 중지에 의하여 감소되는 것은 아니라는 비판이 제기된다.[29]

4. 법률설

법률설은 실행에 착수한 범죄의 중지가 범죄성립요건의 하나인 위법성이나 책임을 소멸 또는 감소시키기 때문에 형이 면제 또는 감경된다는 견해이다. 법률설은 위법성소멸·감소설과 책임소멸·감소설로 나뉜다.

법률설에 대해서는 위법성이나 책임이 소멸되면 무죄판결을 선고해야 하는데 형을 면제하는 형법의 입장에 일치하지 않고 발생한 위법성이 소멸 또는 감소될 수 없으며 중지에 의하여 책임이 소멸된다고 할 수 없다는 비판이 가해진다.

5. 결합설

결합설은 형사정책설과 법률설을 결합하여 중지미수가 필요적 감면사유가 되는 이유를 설명하려는 견해이다. 형사정책설과 책임감소설의 결합이

---

29) Jescheck/Weigend, S. 539.

종래의 다수설[30]이었다. 이 견해는 중지미수의 처벌에 관하여 형의 면제는 형사정책설에 의하여, 형의 감경은 책임감소설에 의하여 설명한다.

결합설은 형의 면제와 감경을 성질이 다른 이유로 설명하기 때문에 중지미수의 법적 성질을 통일적으로 파악하지 못한다는 비판을 받는다.

6. 검토

중지미수를 장애미수와 불능미수에 비하여 경하게 처벌하는 이유는 여러 가지가 있을 수 있다. 특히 그 이유가 범죄의 실행에 착수하였더라도 적법한 세계로 돌아올 수 있도록 황금의 다리를 놓아 주어 범죄의 완성을 방지하려는 형사정책적 목적에 있다는 형사정책설, 자의로 범행을 중지한 것에 대한 보상이라는 보상설 및 중지미수는 일반예방이나 특별예방이라는 형벌의 목적에 비추어 처벌할 필요가 없다는 형벌목적설이 타당하다고 본다.

Ⅲ. 중지미수의 성립요건

중지미수가 성립하기 위해서는 미수범의 공통적 구성요건 이외에 특별한 주관적 요건으로는 자의성이 있어야 하고, 객관적 요건으로는 실행행위를 중지하거나(착수미수) 실행행위를 종료한 때에는 결과발생을 방지하여야 한다(실행미수).

1. 자의성

중지미수에만 고유한 주관적 요건인 자의성은 중지미수와 장애미수의 구별기준이 된다. 자의성의 판단기준에 대해서는 견해가 대립하고 있다.

(1) 객관설

객관설은 범행의 중지가 외부적 사정에 의하는 경우에는 장애미수이고 내부적 동기에 의한 경우에는 중지미수가 된다고 하는 견해이다.

객관설에 대해서는 ① 외부적 사정과 내부적 동기를 구별하는 것이 어렵고, ② 중지미수의 성립범위가 지나치게 확대되며, ③ 내부적 동기에 의하여 실행행위를 중지한 경우에도 장애미수가 성립할 수 있다는 것(심리적인

---

30) 오영근, 558면; 이형국, 286면; 정성근, 590면; 진계호, 704면; 황산덕, 232면.

원인으로 인하여 성행위가 불가능하기 때문에 강간행위를 중지한 경우)을 간과하고 있다는 비판이 제기된다.

(2) 주관설

주관설은 후회, 동정, 연민 기타 윤리적 동기에 의하여 범행을 중지한 경우는 중지미수가 되고 그렇지 않은 경우는 모두 장애미수에 해당한다는 견해이다.

주관설에 대해서는 ① 자의성과 윤리성을 동일시하는 것은 옳지 않고, ② 중지미수의 성립범위가 부당하게 좁아진다는 비판이 가해진다.

(3) 절충설

절충설은 주관설과 객관설을 결합한 견해로서 행위자가 자율적 동기에 의하여 범행을 중지한 경우에는 중지미수이고 범행의 중지가 일반 사회통념상 외부적 장애로 인한 경우는 장애미수라고 하는 견해이다.[31] 이 견해가 우리나라의 다수설[32]과 판례[33]의 입장이다

절충설에 대해서는 ① 일반 사회통념의 개념이 모호하기 때문에 자의성의 판단기준으로 적합하지 않고, ② 자의성의 개념은 행위자의 내부적 의사를 떠나서는 거론될 수 없는데 사회일반의 경험적 판단에 의존하는 것은 핵심을 벗어난 것이라는 비판이 가해진다.

□ 판례(대법원 4. 13, 99도640)

범죄의 실행행위에 착수하고 그 범죄가 완수되기 전에 자기의 자유로운 의사에 따라 범죄의 실행행위를 중지한 경우에 그 중지가 일반 사회통념상 범죄를 완수함에 장애가 되는 사정에 의한 것이 아니라면 이는 중지미수에 해당한다고 할 것이지만, 피고인이 피해자를 살해하려고 그의 목 부위와 왼쪽 가슴 부위를 칼로 수 회 찔렀으나 피해자의 가슴 부위에서 많은 피가 흘러나오는 것을 발견하고 겁을 먹고 그만 두는 바람에 미수에 그친 것이라면, 위와 같은 경우 많은 피가 흘러나오는 것에 놀라거나 두려움을 느끼는 것은 일반 사회통념상 범죄를 완수함에 장애가 되는 사정에 해당한다고 보아야 할 것이므로, 이를 자의에 의한 중지미수라고 볼 수 없다.

---

31) Jescheck/Weigend, S. 544.
32) 배종대, 507면; 오영근, 564면; 이재상, 381면; 이정원, 269면; 이형국, 289면; 정성근/박광민, 400면.
33) 대법원 1985. 11. 12, 85도2002; 1992. 7. 28, 92도917; 1997. 6. 13, 97도957.

(4) 프랑크(Frank) 공식

프랑크 공식은 할 수 있었지만 하길 원하지 않아서(Ich will nicht zum Ziel kommen, selbst wenn ich es konnte) 범행을 중지하는 경우는 중지미수이고, 하길 원했지만 할 수 없어서(Ich kann nicht zum Ziel kommen, selbt wenn ich es wollte) 중지하는 경우는 장애미수가 된다는 견해이다.[34]

프랑크 공식에 대해서는 ① 순전히 행위자의 주관적 심리상태에 종속하여 자의성을 판단하기 때문에 행위자의 말에 따라 결론이 달라질 수 있고,[35] ② 자의성과 가능성을 혼동하였으며, ③ 가능성은 다의적인 개념이므로 명백한 기준이 되지 못한다는[36] 비판이 제기된다.

(5) 규범설

규범설은 자의성을 순수한 형법상의 평가문제로 파악하여 범인이 범행을 중지하게 된 내심의 태도를 규범적으로 평가하여 자의성여부를 판단해야 한다는 견해이다.[37] 비이성적 이유에 의한 중지, 합법성으로의 후퇴 또는 법의 영역으로의 복귀가 있는 때에는 자의성이 인정된다고 한다.[38]

규범설은 ① 주관적 요소를 규범적 기준으로 판단하는 것은 타당하지 않고, ② 중지미수를 처벌하지 않는 독일형법에서나 타당한 이론이며, ③ 자의성을 합법성이나 윤리성과 동일시하고 있다는 비판을 받는다.[39]

(6) 검토

자의성의 판단기준으로 프랑크 공식이 타당하다고 생각한다. 프랑크 공식에 대하여는 가능성은 다의적 개념이므로 명백한 기준이 되지 못하고 자의성과 가능성을 혼동한 것이라는 비판이 가해지나 프랑크 공식은 범행의 가능성을 자의성의 판단기준으로 보는 것이 아니므로 타당하다고 할 수 없다. 또 순전히 행위자의 주관적 심리상태에 종속하기 때문에 실현가능성에 문제가 있다는 비판도 하길 원하였는지 여부는 행위당시의 사정을 고려하여 객관적으로 판단하는 것이므로 수긍할 수 없다. 프랑크 공식은 범죄의

---

34) 임웅, 357면.
35) 배종대, 506면.
36) 이재상, 380면.
37) 김일수/서보학, 537면; 박상기, 347면.
38) 김일수/서보학, 536면; 이재상, 381면.
39) 배종대, 508면; 이재상, 381면.

완성이 가능하지만 안한다고 하는 경우와 범죄를 완성하길 원하지만 할 수 없기 때문에 못한다는 것을 구별하자는 견해이다.[40)]

(7) 판례

판례는 다음에 만나 친해지면 응해 주겠다는 피해자의 간곡한 부탁에 따라 강간행위의 실행을 중지한 경우[41)]에는 중지미수를 인정한다.

그러나 판례는 한국에 입국하여 기밀을 탐지 수집 중 경찰관이 피고인의 행적을 탐문하고 갔다는 말을 전해 듣고 기밀탐지를 보류하고 있던 중 체포된 경우,[42)] 원료불량으로 인한 제조상의 애로, 제품의 판로문제, 처벌공포, 공동피고인의 포악성 등으로 인하여 히로뽕제조를 단념한 경우,[43)] 범행의 발각을 두려워 실행행위에 이르지 못한 경우,[44)] 피해자가 수술한 지 얼마 안 되어 배가 아프다면서 애원하는 바람에 강간행위를 중지한 경우,[45)] 피해자의 어린 딸이 잠에서 깨어 우는 바람에 그만두었거나 피해자가 임신 중인 데다 시장에 간 남편이 곧 돌아온다고 하여 강간행위를 그만 둔 경우,[46)] 방화 후 불길이 치솟는 것을 보고 겁이 나서 불을 끈 경우,[47)] 피해자를 살해하려고 칼로 수회 찔렀으나 많은 피가 흘러나오는 것을 발견하고 겁을 먹고 그만 둔 경우[48)]에는 자의에 의한 중지미수를 부정한다.

2. 객관적 요건

중지미수의 객관적 성립요건으로 착수미수는 실행행위의 중지, 실행미수는 결과의 방지를 요한다.

(1) 착수미수와 실행미수의 구별

착수미수와 실행미수의 구별이 문제되는 것은 행위자가 범죄의 완성을 위하여 수개의 행위를 계획하고 그 중 일부행위를 실행하였으나 결과가 발

---

40) 같은 견해로 임웅, 357면 각주 50).
41) 대법원 1993. 10. 12, 93도1851.
42) 대법원 1984. 9. 11, 84도1381.
43) 대법원 1985. 11. 12, 85도2002.
44) 대법원 1986. 1. 21, 85도2339.
45) 대법원 1992. 7. 28, 92도917.
46) 대법원 1993. 4. 13, 93도347.
47) 대법원 1997. 6. 13, 97도957.
48) 대법원 1999. 4. 13, 99도640.

생하기 전에 다른 행위의 실행을 중지한 경우, 하나의 행위를 계획·실행하여 결과가 발생하지 않았으나 다른 행위로 결과를 야기할 수 있었음에도 불구하고 그 행위를 중지한 경우이다. 예를 들면 행위자가 2발의 총알로 사람을 살해하기로 결심하고 제1탄을 발사하였으나 빗나간 상태에서 제2탄의 발사를 중지한 경우가 여기에 해당한다. 이에 대해서는 주관설, 객관설 및 절충설이 대립하고 있다.

1) 주관설

주관설은 착수당시의 행위자의 의사(범죄계획)에 따라 양자를 구별한다. 객관적으로 결과를 야기할 수 있는 행위를 종료하였으나 행위자의 범죄계획에 실행이 계속되는 것으로 되어 있는 때에는 실행행위는 종료된 것으로 볼 수 없다고 한다.[49]

주관설에 대해서는 실행의 착수시기와 중지시기에 행위자의 의사가 변경될 수 있다는 것을 간과하였고,[50] 치밀한 범죄계획을 세운 행위자만을 유리하게 취급한다는 비판이 제기된다.[51]

2) 객관설

객관설은 객관적으로 결과발생의 가능성이 있는 행위가 있으면 행위자의 범죄계획과 상관없이 실행행위는 종료한 것으로 본다.

객관설은 결과가 발생하지 않은 때에는 실행의 중지만으로 결과를 방지할 수 있다는 점에서 타당하지 않다는 비판을 받는다.[52]

3) 절충설

절충설은 행위자의 의사와 행위당시의 객관적 사정을 고려하여 결과발생에 필요한 행위가 끝났다고 인정되는 때에는 실행행위는 종료한 것으로 본다.[53] 여기서는 실행된 행위와 실행되지 못한 행위가 단일행위인 때에는 착수미수이고, 수개의 행위인 때에는 실행미수가 된다고 한다.

절충설에 대해서는 착수미수와 실행미수를 죄수론에 의하여 구별하는 것은 타당하지 않다는 비판이 제기된다.[54]

---

49) 이재상, 385면; 이정원, 273면; 이형국, 290면.
50) 김일수/서보학, 542면; 배종대, 518면.
51) 이재상, 384면.
52) 김일수/서보학, 542면; 배종대, 518면; 이재상, 385면.
53) 김일수/서보학, 543면; 배종대, 519면; 오영근, 567면; 임웅, 361면; 정성근/박광민, 401면.

4) 검토

주관설, 객관설 및 절충설은 결함이 있기 때문에 착수미수와 실행미수를 구별하는 기준으로 적합하지 않다. 따라서 착수미수와 실행미수의 구별문제는 두 가지 경우로 나누어 해결하여야 한다. 먼저 총알 2발을 발사하여 사람을 살해하기로 결심하고 제1탄을 발사하였으나 빗나간 경우에는 자의로 제2탄의 발사를 중지함으로써 중지미수가 성립한다(착수미수). 그러나 제1탄을 발사하였으나 피해자가 상해를 입은 경우에는 실행행위는 종료된 것으로 보아야 하므로 제2탄의 발사를 중지한 것만으로는 족하지 않고 사망의 결과를 방지하여야만 중지미수가 성립한다(실행미수).

(2) 착수미수

1) 실행의 중지

착수미수는 실행을 자의로 중지함으로써 중지미수가 된다. 물론 범죄의 실행은 가능할 것을 요한다. 예를 들면 절도범이 물건을 물색하던 중 자의로 물색행위를 중지하는 경우가 여기에 해당한다. 범죄의 실행을 종국적으로 포기할 필요는 없다. 따라서 실행을 잠정적으로 중지한 때에도 중지미수가 성립한다. 독일형법은 중지미수를 불가벌로 규정하고 있기 때문에 실행의 종국적 포기를 요하지만, 형법은 이를 필요적 감면사유로 규정하고 있기 때문에 실행의 중지를 엄격하게 해석할 필요는 없다고 보기 때문이다.[55]

2) 결과의 불발생

중지미수가 성립하기 위해서는 실행의 중지로 결과가 발생하지 않아야 한다. 자의로 범행을 중지하였음에도 불구하고 결과가 발생한 때에는 기수가 되므로 중지미수는 성립하지 않는다.

(3) 실행미수

실행미수는 실행행위를 종료한 경우이므로 행위자가 자의로 결과발생을 적극적으로 방지한 때 중지미수가 성립한다. 실행미수의 중지가 성립하기 위해서는 결과발생의 방지와 결과의 불발생 및 인과관계가 구비되어야 한다.

---

54) 이재상, 385면.
55) 김일수/서보학, 543면; 박상기, 351면; 배종대, 519면; 이재상, 386면.

1) 결과발생의 방지

행위자는 결과의 발생을 적극적으로 방지하여야 한다. 반드시 행위자가 직접 결과발생을 방지하는 행위를 할 필요는 없다. 행위자의 요청으로 제3자가 결과발생을 방지하더라도 상관없다. 예를 들면 의사의 치료를 받게 하거나 소방관의 도움으로 소화한 경우가 여기에 해당한다. 그러나 이 경우에 제3자에 의한 결과발생의 방지가 행위자가 직접 결과발생을 방지한 것과 동일시될 정도로 행위자가 진지한 노력을 하여야 한다.[56] 예를 들면 살인의 의사로 상해를 입힌 피해자를 병원으로 후송하고 도주한 때에는 중지미수가 성립하지 않는다.

2) 결과의 불발생

행위자의 방지행위에 의하여 결과가 발생하지 않아야 한다. 행위자가 결과발생의 방지를 위하여 진지한 노력을 기울였음에도 불구하고 결과가 발생한 때에는 기수가 되므로 중지미수는 성립하지 않는다. 그러나 결과발생을 방지하기 위한 노력을 하였으나 결과가 발생한 경우에 그 결과를 행위자에게 귀속시킬 수 없는 때에는 중지미수가 인정된다. 예를 들면 상해를 입은 피해자가 병원으로 후송되는 도중에 운전자의 과실로 사망한 경우가 그것이다.

3) 방지행위와 결과의 불발생 사이의 인과관계

방지행위와 결과의 불발생 사이에 인과관계가 있어야 한다. 즉 행위자의 방지행위에 의하여 결과가 발생하지 않아야 한다. 따라서 행위자의 진지한 방지노력이 있었더라도 이미 다른 원인에 의하여 결과발생이 방지된 때에는 중지미수가 성립하지 않는다.

결과의 발생이 처음부터 불가능하였으나 행위자가 이를 모르고 결과발생의 방지를 위한 노력을 한 경우에 결과의 불발생이 행위자의 행위로 인한 것이 아니라는 이유로 중지미수가 성립하지 않는다는 견해(소극설)도 있으나 중지미수를 인정하는 것이 타당하다(적극설).[57] 불능미수에 대하여 중지미수를 인정하지 않는 때에는 임의적 감면사유인 불능미수의 중지가 임

56) 배종대, 520면; 이재상, 387면; 임웅, 362면.

57) 김일수/서보학, 544면; 박상기, 353면; 배종대, 520면; 오영근, 571면; 이재상, 388면; 이형국, 291면; 임웅, 363면; 정성근/박광민, 403면.

의적 감경사유인 장애미수의 중지에 비하여 더 중한 처벌을 받는 부당한 결과를 초래하기 때문이다.

Ⅳ. 중지미수의 처벌

중지미수의 형은 감경 또는 면제한다(형법 제26조). 따라서 중지미수는 필요적 감면사유에 해당한다. 행위자가 범죄의 실행을 중지하였으나 다른 범죄의 결과가 발생한 경우에는 다음과 같이 처리할 수 있다.[58)]

1. 법조경합의 경우

살인행위를 중지하였으나 상해가 발생한 때에는 중한 죄의 미수범으로 처벌되고 경한 죄는 이에 흡수된다.

2. 상상적 경합의 경우

중지한 범죄의 미수와 결과가 발생한 범죄가 상상적 경합관계에 있는 경우에는 형법 제40조에 의하여 처리된다.

Ⅴ. 관련문제

1. 예비의 중지

예비의 중지란 예비행위를 시작하고 그 종료 전에 자의로 예비행위를 중지하거나 예비행위를 종료한 후에 범죄실행의 착수를 포기하는 것을 말한다. 예비의 미수는 처벌되지 않으므로 여기서 문제되는 것은 후자의 경우이다. 형법은 예비의 중지를 규정하고 있지 않고 형법상 중지미수의 규정은 실행의 착수 이후에 적용되므로 중지미수의 규정이 예비의 중지에 대해서도 적용될 수 있는가에 대하여는 견해가 대립하고 있다.

(1) 긍정설

긍정설은 예비에 대해서도 중지미수의 규정이 준용된다는 견해이다. 어느 범위까지 중지미수의 규정을 준용할 것인가와 관련하여 다시 견해가 대립한다.

전부긍정설은 예비에 대하여 언제나 중지미수의 규정이 준용된다고 한다.[59)] ① 중지미수의 경우에는 형의 면제가 허용됨에 반하여 예비의 중지

58) 김일수/서보학, 545면; 박상기, 357면; 배종대, 521면; 이재상, 389면.

에 있어서는 형의 면제가 허용되지 않는 것은 형의 균형상 불합리하고, ② 예비의 중지는 예비행위를 중지하는 것이며 예비·음모의 형과 중지미수의 형은 비교할 성질이 아니라는 것을 이유로 한다. 일부긍정설은 예비의 형이 중지미수의 형보다 중한 경우에는 형의 균형을 위하여 중지미수의 규정을 준용해야 한다고 한다.[60] 그 이유로 ① 예비의 중지에 관한 규정이 없는 이상 형의 불균형이 있는 경우에만 중지미수의 규정이 준용되어야 하고, ② 예비행위를 하는 도중 자의로 중지하였다면 예비죄 자체가 성립하지 않으므로 예비의 중지에 중지미수의 규정을 준용하는 것은 예비 자체가 중지되었기 때문이 아니라 범행을 중지하였기 때문이고, ③ 예비죄의 미수는 논리상 불가능하며, ④ 예비행위의 종료로 예비죄가 성립하므로 예비의 형을 감경 또는 면제할 수 없다는 것을 든다.

긍정설에 대해서는 예비의 중지를 중지미수로 처벌하면 결과적으로 모든 예비행위는 중지미수로 취급될 염려가 있다는 비판이 가해진다.[61]

(2) 부정설

부정설은 중지미수는 미수에 속하므로 실행의 착수가 있기 전의 단계인 예비를 처벌하는 경우에 있어서는 중지미수의 관념을 인정할 수 없다고 한다. 이 견해는 다시 이로 이하여 생기는 처벌의 불균형은 예비중지가 자수의 정도에 이른 때에만 자수의 필요적 감면규정을 유추 적용하여 시정할 수 있다는 견해[62]와 예비를 처벌하는 경우에는 중지미수에 대하여도 형의 면제를 허용하지 않아야 한다는 견해[63]로 나뉜다.

부정설에 대해서는 중지미수와 예비의 중지 사이의 처벌의 불균형을 극복하기 어렵고,[64] 부정설에 의할 경우에는 예비의 중지자가 형법 제26조의 혜택을 받기 위해서는 일부러라도 실행행위에 착수한 후에 자의로 중지하여야 한다는 부당한 결론이 된다[65]는 비판이 가해진다.

---

59) 오영근, 578면; 임웅, 349면.

60) 박상기, 356면; 배종대, 523면; 이재상, 391면; 이정원, 285면; 이형국, 267면; 정성근/박광민, 377면.

61) 김일수/서보학, 552면.

62) 김일수/서보학, 552면.

63) 대법원 1966. 4. 21, 66도152; 1991. 6. 25, 91도436; 1999. 4. 9, 99도424, "중지범은 범죄의 실행에 착수한 후 자의로 그 행위를 중지한 때를 말하는 것이고 실행의 착수가 있기 전인 예비음모의 행위를 처벌하는 경우에 있어서 중지범의 관념은 이를 인정할 수 없다."

64) 이재상, 390면; 임웅, 348면.

(3) 검토

긍정설에 대해서는 다음과 같은 비판이 제기될 수 있다.

① 예비죄는 거동범으로서 예비행위를 종료하면 기본범죄의 실행의 착수와 상관없이 형식적으로 예비죄는 성립하므로 예비의 중지에 대하여 중지미수의 규정을 준용하는 것은 타당하지 않다. ② 중지미수는 미수이므로 미수의 전 단계인 예비에 대하여 중지미수의 규정을 준용하는 것은 부당하다. ③ 예비죄는 미수보다 경한 범죄임에도 불구하고 예비에 대하여 중지미수의 규정을 준용하는 것은 옳지 않다. ④ 긍정설은 예비행위는 원칙적으로 불가벌이지만 법익에 대하여 특별한 위험이 있을 때에만 예외적으로 처벌된다는 예비죄의 본질을 간과하고 있다.

부정설에 대한 비판은 다음과 같다.

① 예비의 중지를 반드시 예비죄로 처벌하여야 한다는 주장은 예비죄보다 중하게 처벌되는 미수의 경우에 자의로 실행행위를 중지하면 형을 감경하거나 면제하여야 하는 중지미수의 규정이 적용된다는 점에 비추어 볼 때 불합리하다. ② 예비의 중지를 예비죄로 처벌해야 한다고 할 경우 예비죄의 구성요건이 실현되었다고 할지라도 행위자가 실행의 착수를 포기하면 법익에 대한 행위의 특별한 위험성은 사라지므로 형사정책적으로 예비의 중지를 처벌할 필요가 없다는 것을 간과하고 있다.

생각건대 ① 예비죄의 처벌근거가 되는 중대한 법익에 대한 특별한 위험성은 기본범죄를 실현할 의사로 예비행위를 한 때에 인정되므로 예비의 중지와 같이 기본범죄를 포기한 경우에는 형사정책적인 이유로 예비의 중지를 처벌할 필요가 없고, ② 원칙적으로 처벌되지 않는 예비와 원칙적으로 처벌되는 미수가 본질적으로 다름에도 불구하고 예비의 중지를 예비죄로 처벌하는 부정설이나 예비의 중지에 중지미수의 규정을 준용하는 긍정설이 예비와 미수를 동일시하는 것은 옳지 않다. 따라서 예비중지의 형은 면제되어야 한다.

2. 공범과 중지미수

형법 제26조는 단독범의 중지미수에 관한 규정이고 공범의 중지미수에 관한 규정은 형법에 규정되어 있지 않다. 여기에서 문제는 단독범의 중지미수에 관한 규정을 공범에 대해서도 그대로 적용할 수 있는가 하는 점이다.

---

65) 임웅, 348면.

(1) 공동정범과 중지미수

공동정범에 있어서 중지미수가 성립하기 위해서는 공동정범 중 한 사람이 자의로 자기가 분담한 실행행위를 중지하는 것은 물론 다른 공동정범자 전원의 실행행위를 중지시키거나 결과의 발생을 방지하여야 한다.[66] 중지미수가 성립한 경우에도 중지미수의 효과는 자의로 실행을 중지한 자에게만 인정되고 다른 공동정범자는 장애미수로 처벌된다.

> **□ 판례(대법원 2005. 2. 25, 2004도8259)**
>
> 다른 공범의 범행을 중지하게 하지 아니한 이상 자기만의 범의를 철회, 포기하여도 중지미수로는 인정될 수 없는 것인바, 기록에 의하면, 피고인은 원심 공동피고인과 합동하여 피해자를 텐트 안으로 끌고 간 후 원심 공동피고인, 피고인의 순으로 성관계를 하기로 하고 피고인은 위 텐트 밖으로 나와 주변에서 망을 보고 원심 공동피고인은 피해자의 옷을 모두 벗기고 피해자의 반항을 억압한 후 피해자를 1회 간음하여 강간하고, 이어 피고인이 위 텐트 안으로 들어가 피해자를 강간하려 하였으나 피해자가 반항을 하며 강간을 하지 말아 달라고 사정을 하여 강간을 하지 않았다는 것이므로, 앞서 본 법리에 비추어 보면 위 구본선이 피고인과의 공모 하에 강간행위에 나아간 이상 비록 피고인이 강간행위에 나아가지 않았다 하더라도 중지미수에 해당하지는 않는다고 할 것이다.

(2) 교사범 또는 종범과 중지미수

교사범 또는 종범의 경우에 중지미수가 문제되는 것은 정범이 범죄의 실행에 착수한 경우이다. 정범이 실행에 착수하지 않은 때에는 미수의 단계에 이르지 못하였으므로 교사범 또는 종범의 중지미수는 문제되지 않기 때문이다.

교사범 또는 종범의 경우에도 중지미수가 성립하기 위해서는 정범의 실행행위를 중지하게 하거나 결과발생을 방지하여야 한다. 정범이 자의로 실행행위를 중지하거나 결과발생을 방지하면 정범은 중지미수가 되지만 교사범 또는 종범은 장애미수로 처벌된다. 그러나 교사범이나 종범이 자의로 정범의 실행행위를 중지하거나 결과발생을 방지하면 교사범 또는 종범은 중지미수가 되고 정범은 장애미수로 처벌된다. 이 경우에 교사범은 정범의

---

66) 대법원 1969. 2. 25, 68도1676, “다른 공범자의 범행을 중지케 한 바 없으면 범의를 철회하여도 중지미수가 될 수 없다.”

실행행위를 적극적으로 방해하여야 하지만, 종범은 방조행위의 철회에 의하여 결과발생을 방지할 수 있다.[67]

(3) 간접정범과 중지미수

간접정범에 대하여 중지미수가 인정되기 위해서는 간접정범이 자의에 의하여 피이용자의 실행행위를 중지하게 하거나 결과발생을 방지하여야 한다. 그러나 간접정범이 자의로 중지하지 않은 때에도 피이용자가 간접정범의 의식적 의사대리로서 중지한 경우에는 간접정범의 중지미수가 된다.[68]

제 4 절 불능미수

I. 불능미수의 의의

1. 불능미수와 불능범의 구별

불능미수라 함은 행위의 성질상 결과가 발생하는 것이 불가능하지만 위험성이 있는 경우를 말한다. 형법 제27조는 "실행의 수단 또는 대상의 착오로 인하여 결과발생이 불가능하더라도 위험성이 있는 때에는 처벌한다. 단 형을 감경하거나 면제할 수 있다"고 하여 불능미수를 처벌하고 있다. 예를 들면 설탕을 독약으로 오인하고 이것으로 사람을 살해하려고 한 경우, 이미 사망한 사람을 살아 있는 사람으로 오인하고 살해의 의사로 총을 발사한 경우가 여기에 해당한다.

불능미수는 위험성이 있기 때문에 처벌된다는 점에서 위험성이 없다는 이유로 불가벌인 불능범과 구별된다. 형법 제27조가 가벌적 불능미수를 내용으로 하면서 불능범이라는 표제를 붙인 것과 관련하여 이는 불가벌적 불능범을 규정하고 있는 것이 아니라 처벌되는 불능미수를 규정하고 있다는 다수설[69]과 법률의 표제가 불능범으로 되어 있는 이상 불능범을 가벌적인 불능범인 불능미수와 같은 뜻으로 이해하는 견해[70]가 대립하고 있다. 형법

---

67) 배종대, 525면; 이재상, 393면.
68) Schönke/Schröder/Eser, § 24 Rn. 106.
69) 김일수/서보학, 525면; 박상기, 358면; 이재상, 395면; 임웅, 366면; 정성근/박광민, 405면.
70) 배종대, 527면; 이정원, 282면.

제27조는 원칙적으로 불능범은 처벌되지 않지만 예외적으로 위험성이 있는 때에는 불능범도 처벌한다는 것을 규정하고 있다고 보는 후자의 견해가 타당하다고 생각한다.

2. 환각범 및 구성요건흠결이론과의 구별

(1) 환각범

환각범이란 자신의 행위가 위법하지 않음에도 불구하고 위법하다고 오인한 경우를 말한다. 예를 들면 행정관청의 청소부가 자신을 공무원으로 오인하고 뇌물을 받은 경우가 그것이다. 이를 반전된 금지착오라고도 한다. 이런 의미에서 환각범은 반전된 구성요건착오인 불능미수와 구별된다.

(2) 구성요건흠결이론

구성요건흠결이론은 객관적 구성요건 중 인과관계의 흠결 때문에 결과발생이 불가능한 경우만을 미수로 보고 그 이외의 구성요건요소, 즉 행위주체(공무원이 아닌 자가 공무원범죄를 범한 경우), 행위객체(자기물건을 절취하는 경우), 행위수단(장난감 총으로 살해하는 경우), 행위상황(화재발생이 없음에도 불구하고 진화를 방해하는 경우) 등이 흠결된 경우에는 처벌되지 않는 불능범이 된다는 견해이다.

그러나 형법 제27조는 실행의 수단 또는 대상의 착오로 인하여 결과발생이 불가능하더라도 위험성이 있는 때에는 처벌한다고 규정하고 있으므로 구성요건흠결이론은 타당하지 않다.

II. 불능미수의 성립요건

불능미수의 성립요건은 ① 실행의 착수, ② 실행의 수단 또는 대상의 착오로 결과발생이 불가능할 것, ③ 위험성이 있을 것이다.

1. 실행의 착수

불능미수도 미수에 속하므로 실행의 착수를 성립요건으로 한다. 실행의 착수는 행위자가 자신의 범죄계획에 따라 직접 구성요건의 실현을 위한 행위를 개시하는 것을 의미한다. 불능미수에 있어서는 행위자가 실행에 착수하더라도 결과가 발생하지 않는다. 실행의 착수는 형식적으로는 예비와 미수의 구별기준이지만 실질적으로는 불능범과 불능미수를 구별하는 기준이 된다.[71)]

2. 실행의 수단 또는 대상의 착오로 인한 결과발생의 불가능

불능미수는 실행의 수단 또는 대상의 착오로 인하여 결과발생이 불가능할 것을 전제로 한다. 결과발생의 불가능은 불능미수와 장애미수(형법 제25조)의 구별기준이 된다. 불능미수는 실행의 착오 또는 대상의 착오로 인하여 결과의 발생이 불가능함에도 불구하고 가능하다고 오인하는 적극적 착오라는 점에서 존재하는 구성요건요소를 인식하지 못하여 소극적 착오라고 불리는 구성요건착오와 구별된다. 즉 불능미수는 반전된 구성요건착오인 것이다.

(1) 수단의 착오

수단의 착오란 행위자가 선택한 수단이 객관적으로 결과를 발생시킬 수 없는 경우를 말한다. 예를 들면 소금으로 낙태를 하려고 하는 경우 또는 장난감 총으로 사람을 살해하려고 하는 경우가 여기에 해당한다. 수단의 착오는 결과발생이 불가능하고 적극적 착오라는 점에서 행위자가 의도한 방법으로 결과발생이 가능하고 소극적 착오인 방법의 착오와 구별된다.

(2) 대상의 착오

대상의 착오는 행위객체가 없거나 행위객체가 될 수 없음에도 불구하고 실행에 착수한 경우를 말한다. 예를 들면 임신을 하지 않은 부녀에게 낙태약을 먹인 경우, 시체를 살아 있는 사람으로 오인하고 칼로 찌른 경우, 자신의 책을 타인의 것으로 오인하고 절취한 경우가 그것이다. 대상의 착오 원인은 사실적인 것이든 법률적인 것이든 묻지 않는다. 따라서 시체를 칼로 찌른 경우, 자신의 책을 타인의 책으로 오인하여 절취한 경우는 대상의 착오에 해당한다. 대상의 착오는 적극적 착오라는 점에서 소극적 착오인 객체의 착오와 구별된다.

---

71) 배종대, 528면; 유기천, 266면; 이재상, 397면.

(3) 주체의 착오

형법 제27조는 수단의 착오와 대상의 착오만 규정하고 있기 때문에 주체의 착오로 인하여 결과발생이 불가능한 경우도 불능미수에 해당하는지가 논란의 대상이 된다. 예를 들면 공무원이 아닌 자가 수뢰죄를 범하는 경우가 그것이다. 이 경우에 불능미수가 성립한다는 견해[72]와 환각범이 된다는 견해[73]가 있으나 불능미수는 성립하지 않는다고 보는 견해가 타당하다.[74] ① 형법 제27조는 수단의 착오 또는 대상의 착오로 인하여 결과발생이 불가능하고 위험성이 있는 경우에 한하여 불능미수가 성립한다고 규정하고 있으므로 주체의 착오의 경우에도 불능미수를 인정하는 것은 죄형법정주의에 반하고, ② 신분범의 경우에는 신분이 불법구성요건에 속하므로 신분 없는 자의 행위는 행위반가치가 없고, 그래서 처벌의 필요성이 없기 때문이다.

3. 위험성

불능미수가 성립하기 위해서는 위험성이 있어야 한다. 위험성은 처벌되지 않는 불능범과 처벌되는 불능미수의 구별기준이 된다. 위험성이란 법익침해의 개연성을 말한다. 위험성을 판단하는 기준이 무엇인가에 대해서는 견해가 대립하고 있다.

(1) 구객관설

구객관설은 결과발생의 불가능성을 상대적 불능과 절대적 불능으로 구별하여 상대적 불능의 경우에만 위험성을 인정하여 미수범으로 처벌된다는 견해이다. 예를 들면 시체를 살아 있는 사람으로 오인하고 살해하려고 한 경우나 사람을 살해하기 위하여 설탕을 먹인 경우와 같이 본질적으로 결과발생이 불가능한 경우는 절대적 불능이고, 설탕을 독약으로 오인하고 먹인 경우나 치사량 미달의 농약으로 사람을 살해하려고 한 경우와 같이 일반적으로는 결과발생이 가능하지만 특수한 경우에 결과발생이 불가능한 경우는 상대적 불능이 된다고 한다.

---

72) 박상기, 362면; 이정원, 287면; 이형국, 298면.
73) 김일수/서보학, 528면.
74) 김성천/김형준, 460면; 신동운, 508면; 오영근, 587면; 유기천, 272면; 이재상, 400면; 임웅, 369면; 정성근/박광민, 411면.

구객관설은 종전의 판례가 취한 입장이었다.[75)]

구객관설에 대해서는 절대적 불능과 상대적 불능을 명백하게 구별할 수 없다는 비판이 제기된다. 이 견해는 시체를 살해하려는 경우를 절대적 불능으로 간주하지만 이는 상대적 불능이라고 할 수도 있다. 또 치사량 미달의 농약을 먹인 경우(상대적 불능)도 객관적으로 판단해보면 절대적 불능이 된다.

(2) 구체적 위험설

구체적 위험설은 행위당시에 행위자가 인식한 사실과 일반인이 인식할 수 있었던 사실을 기초로 일반적 경험법칙과 객관적·사후적 예측에 따라 판단하여 구체적 위험성이 있는 때에는 불능미수가 된다고 한다. 여기서 일반인은 통찰력 있는 사람이다. 구체적 위험설은 우리나라의 다수설[76)]이다. 이 견해에 의하면 일반인이 임신한 것으로 생각한 여자에 대한 낙태행위, 일반인이 장전된 것으로 생각한 빈총으로 살해하는 행위, 치사량미달의 독약으로 살해하는 행위 등은 구체적 위험성이 있으므로 불능미수가 되지만 일반인이 사망한 것으로 알고 있는데 행위자는 살아 있는 사람으로 오인하여 살해하는 행위, 일반인이 사거리 밖에 있는 것으로 알고 있는 사람을 사거리 안에 있는 것으로 오인하여 발포한 행위 등은 구체적 위험성이 없으므로 불능범이 된다고 한다.

구체적 위험설에 대해서는 행위자가 인식한 사정과 일반인이 인식한 사정이 다를 때에는 어느 것을 기초로 판단해야 하는지가 분명하지 않다는 비판이 가해진다. 이에 대하여는 행위자가 인식한 사실과 일반인이 인식한 사실이 일치하지 않는 경우에는 일반인이 인식한 사실을 기초로 행위자가 특별히 알고 있었던 사정을 고려하여 위험성을 판단하여야 한다는 반론이 제기된다.[77)]

---

75) 대법원 1985. 3. 26, 85도206, "불능범은 범죄행위의 성질상 결과발생의 위험이 절대로 불능한 경우를 말하는 것인바 향정신성의약품인 메스암페타민 속칭 "히로뽕" 제조를 위해 그 원료인 염산에 페트린 및 수종의 약품을 교반하여 "히로뽕" 제조를 시도하였으나 그 약품배합미숙으로 그 완제품을 제조하지 못하였다면 위 소위는 그 성질상 결과발생의 위험성이 있다고 할 것이므로 이를 습관성의약품제조미수범으로 처단한 것은 정당하다." 같은 판결로는 대법원 1973. 4. 30, 73도354; 1984. 2. 28, 83도3331.

76) 김일수/서보학, 532면; 박상기, 364면; 배종대, 534면; 신동운, 515면; 오영근, 594면; 이재상, 403면; 이정원, 276면.

77) 김일수/서보학, 530면; 이재상, 403면.

(3) 주관설

주관설은 범죄의사가 외부에 표현된 이상 결과발생이 객관적으로 불가능하더라도 위험성이 인정된다고 한다. 다만 구성요건적 행위가 없는 미신범의 경우에는 불능미수가 성립할 수 없다고 한다. 독일의 통설과 판례의 입장이다. 독일판례는 시체에 대한 살해행위,[78] 두통약으로 낙태하는 행위,[79] 임신하지 않은 여자의 낙태행위,[80] 치사량미달의 독약으로 살해하는 행위[81] 등을 불능미수로 본다.

주관설에 대해서는 미신범을 불능미수에서 제외시키는 이유가 명백하지 않고, 객관적 요소를 고려하지 않음으로써 불능미수의 성립범위가 지나치게 확대된다는 비판이 제기된다.[82]

(4) 추상적 위험설

추상적 위험설은 행위당시에 행위자가 인식하고 있었던 사정을 기초로 하여 일반인이 결과발생의 위험성이 있다고 판단하는 경우에 불능미수가 된다고 하는 견해이다.[83] 행위자의 주관적 사정을 기초로 하여 일반인이 객관적으로 판단한다는 점에서 이를 주관적 객관설이라고도 한다. 이 견해에 의하면 설탕을 독약으로 오인하고 먹인 경우에는 불능미수가 되지만 설탕으로 사람을 살해할 수 있다고 오인하고 설탕을 먹인 경우 또는 가스총으로 사람을 살해할 수 있다고 오인하고 쏜 경우에는 위험성이 없기 때문에 불능미수로 처벌되지 않는다고 한다. 판례는 추상적 위험설을 따르고 있다.[84]

---

78) RGSt. 1, 451.

79) RGSt. 17, 158.

80) RGSt. 8, 198.

81) BGHSt. 11, 324.

82) 김일수/서보학, 532면; 박상기, 363면; 이재상, 405면; 임웅, 376면.

83) 임웅, 374면.

84) 대법원 2005. 12. 8, 2005도8105, "불능범의 판단 기준으로서 위험성 판단은 피고인이 행위 당시에 인식한 사정을 놓고 이것이 객관적으로 일반인의 판단으로 보아 결과 발생의 가능성이 있느냐를 따져야 하고(대법원 1978. 3. 28. 선고 77도4049 판결 참조), 한편 민사소송법상 소송비용의 청구는 소송비용액 확정절차에 의하도록 규정하고 있으므로, 위 절차에 의하지 아니하고 손해배상금 청구의 소 등으로 소송비용의 지급을 구하는 것은 소의 이익이 없는 부적법한 소로서 허용될 수 없다고 할 것이다. 따라서 소송비용을 편취할 의사로 소송비용의 지급을 구하는 손해배상청구의 소를 제기하였다고 하더라도 이는 객관적으로 소송비용의 청구방법에 관한 법률적 지식을 가진 일반인의 판단으로 보아 결과 발생의 가능성이 없어 위험성이 인정되지 않는다고 할 것이다."

추상적 위험설에 대해서는 행위자가 경솔하게 잘못 알고 있는 사정만을 기초로 위험성을 판단하는 것은 부당하다는 비판을 받는다.[85] 이에 대하여 행위자의 인식은 행위자가 신중한 태도로 인식했는지 또는 경솔하게 인식했는지를 묻지 않는 것이므로 이러한 비판은 타당하지 않다는 반론이 제기된다.[86]

5) 인상설

인상설은 행위자의 법적대적 의사의 실행이 법질서의 효력에 대한 일반인의 신뢰를 침해하는 인상을 줄 경우에 위험성이 인정된다고 하는 견해이다.[87] 이 견해는 행위자가 인식한 구성요건적 사실 및 법익평온상태의 교란을 위험성판단의 기초로 삼는다.

인상설에 대해서는 법질서의 효력에 대한 일반인의 신뢰를 침해하는 인상을 주었는지를 판단하는 기준과 방법이 명확하지 않으며,[88] 이러한 인상 정도만 있으면 불능미수가 된다고 하는 것은 미수범의 성립범위를 지나치게 확대한다는 비판[89]이 제기된다.

6) 검토

형법은 불능미수의 성립요건으로 위험성을 요구하므로 주관설과 인상설은 형법에 맞지 않는 학설이다. 구객관설은 절대적 불능과 상대적 불능을 구별하는 기준이 명백하지 않으므로 위험성판단의 기준이 될 수 없다. 구체적 위험설도 행위당시에 행위자가 인식하였던 사정과 일반인이 인식할 수 있었던 사정이 일치하지 않을 경우에 어느 것을 기초로 판단할 것인지가 명백하지 않다는 비판에 대해 일반인이 인식한 사실을 기초로 행위자가 특별히 알고 있었던 사정을 고려하여 위험성을 판단하여야 한다고 하는 경우에는 구체적 위험설은 추상적 위험설과 차이가 없다는 비판을 받는다.[90] 위험성이란 결과발생의 가능성 또는 법익침해의 가능성을 말하므로 통찰력 있는 일반인이 행위자가 인식한 사정을 기초로 행위자에게 수단 또는 대상

---

85) 김일수/서보학, 532면; 박상기, 363면; 배종대, 533면; 이재상, 404면.
86) 임웅, 374면.
87) 이형국, 302면.
88) 김일수/서보학, 532면; 임웅, 376면.
89) 이재상, 405면.
90) 임웅, 372면.

의 착오가 없었더라도 법익침해 또는 결과발생의 가능성이 있다고 판단하는 때에는 위험성을 인정해야 한다. 따라서 추상적 위험설이 타당하다고 생각한다. 이에 의하면 시체를 살아 있는 사람으로 오인하고 살해한 경우, 설탕을 독약으로 오인하고 먹인 경우, 장전된 것으로 오인하고 빈총을 발사한 경우, 치사량 미달의 독약으로 살해하는 경우 등은 불능미수가 된다.

III. 불능미수의 처벌

형법 제27조는 불능미수의 형을 감경 또는 면제할 수 있다고 규정하고 있다. 불능미수의 형은 임의적 감경사유인 장애미수 보다는 가볍고 필요적 감면사유인 중지미수에 비해서는 무겁다. 불능미수도 형법각칙에 미수범처벌규정이 있을 때에 처벌할 수 있다(제29조).

제 5 절 예비죄

I. 예비의 의의

예비란 기본범죄의 실현을 목적으로 하는 준비행위로서 실행의 착수에 이르지 않은 행위를 말한다. 예비는 범죄를 실현하기 위한 준비행위라고 할 수 있다. 예를 들면 사람을 살해하기 위하여 총과 탄환을 구입하거나 강도하기 위하여 흉기를 준비하는 경우가 여기에 해당한다. 예비는 범죄의 결의가 외부로 표출된 행위로서 아직 실행의 착수이전의 단계라는 점에서 미수와 구별된다.

예비는 음모와 구별된다. 음모란 2인 이상이 일정한 범죄의 실현을 합의하는 것을 말한다. 따라서 단순히 범죄의사를 외부에 표시하거나 전달하거나 상호 교환하였더라도 합의가 없다면 음모라고 할 수 없다.[91] 예비와 음모를 구별하는 기준에 대하여는 견해가 대립하고 있다. ① 예비와 음모를

---

91) 대법원 1999. 11. 12, 99도3801, "형법상 음모죄가 성립하는 경우의 음모란 2인 이상의 자 사이에 성립한 범죄실행의 합의를 말하는 것으로, 범죄실행의 합의가 있다고 하기 위하여는 단순히 범죄결심을 외부에 표시·전달하는 것만으로는 부족하고, 객관적으로 보아 특정한 범죄의 실행을 위한 준비행위라는 것이 명백히 인식되고, 그 합의에 실질적인 위험성이 인정될 때에 비로소 음모죄가 성립한다."

구별할 실익이 없다는 견해,[92] ② 음모는 예비의 전단계라는 견해,[93] ③ 음모와 예비를 동일시하는 견해, ④ 음모는 심리적 준비행위이고, 예비는 물적 준비행위로서 시간적 선후관계가 없다고 보는 견해[94]가 그것이다. 형법은 예비와 음모를 구별하고 있고 1인 예비의 경우에는 음모가 불가능하므로 음모를 예비의 전단계로 볼 수 없다. 따라서 음모는 심리적 준비행위이고 예비는 물적 준비행위라고 하는 견해가 타당하다.

II. 형법상의 예비규정

형법 제28조는 "범죄의 음모 또는 예비행위가 실행의 착수에 이르지 아니한 때에는 특별한 규정이 없는 한 벌하지 아니한다"라고 규정하고 있다. 예비행위가 원칙적으로 불가벌인 이유로는 ① 예비행위는 기수로부터 멀리 떨어져 있어 법익침해의 위험성이 없을 뿐 아니라 일반인의 법적 감정을 동요시킬 수도 없고, ② 예비행위에 있어서는 범죄고의가 명확하게 입증될 수 없으며, ③ 예비행위는 실행의 착수이전의 행위에 불과하고, ④ 범죄의사가 명확하게 파악되지 않는다는 것을 든다.

형법은 예외적으로 살인죄 · 강도죄, · 국외이송목적약취유인죄 · 내란죄 · 간첩죄 · 이적죄 · 폭발물사용죄 · 방화죄 · 일수죄 · 교통방해죄 · 통화위조죄 등과 같은 중대한 범죄에 한하여 예비행위를 처벌하고 있다.

III. 예비죄의 법적 성격

예비죄의 법적 성격은 예비의 실행행위성, 예비의 고의, 예비의 미수 및 예비의 중지문제를 해결하는데 중요한 역할을 한다. 이에 대해서는 견해가 대립하고 있다. 기본범죄수정형식설(발현형태설), 이분설 및 독립범죄설이 그것이다.

1. 기본범죄수정형식설

기본범죄수정형식설은 예비죄는 독립된 범죄유형이 아니라 기본범죄의

92) 김일수/서보학, 546면; 임웅, 341면.
93) 대법원 1986. 6. 24, 86도437; 정성근/박광민, 370면.
94) 박상기, 333면; 오영근, 538면; 이재상, 408면; 이정원, 295면.

수정형식에 불과하다고 한다.[95] 그 이유로 ① 예비죄가 "...의 죄를 범할 목적으로 예비한 자는"이라고 규정되어 있고, ② 예비행위의 태양이 무정형, 무한정이므로 이를 기본범죄의 고의범으로 한정할 필요가 있으며, ③ 법익침해의 직접적 위험성이 없고, ④ 범죄의사를 확정적으로 파악하기 어렵다는 것을 든다.

2. 독립범죄설

독립범죄설은 예비죄를 기본범죄와 같이 하나의 독립된 범죄로 본다.[96] 그 이유는 ① 예비죄는 기본범죄에서 독립하여 그 자체 불법의 실질을 갖추고 있는 범죄이고, ② 예비죄가 미수범과는 달리 행위, 행위자 및 형벌을 기본구성요건과 같이 각각 독립하여 규정하고 있으며, ③ 예비죄의 불법유형의 정형성을 고려하여 입법자는 예비죄를 독립된 범죄구성요건으로 정형화하였기 때문이라고 한다.

이에 대하여는 형법상 예비죄는 "...의 죄를 범할 목적으로 예비한 자"라는 형식을 취하고 있는 형법에 일치하지 않고,[97] 예비죄는 기본범죄에 대하여 예외적 처벌의 성격을 지니고 있고 범죄발현의 한 단계에 불과하다는 예비죄의 본질을 제대로 파악하지 못했으며,[98] 미수가 기본범죄의 수정형식에 지나지 않음에 반하여 그 전단계인 예비를 독립된 범죄로 파악할 수 없다는 비판[99]이 제기된다.

3. 이분설

이분설은 예비죄를 기본범죄의 수정형식과 독립된 범죄로 구분하여 "...의 죄를 범할 목적으로 예비한 자"라는 형식으로 규정되어 있는 비독립적 범죄의 형태가 기본범죄의 수정형식인 경우이고, 전형적으로 명백하고 고도로 위험한 예비행위는 독립된 범죄가 된다고 한다.[100] 전자의 경우에는

95) 김성천/김형준, 470면; 박상기, 334면; 신동운, 537면; 오영근, 541면; 이재상, 409면; 이정원 295면; 임웅, 343면; 정성근/박광민, 373면.
96) 김일수/서보학, 548면; 배종대, 539면.
97) 손동권, 385면.
98) 임웅, 343면.
99) 이재상, 409면.

살인예비죄, 강도예비죄 및 방화예비죄 등이 있고, 후자의 경우로는 통화위조죄, 문서위조죄, 마약류의 재배, 제조 또는 수출죄, 범죄단체조직 등을 들 수 있다.

이분설에 대해서는 외국의 입법례와는 달리 예비죄의 규정형식이 일정한 우리 형법에서는 이 학설을 수용할 수 없을 뿐 아니라 실익도 없고,[101] 이분설이 말하는 독립적 예비는 예비죄에서 취급할 대상이 아니라 그 자체로서 독립한 일반범죄이고,[102] 형법상 예비죄는 "...의 예비죄"라는 형식 또는 "예비"라는 타이틀을 가진 범죄만을 포섭하는 것[103]이므로 타당하지 않다는 비판이 제기된다.

4. 검토

기본범죄의 수정형식설은 예비죄를 기본범죄의 수정형식과 독립한 범죄로 구별할 실익이 있다는 것을 간과하였다는 비판을 받는다. 예비죄는 기본범죄의 경과범죄 또는 불가벌적 사전행위임에도 불구하고 독립된 범죄유형으로서의 예비를 인정하지 않을 때에는 내용적으로 예비행위에 해당하는 독립된 범죄는 기본범죄와 실체적 경합 또는 상상적 경합관계에 있다고 보는 잘못을 범할 수 있기 때문이다.[104] 독립범죄설도 원칙적으로 처벌되지 않는 예비는 법익침해의 위험이 없으므로 이를 독립된 범죄로 할 특별한 이유가 없고, 형법이 예비의 미수를 처벌하지 않는 규정을 두지 않은 것은 예비죄가 기본범죄의 수정형식이라는 것을 명백히 한 것이며, 독립범죄설에 의하면 정범이 교사되거나 방조된 예비죄를 실행하는 경우에는 예비죄의 교사범 또는 종범이 성립하게 되는데 이는 피교사자인 정범이 실행에 착수하지 않으면 예비에 준하여 처벌하는 형법 제31조 제2항과 제3항 또

---

100) Jescheck/Weigend, S. 523; Maurach/Gössel/Zipf, S. 6f; Schönke/Schröder/Eser, Vorbem. § 22 Rn. 14.

101) 손동권, 385면; 정성근/박광민, 373면.

102) 이정원, 279면.

103) 배종대, 533면; 손동권, 385면.

104) 대법원 2007. 2. 22, 2006도7834; 1999, 8. 20, 99도1744; 1996. 4. 12, 96도304. 그러나 대법원은 "향정신성의약품관리법 제42조 제1항 제1호가 규정하는 향정신성의약품수수의 죄가 성립되는 경우에는 그 수수행위의 결과로서 그에 당연히 수반되는 향정신성의약품의 소지행위는 수수죄의 불가벌적 수반행위로서 수수죄에 흡수되고 별도의 범죄를 구성하지 않는다고 볼 것이다"고 판시하여(1990. 1. 25, 89도1211) 기존의 판례와 다른 입장을 취하기도 한다.

는 예비죄의 종범을 처벌하지 않는 제32조와 모순된다. 그러므로 이분설이 타당하다고 생각한다.[105)]

IV. 예비죄의 성립요건

예비죄의 성립요건에는 주관적 요건과 객관적 요건이 있다.

1. 주관적 요건

(1) 예비의 고의

주관적 성립요건으로 예비의 고의가 있어야 한다. 예비고의의 내용이 무엇인가에 대해서는 견해가 대립하고 있다. 실행고의설과 예비고의설이 그것이다. 실행고의설은 예비의 고의는 실행의 고의, 기본범죄에 대한 고의로 이해한다.[106)] 예비는 미수와 같이 기본범죄의 수정적 구성요건이고 예비-미수-기수는 일련의 발전단계이므로 고의의 내용은 같아야 하고, 실행행위의 고의와 예비의 고의를 구별할 수 없으며, 기본범죄를 고려하지 않은 준비행위에 대한 인식은 무의미하기 때문이라고 한다. 반면 예비고의설은 예비의 고의를 준비행위 자체에 대한 고의로 본다.[107)] 예비행위와 기본범죄 사이에는 질적인 차이가 있고, 예비행위 자체에 대한 고의가 있어야 예비행위에 그친 경우 그 책임을 물을 수 있으며, 예비죄를 "...의 죄를 범할 목적으로"라고 하여 목적범의 형태로 규정한 것은 준비행위 자체에 대한 인식을 요하는 것을 의미하고, 기본범죄에 대한 고의는 목적의 내용이 되기 때문이라고 한다.

생각건대 예비죄도 기본범죄의 수정형식이지만 하나의 구성요건에 해당하고 고의는 구성요건을 인식하고 이를 실현하는 의사를 의미하므로 예비의 고의는 구성요건적 행위인 예비행위에 대한 인식과 의사라고 해야 한다. 따라서 예비고의설이 타당하다.

---

105) 김선복, 예비의 중지, 비교형사법연구(제4권 1호), 2002, 69면.
106) 박상기, 335면; 이형국, 263면; 정성근/박광민, 374면; 진계호, 315면.
107) 김일수/서보학, 550면; 배종대, 534면; 오영근, 546면; 이재상, 411면; 임웅, 345면.

(2) 기본범죄를 범할 목적

형법은 예비죄를 목적범으로 규정하고 있기 때문에 예비죄는 목적범이라는 긍정설[108)]이 있다. 그러나 예비의사란 범죄를 범할 목적으로 준비하는 의사를 말하므로 예비의사는 범죄를 범할 목적을 포함하고, 모든 고의범은 내적 범죄결심에서부터 예비, 미수 및 기수에 도달하는 진행과정을 거치는데 행위자가 (기본)범죄를 결심하고 예비를 하면 범죄실행의 착수를 포기하지 않는 한 예비죄는 성립하므로 "...의 죄를 범할 목적"은 추가로 필요하지 않다. 따라서 부정설[109)]이 타당하다고 생각한다.

2. 객관적 요건

예비죄는 외부적 준비행위를 성립요건으로 한다.

(1) 외부적 준비행위

예비행위는 기본범죄를 위한 것이다. 즉 기본범죄를 예비하는 것이 예비죄의 객관적 성립요건이다. 예를 들면 살인을 하기 위하여 총을 구입하거나 빌리는 것은 살인예비죄에 해당한다. 준비행위는 실행의 착수에 이르지 않아야 한다. 예비행위의 수단이나 방법에는 제한이 없고, 예비행위는 무한정·무정형하다.[110)] 예비행위에는 미수가 없으므로 예비행위의 개시만으로는 족하지 않고 기본범죄의 실현으로 발전할 수 있는 예비행위가 종료해야 한다.

예비는 물적 예비 이외에 인적 예비도 포함한다. 인적 예비로는 장물을 처분할 사람이나 공범을 확보하거나 알리바이를 조작하기 위하여 사전에 사람과 접촉하는 행위를 들 수 있다.

(2) 실행행위의 인정문제

예비죄의 실행행위를 인정할 것인가에 대해서는 견해가 대립하고 있다. 독립범죄설은 예비죄의 실행행위를 인정한다. 반면 기본범죄수정형식설은 이를 긍정하는 견해와 부정하는 견해로 나뉜다. 부정설[111)]은 실행행위는

---

108) 김일수/서보학, 548면; 박상기, 341면; 배종대, 534면; 오영근, 546면; 이재상, 411면; 임웅, 345면.
109) 이정원, 282면; 정성근/박광민, 375면.
110) 대법원 1976. 5. 25, 75도1549.
111) 오영근, 542면; 이정원, 290면; 이형국, 269면; 임웅, 344면.

기본범죄를 실행하는 정범의 실행에 한정되는 것이므로 실행의 착수이전인 예비행위에는 실행행위성이 없고, 예비행위는 수정적 구성요건이 아니라 기본범죄의 발현형태이고 무정형·무한한 예비행위에 대해서는 그 실행행위성을 인정할 수 없다고 한다. 그러나 긍정설[112]은 기본범죄에 대해서만 실행행위를 인정하는 것은 실행행위의 상대적·기능적 성격을 무시한 것이고, 예비죄도 구성요건인 이상 예비죄의 구성요건에 해당하는 행위, 즉 예비행위는 실행행위이며, 미수범의 경우에는 실행행위를 인정하면서 예비죄의 경우에 실행행위를 부정하는 것은 이론적으로 모순이라고 한다.

생각건대 예비죄도 하나의 구성요건인 이상 예비행위와 불가벌인 그 이전의 행위를 구별하기 위하여는 예비죄의 실행행위를 인정하여야 한다. 물론 예비죄의 실행행위는 기본범죄의 준비행위. 즉 예비죄의 구성요건적 행위를 의미하므로 기본범죄 자체의 실행행위와는 구별되어야 한다. 예비죄의 실행행위를 인정하면 예비의 미수와 공범을 인정해야 한다는 부정설은 예비죄의 실행행위를 기본범죄의 그것과 동일시하는 오류를 범하고 있을 뿐 아니라 예비의 미수와 공범이 가능한가 여부는 그 실행행위성이 아니라 예비죄의 본질 및 법적 성격을 기준으로 결정하여야 한다는 것을 간과하고 있다.

(3) 자기예비와 타인예비

예비는 자기예비와 타인예비로 구별될 수 있다. 자기예비는 자신이 스스로 또는 타인과 공동으로 실행행위를 할 목적으로 준비하는 행위를 말하고, 타인예비는 타인의 실행행위를 위한 준비행위를 의미한다. 타인예비도 예비죄에 포함되는가에 대하여는 견해가 대립하고 있다. 부정설은 타인예비는 예비죄에 포함되지 않는다고 한다.[113] 그 이유로는 ① 타인의 범행을 위하여 예비하는 자의 의사는 예비의사가 아니라 방조의사이고, ② 법익의 침해성이 보다 간접적인 타인예비를 자기예비와 동일시할 수 없고, ③ 타인예비는 타인이 기본범죄의 실행에 착수하면 공범이 됨에도 불구하고 정범이 어느 단계에 있는지에 따라 타인예비는 예비죄가 되기도 하고 공범이 되기도

112) 손동권, 385면; 이재상, 410면; 정성근/박광민, 374면.
113) 김일수/서보학, 547면; 박상기, 341면; 배종대, 535면; 오영근, 545면; 이재상, 413면; 이형국, 268면; 임웅, 346면; 정성근/박광민, 375면.

하는 부당한 결과가 발생하며, ④ 타인예비가 예비죄에 해당한다고 하면 예비죄의 처벌범위가 지나치게 확대된다는 것을 든다. 이와는 달리 긍정설은 타인예비도 예비죄에 해당한다고 한다.[114] 그 이유는 ① 법익침해의 위험성에 비추어 타인예비는 자기예비와 차이가 없고, ② "...의 죄를 범할 목적으로"라는 구성요건에는 자기예비뿐 아니라 타인예비도 포함되며, ③ 타인예비인 교사의 미수(제31조 제2항과 제3항)가 예비로 처벌되기 때문이라고 한다.

생각건대 긍정설이 타당하다.[115] ① 부정설과 같이 타인예비의사를 방조의사라고 할 경우에 타인의 범행을 위하여 준비행위를 하였으나 타인이 실행에 착수하지 않으면 법익침해의 위험성에 있어서 타인예비는 자기예비와 아무런 차이가 없음에도 불구하고 무죄가 되는 부당한 결과가 발생하고, ② 타인의 범행을 위하여 준비행위를 하는 자는 자신의 예비행위로 정범의 행위를 촉진시킬 의사를 가지고 있으므로 타인예비에는 예비의사가 없다고 할 수 없으며, ③ 형법 제31조 제2항과 제3항이 타인예비인 교사의 미수를 처벌하고 있으므로 타인예비를 예비에 포함시킬 때에는 정범의 발전단계에 따라 타인예비가 정범이 되기도 하고 공범이 되기도 한다는 부정설의 비판은 근거가 없기 때문이다.

V. 관련문제

1. 예비죄의 공동정범

예비죄의 공동정범은 2인 이상이 공동하여 기본범죄의 실현을 위한 준비행위를 하였으나 실행의 착수에 이르지 아니한 행위를 말한다. 예비죄의 공동정범은 가능하다고 해야 한다.[116] 판례도 같은 입장을 취하고 있다.[117]

2. 예비죄의 공범

예비죄의 교사범은 형법 제31조 제2항과 제3항에 의하여 처벌된다. 예비

114) 차용석, 예비죄, 고시계(1985. 5), 65면.
115) 김선복, 앞의 논문, 78면.
116) 김일수/서보학, 551면; 박상기, 342면; 배종대, 536면; 신동운, 544면; 오영근, 548면; 이재상, 414면; 이형국, 268면; 정성근/박광민, 378면.
117) 대법원 1976. 5. 25, 75도1549; 1979. 5. 22, 79도552.

죄의 종범이 인정되는가에 대해서는 견해가 대립하고 있다. 긍정설은 ① 예비는 행위의 위험성과 법익의 중대성으로 인하여 예외적으로 처벌하므로 예비죄의 공동정범을 인정하는 한 그의 교사범 또는 종범의 가벌성도 긍정하여야 하고, ② 예비죄도 형법각칙에 규정되어 있으므로 예비행위의 실행행위성을 인정할 수 있으며, ③ 예비와 미수의 구별은 공범의 성립에 영향이 없다는 점을 이유로 한다.[118] 부정설은 ① 정범의 예비행위는 실행행위성이 없으므로 이에 대한 방조범이 성립할 수 없고, ② 예비죄는 예외적으로 처벌되는 행위이고 종범의 형도 정범의 형에 대한 필요적 감경이므로 예비죄의 종범을 처벌하는 것은 지나치며, ③ 처벌의 범위가 부당하게 확대될 수 있고, ④ 형법은 기도된 방조를 처벌하지 않는다는 것을 근거로 들고 있다.[119] 판례는 부정설의 입장을 취하고 있다.[120]

생각건대 부정설이 타당하다. 종범은 정범에 비하여 경한 범죄이고 예외적으로 처벌되는 예비죄의 종범까지 처벌하는 것은 예비죄의 처벌범위를 지나치게 확대하는 것이기 때문이다.

ㅁ **판례(대법원 1976. 5. 25, 75도1549)**

형법 32조 1항 소정 타인의 범죄란 정범이 범죄의 실현에 착수한 경우를 말하는 것이므로 종범이 처벌되기 위하여는 정범의 실행의 착수가 있는 경우에만 가능하고 형법 전체의 정신에 비추어 정범이 실행의 착수에 이르지 아니한 예비의 단계에 그친 경우에는 이에 가공하는 행위가 예비의 공동정범이 되는 경우를 제외하고는 종범의 성립을 부정하고 있다고 보는 것이 타당하다.

3. 예비죄의 죄수

하나의 기본범죄를 범할 목적으로 수개의 준비행위를 한 때에는 하나의 예비죄만 성립한다. 예비행위가 기본범죄의 실행행위로 발전한 때에는 예비죄는 기본범죄의 불가벌적 사전행위이므로 기본범죄만 성립한다(보충관계).

118) 김일수/서보학, 552면; 유기천, 303면.
119) 박상기, 343면; 배종대, 537면; 손동권, 390면; 신동운, 519면; 이재상, 415면; 이형국, 269면; 임웅, 347면; 진계호, 443면.
120) 대법원 1976. 5. 25, 75도1549; 1978. 2. 28, 77도3406; 1979. 11. 27, 79도2201.

주 요 참 고 문 헌

국내문헌

김일수/서보학	형법총론(제11판), 박영사, 2008	(김일수/서보학)
박상기	형법총론(제8판), 박영사, 2009	(박상기)
배종대	형법각론(제7판), 홍문사, 2010	(배종대)
손동권	형법총론(제2 개정판), 율곡출판사, 2005	(손동권)
성낙현	형법총론(제2판), 동방문화사, 2011	(성낙현)
신동운	형법총론(제5판), 법문사, 2010	(신동운)
오영근	형법총론(제2판), 박영사, 2009	(오영근)
유기천	개정 형법학(총론강의), 일조각, 1983	(유기천)
이재상	형법총론(제6판), 박영사, 2010	(이재상)
이정원	형법총론(제2판), 법지사, 2001	(이정원)
이형국	형법총론(제4판), 법문사, 2007	(이형국)
임 웅	형법총론(제3판), 법문사, 2010	(임 웅)
정성근/박광민	형법총론(제4판), 삼지원, 2008	(정성근/박광민)
정영석	형법총론(제5전정판), 법문사, 1987	(정영석)
정영일	형법총론(개정판), 박영사 2007	(정영일)
진계호	형법총론(제8판), 대왕사, 2007	(진계호)
차용석	형법총론강의 I, 고시연구사, 1998	(차용석)
황산덕	형법총론(제7전정판), 방문사, 1982	(황산덕)

독일문헌

Baumann/Weber/Mitsch: Strafrecht, 11. Aufl., 2003

Blei, Hermann: Strafrecht, Allgemeiner Teil, 18.Aufl., 1983

Jakobs, Günther: Strafrecht, Allgemeiner Teil, 2.Aufl., 1991

Jescheck/Weigend: Lehrbuch des Strafrechts, Allgemeiner Teil, 5.Aufl., 1996

Maurach/Zipf : Strafrecht, Allgemeiner Teil, 8.Aufl., 1992

Roxin, Claus: Strafrechts, Allgemeiner Teil, Bd.I, 4.Aufl., 2006

Stratenwerth, Günther: Schweizerisches Strafrecht, Allgemeiner Teil I, 2.Aufl., 1996

Schönke/Schröder: Strafgesetzbuch, Kommentar, 27.Aufl., 2006

Welzel, Hans: Das Deutsche Strafrecht, 11.Aufl., 1969

Wessels/Beulke: Strafrecht, Allgemeiner Teil, 37.Aufl., 2007

찾 아 보 기

[사항색인]

(ㄴ)

(ㄷ)

(ㅁ)

(ㅇ)

(ㅈ)

(ㅊ)

(ㅋ)

(ㅌ)

(ㅍ)